世纪波

Century Wave

店长
如何提升业绩
（全新第3版）

李平贵　黄宪仁　编著

电子工业出版社
Publishing House of Electronics Industry
北京·BEIJING

原著作名：《店长如何提升业绩》
作者：李平贵　黄宪仁

本书中文繁体字版本由宪业企管顾问有限公司在台湾出版，今授权电子工业出版社在中国大陆地区出版其中文简体字平装本版本。该出版权受法律保护，未经书面同意，任何机构与个人不得以任何形式进行重制、转载。

版权贸易合同登记号　图字：01-2017-3830

图书在版编目（CIP）数据

店长如何提升业绩 / 李平贵，黄宪仁编著. —3 版. —北京：电子工业出版社，2017.7
ISBN 978-7-121-31973-0

Ⅰ. ①店… Ⅱ. ①李… ②黄… Ⅲ. ①商店－商业经营 Ⅳ. ①F717

中国版本图书馆 CIP 数据核字(2017)第 139734 号

策划编辑：晋　晶
责任编辑：杨洪军
印　　刷：三河市华成印务有限公司
装　　订：三河市华成印务有限公司
出版发行：电子工业出版社
　　　　　北京市海淀区万寿路 173 信箱　邮编 100036
开　　本：720×1000　1/16　印张：19.75　字数：353 千字
版　　次：2011 年 11 月第 1 版
　　　　　2017 年 7 月第 3 版
印　　次：2020 年 8 月第 11 次印刷
定　　价：79.00 元

凡所购买电子工业出版社图书有缺损问题，请向购买书店调换。若书店售缺，请与本社发行部联系，联系及邮购电话：(010) 88254888，88258888。
质量投诉请发邮件至 zlts@phei.com.cn，盗版侵权举报请发邮件至 dbqq@phei.com.cn。
本书咨询联系方式：(010) 88254199，sjb@phei.com.cn。

前　言

时光飞逝，我们推出商店系列丛书已超过十年，由销售数字可看出，它们受到了广大社会人士喜爱。

所谓"商店的促销"，是泛指零售业借助人员或非人员方式，使用促销方法，推动各种促销活动，向顾客传达商品信息，营造顾客的良好感觉，对产品产生信任感，进而采取购买行为的促销活动。竞争激烈的零售业里，强化竞争力显得尤为重要。

商店采取"静态经营""坐而等"顾客上门的经营方式，已经不适合现今的社会，商店必须"起而行""促销"才能成功；各种零售业研究专家都可证明，强有力的促销活动，正成为零售业用以克敌制胜的法宝。可以说，做好商店的管理和促销，就是21世纪的"零售大赢家"。

本书专门介绍"商店经营应懂的各种促销技巧"内容。本书出版后，获得许多好评，此次修订，增加了更多成功案例，希望经营者、店长阅读后，对商店经营的促销技巧有所领悟，灵活运用，并在商场经营中获得可观的利益。

目　　录

第 1 章　容易进入的商店，顾客才易于购买 1

第 2 章　维持商品线完整，才有利于顾客购买 4

第 3 章　是顾客希望前往的商店，才有集客力 7

第 4 章　用商店数据说话 9

第 5 章　决定商店命运的数字 18

第 6 章　扩大销售的途径 22

第 7 章　提升营业额的四种方法 27

第 8 章　决定商品命运的指标 32

第 9 章　设定商店目标额 35

第 10 章　如何达成商店的营业总目标额 39

第 11 章　店前行人流量少的店，应如何改进 47

第 12 章　营造热闹气氛的陈列销售 50

第 13 章	有计划的促销活动	53
第 14 章	确定你的促销目标	56
第 15 章	要掌握促销计划因素	62
第 16 章	商店促销活动的检查改善	64
第 17 章	因应竞争对手的促销时机	71
第 18 章	卖场促销业绩的评估项目	75
第 19 章	在卖场巡店指导员工	78
第 20 章	卖场本身运行状况的评估	82
第 21 章	来客数有增加，为何不赚钱	85
第 22 章	店铺陈列的改善分析	89
第 23 章	卖场的折扣促销	92
第 24 章	卖场的退款促销	99
第 25 章	卖场的赠品促销	104
第 26 章	卖场的兑换印花促销战术	109
第 27 章	卖场降价要讲求时机	115
第 28 章	开展"外出销售"来弥补业绩	119
第 29 章	卖场的抽奖促销	124
第 30 章	卖场的有奖竞赛促销	130
第 31 章	卖场的POP宣传促销	134

第 32 章	卖场如何联合促销	140
第 33 章	通过现场展示的促销术	143
第 34 章	现场动态表演的促销技巧	148
第 35 章	卖场如何善用巡回流动促销	152
第 36 章	善用促销时机	157
第 37 章	顾客参与式促销活动	163
第 38 章	如何打造零售业品牌	166
第 39 章	如何观察顾客	172
第 40 章	日本便利店的相关性分析	175
第 41 章	要把握顾客汰旧换新的换购时机	180
第 42 章	卖场如何善用文化促销	186
第 43 章	改变店铺商品的陈设方式	190
第 44 章	如何施展价格促销的魔法	193
第 45 章	塑造欢乐效果的卖场促销	203
第 46 章	要借用名人促销	206
第 47 章	设法开发独特商品	212
第 48 章	用服务礼仪打动顾客的心	215
第 49 章	加强在卖场推荐商品的技巧	218
第 50 章	有效回答顾客的疑问	223

第 51 章	商品陈列应有季节性变化	226
第 52 章	妥善处理顾客冲突	230
第 53 章	通过报表分析，提升业绩	236
第 54 章	强化商品陈列，吸引年轻顾客光顾	244
第 55 章	店铺招牌可创造出商店个性	247
第 56 章	善用橱窗设计加以促销	251
第 57 章	加强三种销售服务	256
第 58 章	营造卖场良好的形象	262
第 59 章	入店的瞬间印象良好	268
第 60 章	重视顾客才会产生利润	271
第 61 章	全体店员都加强服务	276
第 62 章	提高服务可争取顾客的信赖	278
第 63 章	追踪顾客案例介绍	281
第 64 章	捉住回头客的技术	284
第 65 章	老顾客介绍新顾客	291
第 66 章	建立良好的顾客管理制度	294
第 67 章	服务一定要真诚	297
第 68 章	要服务先记住顾客姓名	301
第 69 章	提高顾客满意度	303

第 1 章

容易进入的商店，顾客才易于购买

提升业绩技巧

商店外部设计平易近人；招牌醒目、易于理解；店内经常保持洁净，更容易吸引潜在顾客，增加销售量。

1. 顾客容易进出商店所必须具备的 12 项要件

确保店面适当，容易进入，容易购买：

① 经常保持店面清洁；
② 顾客在店面就能了解"是销售何种商品的商店"；
③ 顾客能看到店内；
④ 没有门扉较好；
⑤ 多个入口较好；
⑥ 店面明朗；
⑦ 色彩适当；

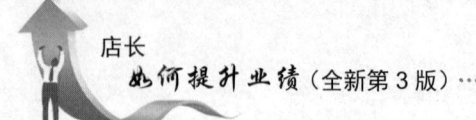

⑧ 通路和店内无倾斜或阶梯；

⑨ 确保屋檐下的高度适当；

⑩ 店面至店内的通道确保宽度适当；

⑪ 店面的热闹性；

⑫ 顾客能感到动心。

2. 展现容易购买的商店陈列

展现容易购买和容易进入的店面有不可或缺的共同要件。除"清洁""明亮性""无倾斜""天花板的高度适当""热闹性""动态性"等之外，尚有下列 7 项要件：

① 商品内容或材料应标示清楚，更重要的是标示价格；

② 商品的整理与整顿应彻底，使顾客易于观赏与挑选；

③ 店内能充分回流，产生磁力效果；

④ 意识顾客的视线陈列；

⑤ 展示商品时，应表现较实物更生动的方式；

⑥ 使用样品时，应采用与实际商品无任何差异的方式。

其中，第①项为使顾客决定购买喜欢商品的必备要件。顾客在购物时自己有预算，故经常以自己的预算比较和决定购买商品，若无比较的价格或材料要件，则必然使机会丧失；若标示价格时，则必须有显示价值感的价格设定标示。

就第②项而言，若商品陈列杂乱，则无法引起顾客观赏的兴趣；色彩搭配亦为重要因素，集中同色商品以颜色区别整理，提高顾客注目程度；以推车堆满特价商品，并非展现寻找乐趣，而是将重点放在整理、整顿上。

第③项必与其他要件配合考虑，充分宽阔的通路最低 90cm，通路的正面需要产生磁力效果的要件，尤其以聚光灯显示更为明亮（暖色系使用白热灯，寒色系使用日光灯的组合，将能使各商品更鲜艳发亮），或在通道上面装饰，或以 POP 防止冷场（热闹效果好），都可提高顾客的回流性。

第④项为意识顾客视线的陈列中，高度掌握是关键，容易观看的高度为自地面 100～180cm（离开陈列面 50cm 的位置观看）的范围。容易观赏与容易取得的位置并不一致，易取商品的位置为 60～150cm，故容易观赏和容易取得商品的高度范围为 80～160cm，称为黄金地区。

第⑤项及第⑥项亦为需要技巧的要件，低价格的商品借由商品组合与展示方法，使商品显出价值感，这是表示专家才能的方法。

此外，饮食店的商品样本，经常有样品与实物完全不同的情况，此情况绝对要注意，一旦顾客体验这种情况后，绝不会再度光临。

第 2 章

维持商品线完整，才有利于顾客购买

提升业绩技巧

正确掌握市场营运趋势，店内商品线完整，销售额就会提高。

感觉商店的销售额下降时，店长应如何分析呢？

首先分析顾客人数减少的原因，其次分析销售额，以"顾客单价×顾客人数"来判定。在此情况下，若提高顾客单价或顾客人数等任一项，就能提高销售额。因此，销售额降低时，分析其中任一项即可。

顾客人数减少使销售额降低，可能是商店内商品不完整或缺货、店内气氛零乱、顾客不知所需商品放在何处、没有清洁感，或待客态度不佳等。

应如何提高销售额？那就是增加顾客人数。

很多商店开始重视提高客单价。原来以路面从事销售的商店，在购物中心租用店面时，将忽视原来销售的商品，而销售更高级的商品。结果使原来的常客认为高不可攀，不敢再度光临，导致销售额降低。

例如，零售商、一般管理者等都希望营造形象良好、前景良好以提高客单价的商店。但商品不完整的卖场，将使顾客失去选择乐趣，形成不易进入的商店。借营造豪华商店以提高客单价，都是从商店立场而言，并非顾客的意愿。

为何顾客人数增加会使销售额增加呢？若顾客第一次购物留下良好印象，再经第二次、第三次的购买产生更好的印象，而成为本商店的常客。

但前往商店诊断时，应以顾客的观点发现商店的优点，以增加顾客人数，再以口传或传单等向顾客宣传本商店的优点。换言之，增加顾客人数即增加支持人数，再从这些人之中选取最好的常客，则顾客单价自然提高。

一旦变成最佳商店，顾客人数和顾客单价共同出现上升现象之原因即在此。所谓提高顾客单价，并非对只有 1 000 元预算的顾客推销 1 500 元的商品，而是从 400 元、600 元预算的顾客中选择 1 000 元、2 000 元的顾客。因此，在本地区最佳商店或老牌知名度高的商店，就能推销高单价的商品，因顾客对商店产生的信用有安全感。

1. 商品完整，销售额就会提高

强化商品的完整性，销售额就会提高，已成为规则。诸位要买鱼肉时，脑海中就会浮现去何家商店购买？此店可能是便宜、安全，或鲜度高、商品齐全的商店。

例如，你在书店买书，住家附近的书店或车站附近的大型书店，究竟要选哪家？若买杂志就选住家附近；若买企业用书或专业书籍，则选车站附近的大型书店。但实际到车站附近的大型书店购书时，你会对卖场大、书籍种类繁多感到惊讶，产生难以寻找的情况。即便如此，顾客仍然会到车站附近的大型书店购买，且不仅买一两本，而会坦然购买近千元高价的书籍。这就是在商品完整的商店购买所获得的购物满足感。

假设诸位站在顾客立场，观察商品完整的商店时，即能了解顾客经常前往此店的原因，故商品完整优良的商店，其销售额自然提高。

2. 商品完整性的主要标准

强化商品完整性时，应以何为优先顺序？可采用制造商的商品完整性或依感觉准备商品等方式，尤其以价格为思考基准。

若希望了解价格结构，针对产品与商品的差异即能理解：产品是制造厂商的

生产用语，商品则是零售商销售使用的名词。当顾客购买时，看商品价目表即能与销售人员讨价还价，故以价格作为主要标准。其优先顺序如下：

① 等级——价格；

② 对象——年龄；

③ 用途——日常用、正式场所用；

④ 感觉——偏好、心情。

强化商品完整性，若考虑寿命周期，则更能正确掌握市场营运活动的理念。

第 3 章

是顾客希望前往的商店，才有集客力

提升业绩技巧

促销宣传成功，设法集中顾客，造成轰动效应，就能提高销售额。

A 商店街由大约百家商店所组成，每年 9 月底全街商店都举办大规模的促销活动，其目的是希望顾客能前来商店街。例如，特设会场邀请名演员、市民乐团演出，以及开幕时放烟火等。

虽然每年提高 10% 的预算，集中顾客人数也在增长，但主办活动的 A 商店街，其各商店销售额最近几年却无成长。

为何产生此结果呢？本来以促销活动为主的企划，而顾客却以观赏之心参加活动，造成顾客"想购物，却无满意的商品""经常经过，却不见有商品完整性的好商店，故只得到郊外的购物中心购买"。

位于 B 市的某商店，卖场面积 2 640 m^2，周六、周日店内挤满人流，客观分析，此商店并未具有特别的商业概念，亦非特别漂亮，店员的待客态度并不亲切，收银台前经常排长龙，使顾客因久等而感烦躁。

观察多数生意兴隆的商店，都有很多类似令人惊讶的事例，并非分发传单，但经常聚集许多人流，由于顾客太多，可能不被"商店亲切招待"，反而被冷落。这是商店应留意改进的地方。

一般集客力的要素，分为下列三项：

（1）第一个集客要素。商店位置、卖场面积及信誉等，是站在策略观点的长期性集客力。零售业以其位置决定兴衰，如果商店的外围具有强烈的集中顾客要素（如火车站、公交车终点站、大型商店及小区最佳商店等），就能从这些要素中期待集客力。如果卖场面积具有地区最佳规模，就具有绝对的集客力；此外，具有长久历史且有信誉的商店，也是无言的集客力。

（2）第二个集客要素。顾客期待商店的商品完整性达100%而前来，故商品完整性成为重要的因素。勿使顾客感觉"没有我需要的商品"或"价格比其他店高，以后不再来"。

再度光临是提升集客力的结果，而商品完整性达100%，则是最大的集客因素。

（3）第三个集客要素。传单、DM等是一般方法。设计时不仅要凸显自身商品的特性，而且要超越竞争对手。

上述三个集客要素中，第一个于开业时已决定，在每日的努力营运中是无法改变的，故以第二个和第三个集客要素为每日课题。

后两种要素密切相关，首先促销传单要有畅销商品准备或卖场的建立，才能集中顾客且提高销售额，否则即使集中顾客亦难提高销售额。其次不仅在传单上刊载商品的内容以及设定售价，而且需要传单本身的标题或图案、商品数等的比例设计合理，才能集中顾客、提高销售额，证实100%的商品完整性，才是最大的宣传促销活动。

第 4 章

用商店数据说话

提升业绩技巧

商店利润和三项指标对等，第一项指标是库存，第二项指标是销售费用，第三项指标是平均销售折扣价。这三项指标对商店的利润有绝对的影响。

评估商店业绩的 12 项数据指标如下。

1. 销售额

一个商店业绩做得好不好，销售额是第一个指标。但是有一点必须说明，即销售额和利润不是对等的，不是销售额越高利润就越高。那么利润和什么对等呢？利润和三项指标对等，第一项指标是库存，第二项指标是销售费用，第三项指标是平均销售折扣价。这三项指标对商店的利润有绝对的影响。

销售额到底能反映出什么问题呢？

第一个问题就是生意的走势。商品在开始上市的几个月中，商店需要了解商品的走势呈现什么状况，然后才可以决定怎么样处理货品。假如走势是一会儿高一会儿低，或者直线往下降，就要分析原因，是促销做得不够，是推广活动做得

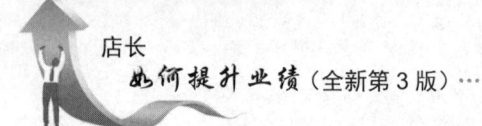

不够，还是别人都在打折而我们没有打折。鉴于此，需要对销售额有一个清晰的了解，做到每天跟进、每周总结、及时调整。

第二个问题是怎么样为员工订立目标，激励、鼓励员工达到更高的销售额。没有目标的员工就没有成功感，目标本身是为了完成公司的要求，因为公司在经营过程中要盈利，员工要做的事情就是为公司创造更多的盈利价值，同时让自己获得更高的收入，表现出自己创造财富的能力。所以，订立目标是非常重要的。

2. 连带率

连带率是指销售的件数与交易的次数的比，是销售过程中一个非常重要的判断依据。交易一次客人买走 2 件，说明连带率高，如果交易一次客人买走 5 件，说明连带率非常棒。对连带率最有影响的就是货品的搭配，商店既要按照公司的要求搭配，还要有灵活性，学会抓住客人的需要，这样成交的机会才会比较大。

客人进店，平均购买率在 1.5 或者 2.0 以上，购买量越多业绩越高，这说明商店员工经过训练，销售能力在不断提高，货品搭配的能力也在不断增强。一般来说，店长不能光凭感觉来发现员工能力方面的欠缺，要通过数据找到存在的问题，因为事实胜于雄辩。例如，要想提高连带率，员工首先要对货品很了解，其次要有较强的货品搭配能力，最后是在销售的过程中，利用促销等销售技巧，尽量让客人多购买，这些都是店长需要帮助店员提高的方面。

3. 流失率

货品的流失率指缺货吊牌价与期间销售额之比，再乘以 100%。例如，月货品的流失率等于月末盘点的缺货吊牌价除以月销售额，再乘以 100%。缺货率主要指货品的丢失情况，如一些配件、包以及促销商品的丢失。在管理过程中，把小的配件放在收银台附近，可以降低商品的缺货率。做休闲装的卖场一般比较大，缺货率也较高。对于商店来说，改善货品的陈列，加强商品的保管，注重对员工在这方面的教育，缺货率就可以得到控制。

4. 分类货品销售额

一个商店里面的商品会分为大类和小类。什么叫大类和小类？拿服装来说，大类是指男装、女装、配件、鞋和包。小类是指上装、下装，如毛衫、夹克、T恤衫等。对分类货品销售额的分析非常重要，因为在一个商店里，不可能每件衣服的销售情况都是一样的,有时可能 1 条裙子搭 2 件外套的销售是最佳状态。所以,通过分类货品销售额这个指标,能找到在商店里面到底什么类别的商品对销售业绩有影响。

想了解这个商店的业绩,想知道为什么今年跟去年,或者跟前年同期相比销售一直在下滑,首先要分析商品组合是不是合理。不同面积的商店,商品的组合度不同。例如,300m² 左右的大店,商品组合的系列感越强、色感越强,就是色系越全,销售业绩也就越好。大店有一个优势,不仅有好的环境,有更多休息的地方,更重要的是货品较多,客人可以有更多的选择,所以客人停留的时间长。停留时间长是件好事,但是停留时间长而连带销售率很低就是坏事。如果在商品的组合上能让客人买 2 件以上,商店的交易水平才会高,经营成本才会低。

在经营过程中了解商品销售品类的结构,主要是判断组合是不是合理,不合理往往会造成库存增加,卖了上装没下装。另一个是判断商品的匹配是不是合理,如果不该有的货品占了大量的货架,该有的没有上架,也没有陈列到应有的地方,那么店长就需要在下次订货的时候重新做出决策。

了解该店所在地区消费者的取向,将销售低的品种在店里做促销也是很重要的一点。如果客人不喜欢商店衣服的风格,这时需要将商品重新组合,全部进行调整。

一般来说,商品的组合分三个部分:售前、售中和售后。就商品管理而言,售前、售中和售后是不同的。

售前能不能赚到钱在于预测能力。例如,商场规定 2 月 15 日统一开始上货,2 月 15 日到 3 月 15 日这段时间的销售,商店就不能等确切地知道客人的需求才进货,而只能是店长或者采购货品的人,根据以往的经验和对本地区消费者的了解做出相关预测。很多商店,有的在这段时间销售很差,就是因为缺少预测什么款在这个季节卖得最好的经验。很多公司在售中状态能够把握业绩,但因为货品已经摆到卖场中,这个时候还是在被动地让客人自己挑选衣服的过程中,发现什么款好卖,再找公司追单进货,开始补充这个款式,可这个时间已经浪费了 1/3。

还有一点,在 3 月 15 日之前可能都是按原吊牌价钱卖货品,在 4 月 15 日到 5 月 15 日只能卖平价货,到 6 月 15 日只能卖折扣货。前面原价销售货品的时机已经过去了,所以做零售的时候,一定要知道怎么抓时机,知道货品在什么时间

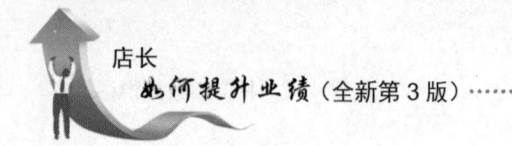

才会有高额回报。

许多公司的终端培训比较侧重于心态、管理技巧、员工辅导等方面，但这些都是辅助手段。陈列做得好只有辅助作用，员工训练得好也只有辅助作用，如果货品本身有问题，那辅助手段是替代不了结构性问题的。也就是说，主要问题没有解决，光靠辅助手段，商店的业绩也不会改变。商店里最重要的就是品类管理，如果品类管理没有做好，培训做得再好，心态再积极，也改变不了不盈利的事实，因为没有抓住盈利的核心——商品。因此，不管是服装企业，还是零售企业，所有的价值都应该围绕商品展开。商品出了问题必须看数据，必须做同比，必须拿以往的数据、对手的数据做对比，这样才可以找到问题的症结，采取正确的解决办法，最终改变不盈利的事实。

5. 客单价

客单价指销售额与交易次数的比。交易次数越多，意味着顾客每次购买的单价销售能力越低。可以看出，客单价比较低的顾客都是一些收入阶层比较低的顾客。通过分析，可以知道在商店里高客单价、中客单价和低客单价到底是由一些什么样的客流量组成的，这对于判断、提高商店业绩有很大的关系。每个商店都希望通过高客单价卖出更多的商品，提高单店的盈利能力。如果单店平均每天客单价成交比例非常低的话，可能是因为导购的销售能力不强，或者新员工的比例太多而影响整体的销售水平。

平均销售客单价太低意味着商店的员工需要训练，特别是在一些销售技巧方面。销售经验成熟的员工卖货品靠的是销售技巧，而销售经验欠缺的员工卖货品靠的是折扣的比率。

客单价不仅反映员工的销售能力，同时反映不同收入层面的顾客在商店里的实际购买情况。

6. 库销比

在商店经营过程中，库销比是一个用得非常多的指标。它是指库存的件数与周销售件数之比，可以反映出货品在销售过程中是否处于正常的状况。假如有一个款式2月15日上的货，对这个货品的要求是在3月15日之前，即在4周的时间里卖掉100件，平均每周大概要销售25件左右。结果可能会有两种情况：一种是在 2 周之内已经卖掉 70 件，超额完成任务；另一种是 2 周之内只卖掉 30 件。

商店里的每个款、每个色、每个码在上货架之前，店长应该对它们的销售周期有一个规划。为什么要划分销售周期呢？因为产品是有生命周期的，而服装业是产品生命周期反应非常明显的行业，有些款可以卖 2 周，有些款可以卖 4 周，有些款可以卖 20 周，有些款卖了 8 周以后就不再能销售了。像第一种情况 2 周卖掉 70 件，按理说这个时候应该追单。那应该追多少？又怎么做呢？找公司追单，扣除公司上货的 4 天时间，还剩下 10 天，在这 10 天里是选择追 70 件、追 50 件还是追 30 件就非常重要了。如果追 70 件，从追单开始就会造成 30 件形成新的库存，因为商品的生命周期已经过了。这种情况在很多商店特别严重，因为店长不知道究竟追多少货才合适。

在一些公司的商品追加订单会议上，很多店长说他那个店某某款好卖，4 周卖掉了 200 件。这个时候老板会要生产部加做这种款式。结果等货品真正摆到卖场的时候，才发现上了 100 件却只卖掉 30 件，后面 70 件在追单以后一动不动，完全没有办法销售了。原因很简单，每一种产品的流行度不同，销售周期也就不一样，这个就称为商品的生命周期。

假如某个货品 2 周卖掉 70 件要追单，这个时候追单就要追现货，因为这种货从公司到卖场只需要两三天。要是时间太长，过了商品的生命周期，即使货到了也没有意义了。如果只剩下 2 周，而现货又没有了，那该怎么办？就要在商店里寻找替代商品。也就是从现在销售的商品中，找出一个更有销售潜力的商品，然后重新布置橱窗，再做一些促销活动，让这个商品成为这一周的主销商品。

7. 坪效

坪效是指每坪面积上可以产出的营业额（坪=3.3m^2）。大家知道，并不是面积越大的店营业额越好，如果一个 50m^2 的店做 100 万元，而 1 000m^2 的店做 800 万元，则 50 m^2 的坪效更好。

坪效具有以下五个作用。

第一，帮助分析商店的平均生产力，看是否需要增大店面。有些商店连续两三年坪效没有增长，但是这个坪效在所在的楼层却是最高的。如果公司想让它再增长，办法只有一个——增大面积，否则坪效的增长就到了极限。因为你的坪效

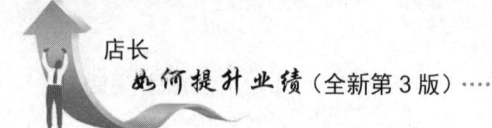

跟对手的、跟你以往的销售记录比都是最好的，这意味着不增加店面是没有办法增加坪效的。

有些公司可能会考虑增加人手。那是没有用的，每一个单店在某一地区的销售潜力增值是有限的，如果想扩大占有率只有3个办法：一是扩大店面的面积，二是换装修，三是在旁边再开一家新店。

第二，分析店内的存货是否足够，确认店内的存货数量与销售的对比。如果想让坪效做得高，首先商品的缺货数量一定要低，当然，也不是缺货数量越低，公司的盈利就越好，而要达到一种最佳状态。

第三，通过坪效，可以了解员工的销售技巧。因为很多时候商店里的导购是分区的。

第四，通过坪效，可以了解商品陈列是否得当，是否在有效的货架位置上没有摆上好的货品。

第五，通过坪效，可以了解商店的货品种类是不是太少。商店的面积不同上货的种类就不一样，种类不同经营的思路也不同。

$30m^2$左右的店，货品种类太多是一种"灾难"。因为面积太小，货品种类越多，店内就越拥挤，客人停留的时间也就短，成交的机会反而更低。

$50m^2$店的商品，要以$30m^2$的店好卖的单品为主，让客人一进店就知道来买什么，并且在最短的时间成交，客流量越大坪效越高。这是做零售的游戏规则。

$50m^2$以上的店，一定要种类齐全，让客人进店以后感觉有很多东西可以选，但是系列感不要太强。因为来这种店的客人不会停留太长的时间，店内的选择更多，成交的机会更大，连带率也更高，但不需要系列。

$100m^2$以上的专卖店，一定要有形象。因为到这种专卖店来的基本是老顾客，他们觉得这里的环境好、客流量少，可以安静地享受导购更多的指导和指引，所以连带率一般比较高。

经营$400m^2$以上的店与经营小店的概念是不一样的。在经营商店的时候，一定要注意通过数据发现问题，从而找到解决的方法。

8. 平均单价

平均单价是指销售额与销售件数的比。平均单价越低，意味着这个商店的盈利能力越差。平均单价对利润的影响非常大，如果产品以非常低的平均单价销售出去，会直接影响到商店的利润，同时会影响公司的一些经营管理。

9. 畅/滞销10款

若想把握商店的销售就不能坐着等。坐到收银台前，等着客人来购买的这种经营商店的模式已经过去了。现在要做的事情是，通过利用一些手段和方式在售前、售中和售后来抓住销售亮点，变被动为主动。

这里所说的10款分为每周的前10款、每月的前10款、每季的前10款。为什么一定要这么分呢？大家都知道，每个公司每年都会推一个主题。例如，LV公司曾推出航海系列，因为它赞助了"美洲杯"的帆船赛，专卖店里有航海的眼镜、航海的包、航海的鞋子、航海的服装等各种关于航海系列的服装和配饰。LV公司为什么推这个？因为它想告诉大家它在做一个新的故事，这是它全年推的主题。

LV公司的产品开发得很慢，基本上两年半到三年才推一个新款，但最好卖的一定是去年或前年的旧款，它推出的新概念的货品卖得并不是最好的。那为什么还要每年推一个新概念呢？理由是，推新概念才会带动旧商品的销售。这些主推款很可能都是用来做形象、做概念的，或者用来做展示的。

做零售有三个2/8法则。

第一个2/8法则：在80%的情况下，销售额做得越高，库存额越大，也就是销售额和库存额在80%的情况下是成正比的；在20%的情况下，销售额做得很高，库存却非常的低。这是少数情况，很多公司几年也就碰到一两次。

第二个2/8法则：在一个商店里20%的货品往往可以做出80%的业绩，而80%的货品在商店销售过程中都会变为库存。全部是库存，那服装没得做了，怎么办？办法很简单，用最短的时间发现20%的款式，用最快的速度让公司把这个款的数量最大化，这样才能赚到钱。还有，用最短的时间发现80%最不好卖的滞销款，然后拿出来做促销，让促销品变成现金流，让现金流变成商品流，资金周转速度越快，商品流动越高，库存越低，单店的盈利效益就越好。

零售在国外已经有100多年历史。如果你不知道这种法则，你就不能破解零售的问题，不能成为一个很好的销售人员。所以一个很好的销售人员是对零售规则非常清楚的人。

第三个2/8法则：在卖场中永远是20%的货架带来80%的坪效，卖场中的货

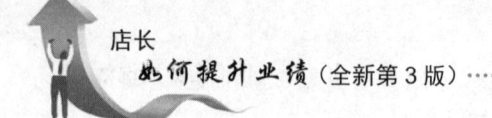

架非常多，但是永远只有20%的货架是效益最好的货架。为什么要选出最好卖的10款跟最难卖的10款呢？就是要把最好卖的款陈列在效益最好的货架上。很多公司做促销，把"2/8法则"中那个20%带来80%业绩的货架用来做促销品，这是天大的浪费。在一个商店里坪效最高的位置永远是最稀有、最少的，不可以用它来做那种没有利益的商品促销和陈列展示，而要让货品在最稀有的位置产生最高的效益。

每周公司给商店上货品以后，店长要从20款里面找出你认为最好卖的5款，并放在最有效的货架上，然后再找出你认为不好卖的5款放在最没有效益的货架上，让最有效益的货架上的货品永远让顾客摸得着、看得到。所以做零售的人一定要有灵活度，否则零售业绩是没有办法提升的。

很多商店的店长都是到公司开会、汇报，要是公司没有决策，店长也毫无办法。有家公司总裁，他经常去商店，一般是上午9:00去，晚上11:00才回来。他每到一家商店做的第一件事是先看手表，然后让导购记录时间。他在整个楼层附近走一圈回来以后，便开始重新整理货品。接着他会看一下销售报表，然后将商品的组合重新调整，结果往往到晚上的时候业绩都会翻一番。

为什么会这样？因为这个副总跑完整个楼层后，他就知道其他店在卖什么，什么商品好卖，而我们的橱窗里面摆的还是公司规定的那一款。卖场的变化是以小时和天来计算的。店长不能光执行公司的命令，有些商品按公司的规定摆在某一个地方是正确的，但当这种商品已经没有销售前景的时候，还摆在那里就会影响当天的业绩。所以，一个比较差的店长只关心每月的业绩，一个合格的店长观察每周的业绩，而一个优秀的店长则观察每日、每小时的业绩。

有家公司在卖场中有一个铺面，大概150m^2，租金非常贵，一年要1 000多万元，平均下来每天的租金非常高，所以公司要求店长和导购必须每小时观察一次业绩，哪个时段做得不好，马上进行相应调整。此外，店长有充分的权力调动货品、配货。为什么？因为在租金这么昂贵的店铺里，如果店长依靠公司进行远程遥控而没有权力做主的话，就很可能耽误最佳销售时期，影响整个业绩。

未来的竞争对店长能力的要求越来越高，而且越来越专业。现在很多做销售、做管理的人都不懂货品，只注重销售额的数字，这是没有用的。因为那些数字是从每件衣服、每个色、每个码、每种面料里面卖出来的，必须懂货才能做出正确的决策。

由于公司的判断与实际销售有差别，店长在商场里一定要观察整个楼层。当其他人都在上某一款的时候，要么你上的那款跟大家都不同，可能会卖得很好；要么你追着大家走，可能卖得也会很好；如果你不追，也不关注别人的销售状况，而公司总部又没有办法关注到每一天的市场情况，那销售就会受到很大的影响。

一定要每周找出好卖的 10 款、难卖的 10 款，把好卖的 10 款放在最好的位置上，难卖的 10 款拿出来做促销。

10．人效

人效是平均每人每天的销售额。通过这个指标可以知道每个人在店里的贡献是多少，了解哪个人表现好、哪个人表现差，清楚员工哪些能力还需要提高。如果销售能力比较强的员工每次都能得到很好的收入，就会打击销售能力非常弱的员工的工作积极性。所以，根据人效指标，有针对性地对那些能力较弱的员工进行培训，才能提高他们的销售能力。

对速销品公司来说，店里的导购文字一般比较多，像 ZARA、H&M 商品的流动件数非常高，配备的导购人数比普通商店每平方米配备的人数稍微多一些。还有一些卖奢侈品的商店，配的导购人数也非常多，因为这种商品的单件价值非常高，他们希望能为客人提供全方位的服务。

所以，根据人效可以知道员工的销售能力与该货品是否匹配，主要是根据员工最擅长销售什么产品，来重新安排销售区域，同时将销售能力强的和销售能力一般的员工进行搭配组合，这样对销售也会有些帮助。

11．同比

同比是指与去年同期相比销售额有没有增长。

12．毛利

毛利是指没有除去费用时的总利润。由此可见，毛利增加并不代表利润也增加，只有除去成本等一切费用后的净利润增加了，才表示利润的增加。在整个商店经营过程中，可以通过上述 12 项指标，来发现商店里存在的各种各样的问题，进而找到解决的最好方法。

第 5 章

决定商店命运的数字

提升业绩技巧

四个数字可以决定商店卖场的销售业绩,即客流量、进店率、成交率和客单价这四项客流质量指标。商店必须不断有新鲜的东西,满足顾客的好奇心理。

四个数字可以决定商店卖场的销售业绩,即路过商店的总顾客人数(客流量)、进入商店的人数百分比(进店率或捕获率)、在商店购物的人数百分比(成交率或转换率)、每次购买的平均金额(客单价)这四项客流质量指标。

1. 衡量商店顾客的四个指标

以某个商店为例,对不同销售时段的客流量进行分析,从中可以看出该商店的客流高峰分别为早上 8:00~9:00,晚上 18:00~19:00。通过商店观察,发现这两个时间段的消费人群不同,一类是下班路过商店购买便利性商品的居民顾客(晚上 18:00~19:00),另一类人群是早上上班路过商店购买香烟、早餐食品的顾客。

这两个顾客群体的购物行为不同，需要的商品也不同。因此，商店应该在不同的时间提供不同的商品，以满足这两个重点顾客群体的购物需求。

每天会有人群经过商店门口，这个人群数量称为商店经过客流量，有一部分人会进入商店，进入商店的人数与门口经过总人数之间的比率，即捕获率。

进入商店的一部分顾客会真正购买商品，而另一部分顾客什么都不买就走开，购买商品的顾客与进入商店总顾客数之间的比率就是成交率。

商店经过客流量目前无法通过技术手段获得，只能采取人工计数的办法。例如，派人站在路边统计人数来计算商店的客流量。进入商店的人数可以使用人流记录器测量。

成交率有时也称为转换率，成交率可以按照商店进行统计，也可以按照不同的商品陈列区域进行统计。

客单价指的是每个顾客的总购物金额，成交量指的是商店内所有的购物顾客总数，这两个数字全部来自 POS 机的购物收据。每张 POS 机购物收据的总金额就是客单价，商店所有 POS 机购物收据的数额综合就是商店的成交量。对于商店来说，客单价与成交量是非常重要的管理监测指标（KPI），两个指标中任何一个出现下滑，都必须引起足够的重视，并积极寻找原因。

某个位于闹市区地铁站的超市，经营业绩一直不佳，为此我们对商店的客流量进行了监测。商店开业时间为早上 9:00～24:00，由于位于地铁站附近，商店地处交通要道，每天各个时段经过的人数并不少，但是捕获率始终不高，成交率也不是很高。

在 17:00～18:00 经过的顾客人流达到了一个高峰，而此时的捕获率也只有 11.4%，换句话说，路过人群的高峰没有带来客流的高峰。分析结果说明该商店的商品定位可能存在问题。因为商店内设置的商品不是为这一时段路过的顾客准备的，顾客即使从门口经过，也不会进来消费。

从捕获率的指标看，早上 9:00～10:00 顾客进入商店比例最高，达到了 34.9%，成交率为 62.2%，说明这个时间进入商店的顾客比较多，而此时商店商品结构并不是非常适合这些顾客。

因此要想充分利用下班时商店路过客流高峰，应该研究这个时段的顾客需求，调整商品结构，使捕获率得以提高。

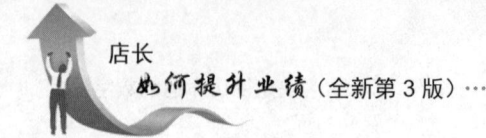

2. 来客购买的漏斗模型分析

总客流量、捕获数、成交顾客数会呈现一种逐渐递减的规律，即商店经过总顾客量＞商店捕获顾客数＞成交顾客数，这种呈现漏斗形状的商店来客数与购买人群的对比关系，称为商店来客购买漏斗模型（见图5-1）。对于不同的零售业态，漏斗出口大小不一样。百货商店的来客漏斗出口会比较小，而超市、大卖场的来客漏斗出口会比较大，因为百货商店的顾客中，闲逛的顾客比较多，实际购买的人数少，而超市的顾客人群目的性比较强，这些顾客大多会选购商品，实际购买行为比较多。

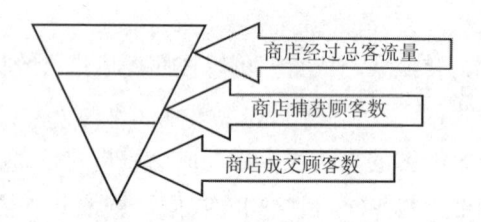

图 5-1　商店来客购买漏斗模型

商店的经营效果最终取决于漏斗出口的大小：有的商店漏斗出口很小（购买人数少），客流质量不好；而有的商店漏斗出口大（购买人员多），销售业绩自然也会不错。

客流质量直接决定了商店的经营业绩，下面以 A 店、B 店为例说明问题。

A 是开在马路边的小超市，每天路过的人是 1 000 人左右，其中 300 人进来，200 人买了东西，平均客单价是 180 元，每天的收入是 3 600 元。

B 是开在胡同里的小超市，每天路过的老街坊大概有 300 人，其中买东西的是 100 人，平均客单价是 150 元，每天的营业收入是 1 500 元。

从上面的数字可以看出 A 和 B 两家小超市经营业绩的差距。

很多开过百货店、超市的人都有这样的经历，刚刚开业时商店人声鼎沸，热闹非凡，销售业绩也是高高在上，这种情形会让所有的零售业者信心满满、开心不已。可惜好景不长，三天后商店就会恢复平静，从此销售业绩大大缩水，开业时的鼎盛光景成为回忆，这究竟是什么问题？这里面包含了零售业两个普遍现象，这两种现象的综合作用造成了上述结果。

第一个因素是顾客的好奇心理与来客漏斗。新开业的商店往往会引起顾客的好奇心，顾客会特地跑过来看看这家新开的商店到底有什么新奇，这种好奇的心理会促使大批顾客涌向新开业的商店。当顾客发现这不过是一家普通的商店，神秘感马上消失，正常营业后就不会有人特地过来了。

第二个因素就是经济学理论谈到的"沉没成本"。顾客到了新商店，即使没有打算，也多少会买一些日常用品和食品，这时顾客心里会盘算，既然到了商店，时间、车费都已经付出了（沉没成本），索性买一点，因此开业时商店的销售额都会显得比较大。

因此，商店要不断给顾客制造神秘感。商店必须不断有新鲜的东西，满足顾客的好奇心理前来看看究竟。商店可以通过不断引进新的商品，淘汰表现不佳的商品，长期供应特价商品等手段让顾客保持对商店的新鲜感。有人甚至提出，商店每天都应当不同，一成不变的商店会让顾客感到厌倦。

第 6 章

扩大销售的途径

提升业绩技巧

扩大销售的途径有：增加顾客人数、增加顾客购买量、提高商品毛利率、提高顾客的重复购买率。增加其中任何一项或多项，店铺销售额就能得到相应的提高。

任何一家店铺的销售额都取决于三个因素：销售额＝顾客人数×每个顾客购买量×商品单价，因此只要增加其中的任何一项或多项，店铺的销售额就可以得到相应的提高。另外，提高顾客的重复购买率也能扩大销售，有效提高店铺的销售额。

1. 增加顾客人数

店铺增加顾客人数的途径主要有两个：一是通过良好的店面形象、优雅的购物环境、优质的销售服务水平、质优价廉的商品等途径提升店铺的"内在美"；二是通过广告宣传、促销活动等有效营销手段提升店铺的"外在美"。只要内外兼修，协调这两条腿走路，就能有效提升店铺对顾客的吸引力，增加来店购物的顾客人数。增加顾客人数的途径如表 6-1 所示。

表 6-1 增加顾客人数的途径

增加顾客人数的途径	说 明
提高导购的销售和服务水平	店员优质的销售服务水平是吸引顾客的最基本要求，因此针对店员的销售服务技能进行培训和指导，是吸引顾客进店，增加顾客忠诚的最基本方法
营造良好的购物环境	随着人们生活水平的提高，购物不单是为了满足物质上的需要，购物的过程也被当作一种享受，因此良好的购物环境能吸引更多的顾客
商品品种齐全、物美价廉、信誉好	当顾客进店后，有充足的商品，想买的东西都能轻易找到，而且价格又合理，那么肯定还会再次光临
派发 DM 或做广告宣传	在店铺附近居民区派发宣传单张，是成本较低而且吸引顾客来店最直接有效的方式
举办现场促销活动	方式各异的现场促销可以活跃卖场气氛，增加人流，提高成交率，起到"顾客拦截"的作用，只要长期坚持各种形式的滚动促销，就能征服顾客的心，成为顾客的首选品牌
提供良好的售后服务	顾客在购买商品特别是电器等贵重商品时，售后服务是一项必不可少的参考标准，而能否提供良好的售后服务决定了顾客对于商品品牌的认同度。良好的售后服务会使店铺更具有市场竞争能力，增加更多的顾客数量
老顾客介绍新顾客	每个顾客身边都有一张约 250 人的关系网，如果门店人员服务好每一个顾客让其满意成交，并请求这个顾客介绍亲朋好友来购物，那么就意味着门店可能把商品卖给更多的顾客

2．增加顾客购买量

据调查，70%的消费者其购买决策是在进店铺后做出的，也就是说取决于销售现场的各种偶然因素。因此，要想增加顾客的购买量，关键是要掌握顾客的购买心理，洞察和满足顾客的潜在需求。增加顾客购买量的有效途径如表 6-2 所示。

表 6-2 增加顾客购买量的有效途径

增加顾客购买量的途径	说　明
关联陈列	将不同种类但是有互补作用的商品陈列在一起,运用商品之间的互补性,使顾客在购买 A 商品的同时顺便也会购买旁边的 B 或 C 商品。例如,在鸡翅旁边陈列炸鸡调料,在陈列刮胡刀架旁摆放剃须泡沫等
组合包装	将同类商品或相近的商品先包装成一个个小单位,再把多个小包装单位组合成一个大包装单位,这样可以增强商品的货架冲击力,便于顾客成件购买,有利于扩大商品销售。例如,根据不同的节日、不同的人群,组合不同的礼品包装,再通过堆头陈列以吸引顾客购买
大顾客关系维护	对于那些购买量大、消费频次高,对店铺的整体利润贡献较大的大顾客,要提供个性化的优质服务,这对提升客单价有相当大的帮助
会员制管理	会员制管理目前有几种形式,一是现金折扣和积分送礼型,二是无折扣有积分送礼型,三是有折扣无积分型。其中方案一对顾客的吸引力最大。据不完全统计,持会员卡的消费者客单价要高于平均客单价的 50%以上
POP 的运用	简洁醒目、一目了然、视觉冲击力强的 POP 能有效向顾客传递卖场的促销信息,如特价、买赠、抽奖、服务信息等。调查表明,POP 信息发布较好能提升 15%以上的销售
延长客动线	让顾客在卖场内停留时间延长,增加购物机会。客动线设计原则就是尽可能让每位顾客都能到达卖场的重点区域。例如,把促销活动的领奖处设到店铺最里面的死角处
附加销售	在顾客确认购买第一件商品后,导购应根据对顾客潜在需求的准确判断,抓住时机,巧妙地利用各种建议,向顾客进行二次销售,以提高客单价。例如,顾客购买了一件上衣,导购可以推荐其再购买一条相配的裤子

3. 提高商品毛利率

提高商品毛利率的关键,就是要平衡高毛利商品和畅销商品的关系,能够用畅销商品带动高毛利商品的销售,在同等畅销的情况下主推高毛利的商品,在不影响畅销商品销售的情况下主推高毛利商品。提高商品毛利率的途径如表 6-3 所示。

表 6-3　提高商品毛利率的途径

提高商品毛利率的途径	说　明
引进高毛利的适销对路的品种	寻找适销对路的商品，争取率先引进顾客需要而毛利率较高的商品
好位置尽量陈列高毛利商品	在相同条件下，毛利率高的商品应陈列在较好位置，这样更容易吸引顾客的目光，方便顾客选购
灵活的价格体系	根据各门店不同的消费环境和竞争条件，采取灵活的价格体系，赚取应得的毛利。一般可采用品类管理高低价策略，把顾客目标性品类定低价，而常规性和其他品类定高价的策略
适当调整各部门的毛利率和销售构成	提高高毛利率商品部门的构成比例，降低低毛利率部门的构成比例，提升高销售构成比例部门的毛利率。 若有构成比例相同的部门，应发展高毛利率的商品
为商品增加附加价值	通过提供新一代商品、商品升级、改进包装、品牌文化等方式来增加商品的附加价值，创造优良的销售业绩，相应提高毛利收入
提供额外的配套服务	如果商品的毛利有限，则可以通过提供额外服务的方式来提高商品的毛利。例如，在销售室内装饰材料时，店铺可以提供特别优惠，让顾客可以得到来自室内设计师的专业指导，凭借"为您服务、为您而设的室内专业设计师"的概念，既为顾客提供了便利，又提高了相关商品的毛利

4．提高顾客的重复购买率

调查显示，开发新顾客的成本是维持老顾客成本的 6 倍；多次光顾的顾客比初次登门的顾客可为企业多带来 20%～85%的利润。由此可见，留住老顾客，最大限度地促使现有的老顾客重复在你的店铺购物，使之成为店铺的终生顾客具有极其重要的意义。提高顾客重复购买率的途径如表 6-4 所示。

表 6-4　提高顾客重复购买率的途径

提高顾客重复购买率的途径	说　明
建立顾客档案，与顾客保持联系	保持与老顾客的联系和沟通，适时关怀老顾客。例如，在顾客生日时寄上一张生日贺卡，或者当举办促销活动、有新商品问世、有配套商品上市或对某些商品进行特价处理时，及时通知顾客

续表

提高顾客重复购买率的途径	说明
促使顾客养成定期购买的习惯	对于顾客极可能连续使用的商品，要在顾客第一次购买后的三周内，最少和顾客接触三次以上，凭借超乎顾客期待的个人服务，促使顾客养成定期购买的习惯
赠送印花	赠送印花可以促使顾客多次购买，满足部分顾客收集乐趣的心理。例如，顾客每购物10元，即可获得1枚印花，收集一定数量可兑换礼品
赠送有期限的优待券	对于初次购物的顾客，赠送具有期限的优待券可以促使其在短期内再次购买。如果顾客光顾店铺3次以上后，就会对店铺产生眷顾之情，容易养成经常到店铺购物的习惯
赠送积分券	当顾客消费达到一定金额后，就可以得到商店赠送的积分券，当积分券积累到规定的数量时，就可以兑换免费的或优惠价的商品 　　积分券可以促使顾客长期、稳定地在某一商店购物，或长期、稳定地购买某一品牌的商品。还能刺激顾客加大购物金额或提高购物频率
及时、妥善处理顾客的投诉和抱怨	调查显示顾客投诉后能够迅速有效得到解决的，其中82%的顾客愿意继续在这家店铺消费，因此那些投诉的顾客往往是忠诚度很高的顾客，妥善有效地处理顾客投诉，能有效地为店铺赢得顾客的重复购买率

第 7 章

提升营业额的四种方法

提升业绩技巧

提升业绩的有效方法：抓住顾客，提高购买率；深挖潜力，持续拉动销售；扩大市场影响，推动品牌力度；创造市场作战，多元化经营。

一般来说，影响商店营业额的因素有四个：人流量、进店的百分比、商店的成交率、平均消费金额。

第一，人流量。无论是商场里的一个商店还是在街边的一个店铺，人流量都是影响营业额的主要原因。一些大的促销活动或者节假日，对人流量的多少影响很大。

第二，进店的百分比。顾客从门口走过，进店的百分比不高，是什么原因造成的？可能是橱窗的陈列没有吸引力，或者货品颜色摆放习惯不能吸引顾客想靠近。

第三，商店的成交率。如果100个人中有60个人进店了，但只有3个人购买衣服。原因有两点，一是商品的陈列不能让顾客产生试穿的愿望，二是导购缺少

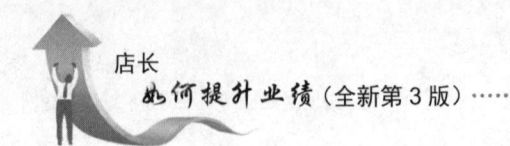

相应的销售技巧，为顾客服务的能力不够。例如，不能根据顾客的长相、气质推荐他/她感兴趣的商品，那么商品成交机会就会非常低。

第四，平均消费金额。商品的价值陈列没有吸引顾客消费高客单价的商品，或门店新员工过多，都会使平均的消费金额降低，从而影响当日的营业额。

7.1 抓住顾客，提高购买率

一般来说，购物的顾客分三种，即老顾客、新顾客和竞争对手的顾客。

要根据三种不同的顾客，有针对性地找出不同的方法来激发他们的购买欲，从而提高商店的购买率。

1. 提高老顾客的购买率，使他们买得更多

例如，一个女人春夏秋冬去商场的频率是 8~16 次。如果公司每季上货频率是 4 次，即期货上货频率是 4 次，但老顾客只有买走 2 件的机会，你想提高购买率该怎么办？方法很简单，向老顾客增加上货频率，上货频率越高，购买的单件数量就越多。

以前很多公司是春、夏季订一次货，现在发展到一个季定 4 次，甚至有的公司每个月订 4 次。因为提前 5 个月订货，5 个月后才卖给顾客，比提前 1 个月订货，1 个月以后再卖给顾客的风险更大。所以，作为店长要清楚，提高老顾客购买率唯一有效的办法是增加上货的频率。

但是有一点要注意，如果是做休闲装或价格比较低的商品，上货频率往往决定老顾客的购买量。做像 LV 这么贵的商品，上货频率太高是致命的，因为 LV 三年左右才推一次新款，这么昂贵的商品即使上货频率高，大多数顾客也不可能买。

2. 吸引新顾客购买

吸引新顾客购买的方法非常简单，准备一些价格比较低的、款式比较新颖的商品让新顾客尝试，把它们摆在新顾客容易接近的地方，刺激新顾客的购买欲。通过一两次的购买，新顾客就能变成重要的老顾客了。

3. 吸引竞争对手的顾客，使其转换购买品牌

吸引竞争对手的顾客最关键的是价格。其次是服务，我们要能提供与竞争对手不一样的服务。再次是以利益诱导，如买一件衬衣可以送一条领带，或者送一件 T 恤等。

总之，在商店里，老顾客是不需要靠打折来吸引的，打折反而会伤害他们对品牌的忠诚度；新顾客要靠促销款、廉价款来吸引；竞争对手的顾客要靠价格、服务，还有优惠条件来吸引。这三种顾客一周内在商店里出现的频率也是不一样的。一般来说，老顾客在周一至周五光顾都会购买商品，新顾客在周末出现的比较多，竞争对手的顾客在双方打折的时间出现的比较多。所以店长一定要很清楚，从周一到周日在什么时间段该做什么活动，该吸引哪种顾客，这样营业额才会提高。

日本有一个公司的商店举办的一个活动非常好。当时有两个女性，她们觉得这个店的童装价格特别贵，正在犹豫买不买。这时，一个日本导购看出了她们的犹豫，于是从箱子里面抽出一个非常漂亮的包，问："小姐，你觉得这个包漂亮吗？"她们两个一看就很喜欢，马上就心动了，问导购："这个包可以买吗？"她说："不卖，如果买一件衣服就可以赠送一个这样的包。"结果，为得到那个包两个人买了 2 000 多元钱的衣服。当然，这也是女性购物的一个特点——容易受小利所驱使。

那个小姐为什么不把包挂在外面，再写一个招牌告诉顾客买衣服可以得到这个漂亮的包呢？她说："老顾客购买不需要看到利，只有那些新顾客才需要。我们想给顾客一个惊喜，所以放在外面不如放在柜台里面效果好。"她说的确实有道理，因为不是每个人对利都感兴趣，这一点店长要注意。

7.2 深挖潜力，持续拉动销售

产品是一个商店的脸面，是决定营业额高低的关键。没有好的产品一定不会有高的营业额，更不会有忠实的顾客，所以要不断深挖产品潜力，才能持续拉动销售。

1. 提供新产品

每个品牌在发展的过程中，一定要多为顾客提供新产品。像 ZARA 店，每天的营业额平均在 80 万元左右，有一家 ZARA 店，做得最好的一天营业额达 300 万元左右。之所以能有如此高的营业额，一是因为 ZARA 提供新产品的速度非常快，平均几天就有新产品上市。还有一个重要的原因是，ZARA 店里的商品品种齐全，不论是休闲、运动、晚装还是正装，包括皮带、包等各种配饰都应有尽有。这就是这些品牌做得非常成功的地方，值得学习、借鉴。

2. 改进产品性能，增加产品的功能

商店里每一分钱的利润都是来自产品，要想增加营业额就必须把精力放在产品的改良上，让客人经常有新鲜感。例如，某个品牌举办了一个促销活动，很有文化味道，整个店的橱窗里面贴满了天使的翅膀。在那里购物后，它们赠送了两件衣服，一件是妈妈可以穿的带翅膀的衣服，另一件是女儿可以穿的带翅膀的衣服。小女孩们特别喜欢，穿一个星期都不想脱下来。其实，这种创意很特别，只是在衣服上稍微加上一点装饰，稍微改进一下，就能吸引顾客，获得源源不断的盈利。实际上，改良产品比开发新产品的成本要低很多，而且效果也不错。

3. 增加产品的花色、品种、规格、型号

增加产品的花色、品种、规格、型号，让顾客有更多的选择，成交的机会才会更大。

7.3 扩大市场影响，推动品牌力度

扩大品牌影响力有两个办法，一个是通过电视、广播、报纸等做广告、做宣传，另一个就是增加商店数量。现在零售终端有两个趋势，一是单品牌在一条街上开店的数量越来越多，二是单店的面积越开越大，零售渠道正在发生大的本质上的改变。一个做女装的公司在某市最繁华的路上开了三家店，并且这三家店的距离都不是很远，店面一个比一个大。大家都会想在一条街上开那么多店能生存吗？而它们说，一个品牌开的店越多，在消费者心中就越有名，生意也就越好，因为购物有很强烈的从众心理。

这种策略是合适的，市场大就有这么大的需求，所以在扩大品牌影响力上，不同的品牌要采取不同的策略，不能盲目跟风。

7.4 创造市场作战，多元化经营

ZARA之所以做得好，是因为从信息回馈给公司，到做成产品，再到在卖场上架，这个过程只需要9~13天的时间。很多企业听说ZARA做得好都竞相模仿，包括它的装修、产品等。其实这是没用的，因为它的核心竞争力不是在产品上，也不是在形象上，而是在它的运作模式上，这是不可以被复制的。从设计、选址、经营再到商品投放，ZARA从不做广告，它只通过商店的位置，也就是把商店开在最好、最贵的奢侈品LV、PRADA对面，这就是最好的广告。

所以，要提高对消费者的满足率，就要整合产业链，对顾客的需求迅速做出反应。这样，整个品牌才能做大、做强，整个企业才能够最终生存下去。

第 8 章

决定商品命运的指标

提升业绩技巧

在商店卖场,有三个数字决定了商品的命运:通过率、停留率、成交率。研究顾客的行走路线,增加顾客停留的时间,能极大地提高购买力。

要想知道每个商品的命运,就要对顾客进行研究,从而确定商店的商品是否可以引起顾客的注意,是否能增加顾客停留的时间及购买比例。

8.1 决定商品命运的三项指标

只有顾客走到陈列商品的货架前,停留并购买了商品,商品才能实现销售,因此在商店的卖场中,有三个数字决定了商品的命运,这三项数字一般称为"顾客动线三大指标",指的是在特定的柜台、通道、货架前顾客的举动。

1. 通过率

通过率指顾客在特定的柜台、货架、通道通过的比例，计算公式为：

通过率＝特定区域通过的顾客数量÷商店所有的顾客数量×100%

2. 停留率

停留率指顾客在特定的柜台、货架停留的比例，计算公式为：

停留率＝特定柜台停留的顾客数量÷特定柜台、货架通过的顾客数量×100%

3. 成交率

成交率也称为捕获率，指在特定的柜台、货架进行购买的顾客比例，计算公式为：

成交率＝特定柜台购买的顾客数量÷特定柜台、货架停留的顾客数量×100%

假定有一个柜台，不管用来卖什么，在商店的总来客数中，每天只有15%的顾客经过这里，而其他柜台的平均通过率为30%，说明这里商品的布局可能存在问题。

又假定摆在某个柜台上的商品，顾客在这些商品前停留率只有20%，而其他柜台的商品前的停留率为35%，说明这个柜台商品的陈列存在问题。

同样，有一个商品，顾客的最终购买率（放入购物篮）的比例只有20%，而同类商品的标准购买率是35%，则说明这个商品的价格、包装可能存在问题。

这三项指标也会呈现漏斗状，漏斗的出口（购买率）决定了商品的最终命运，漏洞入口大（通过率）而出口小说明销售效率不高；漏洞的入口小但是出口大，则说明商品的销售效率高。

8.2 顾客的行走路线

跟踪顾客在商店中的行走路线，找出顾客在下意识中的习惯行走路线，喜欢光顾的柜台、货架，了解顾客在特定商品前停留的时间，确定商店商品的布局及陈列是否合理。顾客动线需要大量的人力进行跟踪，并将顾客动线用图形方式进行标注。图 8-1 所示为一个简单的顾客动线图，在图上可以清楚地看到顾客的行

走路线、主要光顾的柜台、柜台发生的购物行为等。

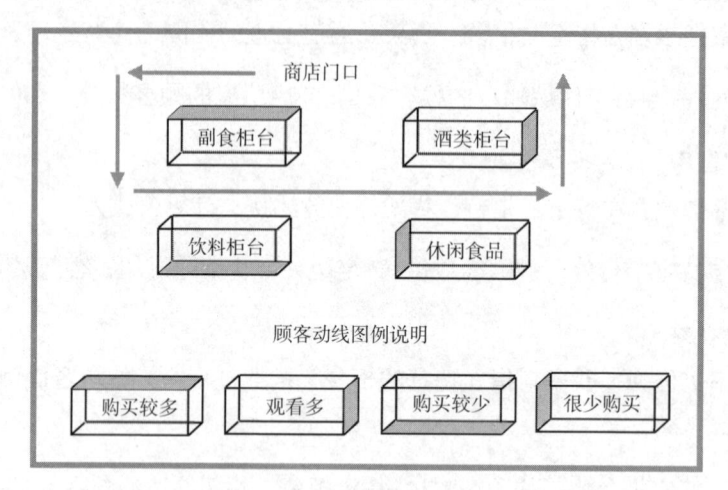

```
        ←──────── 商店门口
   ┌─────────┐        ┌─────────┐
   │ 副食柜台 │        │ 酒类柜台 │
   └─────────┘        └─────────┘
   ──────────────────────────→
   ┌─────────┐        ┌─────────┐
   │ 饮料柜台 │        │ 休闲食品 │
   └─────────┘        └─────────┘

         顾客动线图例说明

 ┌──────┐ ┌──────┐ ┌──────┐ ┌──────┐
 │购买较多│ │观看多│ │购买较少│ │很少购买│
 └──────┘ └──────┘ └──────┘ └──────┘
```

图 8-1　顾客动线图

顾客动线图告诉我们，顾客在商店的副食柜台购买了较多商品，在饮料柜台购买了较少商品，而休闲食品则很少购买，顾客在酒类商品柜台只是观看。

顾客动线分析是一种很有效的分析方法，可以观察到很多其他方法无法发现的顾客消费行为，可以为调整商店布局、货架、商品相关性陈列提供有用的依据。

8.3　顾客在商店的逗留时间

顾客在商店的逗留时间越长，购物的可能性越大。根据统计，购买商品的顾客在商店逗留的时间，是未购物顾客逗留时间的 3～4 倍。

消费者在商店的购物效率有两种极端的情况。一种是效率极低的顾客，他们喜欢在卖场逛来逛去，只有 20%～30% 的时间真正用于购物，他们的很多行走路线是无效的，在卖场的行为更像休闲而不是购物。另一种顾客的购物效率则极高，这类顾客在卖场中逗留的时间很短。例如，在某超市 17:00～18:00 这一销售时段，在商店出现的顾客基本上都是径直走到某个柜台取出商品，而不是随意闲逛。这说明这些顾客是常来的顾客，对于商店很熟悉，而且对商店的商品信任度极高，顾客选择商品的目的性很强，这是一种典型的行走路线与购物行为的关系。

第 9 章

设定商店目标额

提升业绩技巧

商店目标额的设定要有现实的依据,有实现的可能性。这样才能激发员工的工作积极性,努力达成销售额,提升店铺业绩。

1. 给自己设定销售目标

目标管理是通过目标和准则执行考核,改善商店经营业绩成果,并关注店员的能力和心态发展的管理。目标有些由公司设定,有些需要店长设定。国外很多公司的商店,都是让店长自己给自己定目标。原因很简单,员工自己参与制定的目标比公司制定的目标更让人有奋斗意识,因为那是一种对自己能力的考验。

目标设定很容易,但要把目标落实下去就不是一件简单的事。目标能不能落实下去不在于店长有多能干,而在于店长能不能让团队中的每个人都把这个目标当作己任来完成,这才是最关键的。

设定完目标,就要对目标进行定期考核,考核的目的是看目标在每一次执行中达到了什么样的效果,然后再根据实际情况对目标进行适当的调整。在这个过程中,店长的主要工作是沟通与激励。跟公司沟通,保证货品供应的及时;跟店员沟通,让大家齐心协力、全力以赴去工作。最有效的激励不是物质上的奖励,而是随时随地的夸奖。所以,店长在管理过程中一定要养成随时夸奖店员的习惯,这才是促进大家积极工作最好的方法。

2. 目标设定要理性

目标的设定不是随意的,只有遵循一定的法则,才能将目标制定得科学、合理、实用。

目标的设定要有实现的可能性。如果公司给员工设定的目标过高,导致他们连续几个月都完成不了任务,这时就需要将目标调低,如果不做调整会影响员工的信心。

目标的设定也要有科学的方法和现实的依据。目标设定得过低,员工过于容易完成,即使兑现了这些提成,可能再也留不住这些员工了。因为一旦调整这个比例,员工再也拿不到这个薪资,员工的流动率就会增加,对公司也不利。

3. 目标达成五步走

目标达成的五步包括计划、组织、任用、领导和控制。

有了目标之后,第一是做计划。在做计划时需要考虑设置哪些条件才能完成目标,人手是否够充裕,公司这一季的货品与顾客的需要是否匹配,公司的促销有没有新的投入等。

第二是组织。计划落实需要依靠人,团队中每个人的能力有强有弱,怎样将他们组织起来,使他们发挥最大的效能,也是很重要的。

第三是任用。作为店长要充分相信你的员工有能力把这个工作做好。在分配工作时也要注意把工作具体到人,不能模棱两可。

第四是领导。店长作为商店的掌门人,如果对店内的事情不闻不问,对店员放任不管,整个商店就会像一盘散沙,这样的商店迟早要出问题的。

第五是控制。控制也可以说是监督,既不能放任不管,也不能死盯着不放。在目标达成过程中,店长要做到游刃有余、松弛兼备。

4．销售目标的分解

首先要参考去年同期的销售额。其次要考虑是否有促销和广告，如果有的话，在参考去年同期的销售额时就要将这个因素考虑进去，这样新目标与实际销售也就不会有太大的偏差。

第一，准备该月份"每日销售目标表"。将该月的销售目标分为四等，即该月内每个星期各占一份，将每个等份按照一定比例分配，并把结果写在"每日销售目标表"上。

第二，准备参考资料，如该月的节日、天气等。

第三，准备过往营业数据，如上月每日营业额、去年同月每日营业额等（如去年同期为20万元，今年增长10%，则目标为22万元）。

第四，如果有该月份大型推广活动时间表，可一并考虑在内（如有促销一般能增加10%的营业额）。

第五，从参考数据中找出一星期七天营业额所占比例，如星期一至星期四各占12%、星期五占16%、星期六及星期日各占18%，总共100%。

第六，将该月的销售目标均分四等份，该月内每星期各占一份，将每等份按照上述比例分配，结果写在"每日销售目标表"上。

第七，参考节日、天气、大型推广活动等资料，调整分配出来的数字，至满意为止。

至此，该月份的"每日销售目标表"大致上完成。

第八，核对。"每日销售目标表"上的总和应该等于该月的销售目标，如有偏差，适当分配调整数字使之一致。

所谓目标的分解，不仅要将目标分解到季、月、周、日，还要将它分解到不同的营业时段，如第一时段是开门营业到下午3:00，第二时段是下午3:00到晚上6:00，第三时段是晚上6:00到晚上10:00。将目标从季分到月，从月分到周，从周分到天，从天分到每天的不同时段，相信员工一定能完成目标。

分解目标时要注意，给员工设定的目标要参考这个员工已往的成绩和销售能力。对于经验充足的员工，让他自行设立目标；对于经验不足的员工，由店内人员辅助其设立目标。

员工的目标往下分解的时候，要根据每个人的实际情况，不能实行平均分配。

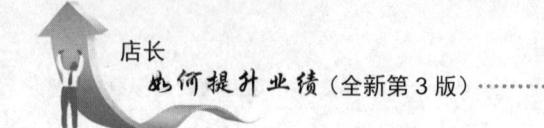

如果按照人头平摊的话,新员工会面临目标不能达成的情况。例如,一个商店里面有 5 个导购,他们的业绩肯定不一样,有些人可以做到整个商店业绩的 30%～40%,有些人再怎么努力,即便做了很长时间也做不到那么多。所以,对能力不强的员工要经常培训、训练,同时还要多鼓励、多帮助,这样才能使他们得到提高。

5. 及时分析与调整

目标在实施过程中需要分析和调整,每周小结一次,计算目标的达标率,如果没有达成就把它分配到未来的几周里面。同时,应该想办法完成预定目标,或者派人协助完成目标,或者对员工进行轮调,让他们找到新的信心。如果 2 周后目标达标率仍然很低,要么调整月目标,要么把团队进行重新调整。如果本月目标没有完成,可以调整到下个月,但是绝不能超过 2 个月都没有完成目标。

第 10 章

如何达成商店的营业总目标额

提升业绩技巧

设定合理的销售目标,将总体目标分解到各层次、各部门甚至具体到个人,形成目标体系。通过合适的手段予以实施,并关注最终结果。

如何从企业的大目标分解到店铺,再分解到每个人的工作目标?有了目标分解才可能落实到每一成员并通过执行最后完成目标。

目标分解到部门:目标应一层一层地分解到各部门,使各部门都清楚自己的工作目标。

对策展开:制定实现目标的具体对策措施,它是在目标分解的基础上进行的。只有将目标展开,使各层次的目标都有实现的对策措施,并在实施中落实这些措施,才能保证目标的实现。

明确目标责任:在目标分解、协商的基础上,根据每个部门和每个人的工作目标,明确其在实现总体目标中应该做什么、要协调什么关系,以及要达到什么要求等,把目标责任落实下来。

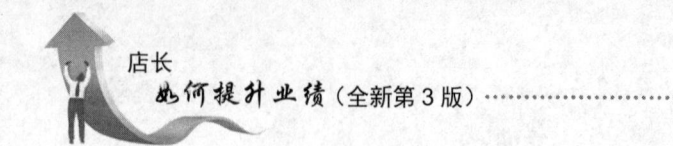

实行有效的授权：实行有效的授权目的是减少上级管理人员的负担，提高企业的生产经营效果。授权就是要培训下级管理人员，不断提高他们的管理水平。

10.1 店铺销售目标的分解

店铺销售目标的分解就是将总体目标在纵向、横向或时序上分解到各层次、各部门甚至具体到个人，形成目标体系的过程。目标分解是明确目标责任的前提，是使总体目标得以实现的基础。

在店铺中，年度的营业指标预测完成后，后面的工作就是将指标分解到每季、每月、每日，再分解落实到每一个人。

1. 销售日指标计算

零售有时也是靠天过日子，如雨天、雪天、风天和普通天气的销售情况不一样，节假日和工作日也大不一样。下面的一组信息就足以说明这一点。

既然不同的天气、不同的节日，对销售的影响不一样，那么在目标分解时参数就不能一样。这里就涉及一个指标，即销售日指标，下面来看每个月的销售日指标是如何计算的。

以每月 30 天计算，每月有 8 个休息日，这些休息日销售目标预计可达到平时的 1.5～2 倍；平均每月 5 个阴、雨、风、雪天，这些天销售目标预计只有平时的 50%～80%；节日指标如元旦、春节、国庆节等重要节假日，预计可达到平时的 2～4 倍。

① 每月扣除天气因素、休息日后，正常销售日为：30 − 8 − 5 = 17（天）

② 周六、日指标为：正常销售日指标×1.5

③ 天气因素指标为：正常销售日指标×0.5

④ 节日指标为：正常销售日指标×2

则正常销售日指标为：当月总指标÷（8×2 + 5×0.5 + 17）= 当月总指标÷35.5 个销售日

以上分析只是一个通用的简单分析，各个零售店在使用时，应根据各行业销售淡旺季的特点进行修改。例如，销售学生用品的店铺在暑期、开学前、寒假春节期间销售最旺；服饰用品在换季时、常规假日最旺；空调、电冰箱等电器在入暑前最旺等。

2．销售额比率分析

根据表 10-1 所示的数据，绘制时间（月）与销售额的曲线图，如图 10-1 所示。

表 10-1　2009 年某药品销售记录

月　　份	1	2	3	4	5	6	7	8	9	10	11	12
销售额（元）	5 000	2 300	1 800	1 600	1 580	4 500	5 800	6 800	3 000	3 200	2 200	2 000

通过表 10-1 与图 10-1 可以清晰地看出此产品在 1 月、6 月、7 月、8 月销售额比率增长较好，其他月份则相对均衡。由此表中曲线的变化情况可对月份之间的销售有个基本的了解。

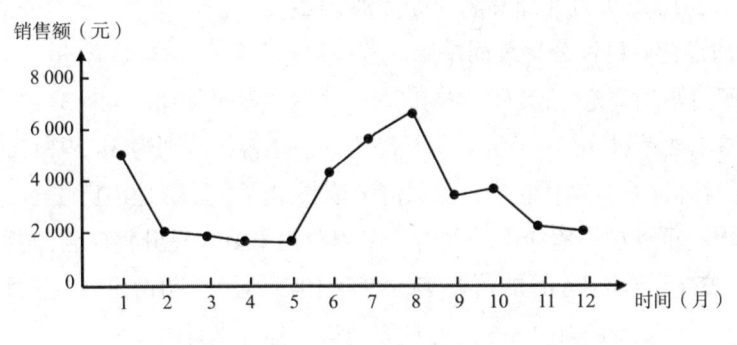

图 10-1　2009 年某药品销售额示意图

3．季节销售指数法目标分解

季节销售指数法是根据时间序列中的数据所呈现的季节变动规律，对目标未来状况做出预测的方法。这种方法可以根据上一年的销售业绩数据，对今年总的营销目标进行有效的分解。这种方法适合受季节影响较大的店铺，一般运用季节销售指数法进行预测时，时间序列的时间单位采用月。在进行数据计算时，至少应该有 3 年以上的销售数据作为基础，通过求得历年每月实际业绩平均值和历年同期累计业绩平均值的方法，计算季节销售指数的数值。因为 2 年的销售数据没有规律性可参考，假如 2 年的数据波动较大的话，就无法采用此方法进行年度目

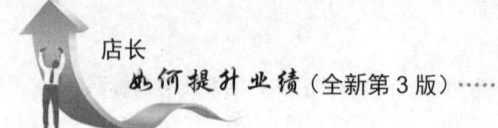

标的预测。公式如下：

季节销售指数＝每月实际平均业绩÷同期累计业绩×100%

例如，某数码产品店铺 2010 年的营业目标已确认为 500 万元，根据 2007—2009 年的销售数据，分解 2010 年的月营业目标。

第一步：计算每月平均数值。例如，1 月平均数值为（26＋18＋22）÷3＝22。

第二步：计算年平均值。例如，1 375÷3≈458.3。

第三步：计算季节销售指数。

季节销售指数＝每月实际平均业绩÷同期累计业绩×100%

例如，1 月季节销售指数为 22÷458.3×100%≈4.8%。

第四步：根据 2010 年年度目标计算每个月的业绩额。

例如，2010 年 1 月业绩额为 500×4.8%＝24。

多店铺月营业目标分解表同单店的营业目标分解是一样的道理。

通过每月平均理论值诊断淡季与旺季。每月理论平均值为 458.3÷12≈38.19，即理论上每月需要销售 38.19 万元，那么理论季节销售指数则为 38.19÷458.3×100%≈8.33%。通过理论季节销售指数，可以清晰地看出哪些月份是销售旺季，哪些月份是销售淡季。重点在销售淡季的月份，采用营销策略，提升整体店铺营业额。

例如，2009 年 1～6 月的营业实绩如表 10-2 所示。2010 年 1～6 月的目标为 1 000 万元，那么 2010 年 1～6 月各月的销售目标分别是多少？

表 10-2　2009 年 1～6 月的营业实绩表

	1 月	2 月	3 月	4 月	5 月	6 月	合计（万元）
2009 年	90	120	150	90	60	90	600
季节销售指数	15%	20%	25%	15%	10%	15%	
2010 年	（150）	（200）	（250）	（150）	（100）	（150）	1 000

注：括号内的数值为计算后得到的数值。

第一步：计算季节销售指数。例如，2009 年 1 月的季节销售指数为 90÷600＝15%。

第二步：根据季节销售指数及 2010 年 1～6 月的总营业目标，计算 1～6 月每个月的营业目标。例如，2010 年 1 月营业目标＝1 000×15%＝150（万元）。

再如，计算某服装零售店每日销售指标。通过计算得出 2010 年 3 月的销售指标为 32 万元，根据销售指标制定每日的销售指标。

第一步：分析。3 月为 31 天，其中有一天是三八妇女节；有 8 天周末时间，预计有 5 天恶劣天气。

第二步：计算 3 月销售日指标。

3 月销售日指标 =（31 - 1 - 8 - 5）+ 1×2 + 8×1.5 + 5×0.5 = 33.5 个销售日。

第三步：计算每个销售日的销售指标。

每日销售指标 = 月销售指标÷33.5 个销售日 = 32÷33.5 = 0.955（万元）。

第四步：制作每月销售指标图，以便对每月目标进行监控。

10.2 目标跟进

目标跟进分为目标跟进和业绩跟进两种。

对确立的目标作跟进记录，并回馈给员工；不断把员工的实时业绩回馈给员工本人，以促进良好的销售气氛，及时解决销售过程中的问题。

业绩跟进的步骤如下：

① 收集资料。收集员工在工作过程中的现象资料。

② 观察。在一边观察项目的实施情况，并针对操作进行记录。

③ 数据整合。整合文本及观察相关项目实施的数据，找出执行过程中的优点及不足之处，想好教练方式，思考如何与员工进行沟通。

④ 回馈。将结果回馈给实施者，并针对个人实施教练。例如：

- A 现在已经完成了 5 000 元的业绩。
- B 完成了 500 元的业绩，还需要加油。
- C 已经达成了 2 000 元的业绩，会员卡销售了 2 张，还差 1 张。
- 对主推款 A、B、C 都做了推动，共售出 4 件。
- 主推款 A、B 都做了推动，但是还没有售出，需要思考主推没有成功的原因。

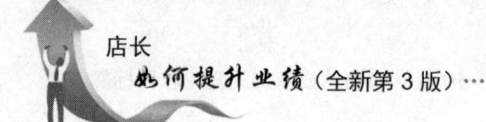

10.3 对店铺的营业目标进行管理

销售目标管理就是通过设定合理的销售目标,对其进行合理的分解,通过合适的手段予以实施和监控,并关注最终结果和评估的一种管理过程。

店铺销售目标可分为很多种。从时间上分包括年度、月销售目标;从类别上分具体分为销售额目标、销售费用率目标、销售利润目标和其他的一些指标。其中销售额目标指公司向各个区域市场下达的销售额任务,以出货额或量计算;销售费用率目标是指公司规定每个区域的产品或总体市场拓展费用占该区域同期销售额的比重,具体包括条形码费、助销物、广宣品、赠品、促销品,以及其他零散的小额市场拓展费用。

1. 分解销售目标

① 在规定的时间内分解。例如,某企业规定每月5日17:30前,营销总经理、区域经理必须将下月销售目标和费用目标分解到下属的区域经理、业务主管、业务人员及经销商处,营销总经理及区域经理对所辖区域的费用率进行统筹分配。

② 逐级分解。例如,某零售公司要求每月9日17:30前,将下属填好的下月任务分解表或目标责任书、月网络拓展计划、月宣传促销品申请表、区域月费用计划表、区域促销实施方案进行认真审核,并上报销售管理部。

③ 分解五要点。分解目标要高于下达的目标;保证分解目标既有挑战性,又有可执行性;便于控制管理;分解到每一天;目标要进行日点检。

2. 签订销售目标责任书

① 规定的时间。例如,某零售企业每年12月31日前,销售管理部确定各区域的年度、季销售目标和费用率,由营销总经理、总经理审批,并由销售管理部以公司文件的形式直接下达给各省和直属区域。

② 具体确认销售目标。例如,某零售企业每季第三个月5日前,由省和直属区域经理向销售管理部上报下季销售目标确认书和分解表,经销售管理部评审、沟通与调整,由营销总经理审核,总经理审批。

③ 目标责任书签署。例如,某零售企业每季第三个月末,由区域经理签署季

销售目标责任书，并经销售管理部经理确认，由营销总经理签字生效。

3. 审核销售目标

① 限定目标分解表等报表时间。例如，某零售企业要求区域经理的各类报表必须在规定的时间内上报，每超时一天扣罚薪资 200 元，由销售管理部做出书面处理决定，由财务部从其下月薪资中直接扣罚。

② 按照标准上报报表。例如，某零售企业要求报表必须符合公司规定的统一电子文件格式，不符合格式的报表视为无效，并要求重新上报，如因不符格式重新填写而导致超时上报，仍然按照标准扣罚责任人薪资。

③ 审批时限。例如，某零售企业要求销售管理部于每月 11 日 17:30 前，完成对各区域上报的下月目标分解计划、费用分解计划及其他报表的汇总，经销售管理部经理审核，并由营销总经理于每月 14 日 17:30 前，完成审批。

④ 销售目标内部要求。例如，某零售企业要求销售管理部于每月 15 日 17:30 前，必须将审批后的下月区域月费用计划表回传至各区域，同时将各区域的下月任务分解表送财务部，作为核算各区域绩效奖金的依据。

4. 实际评估销售目标

① 销售目标进度上报。例如，某零售企业要求各区域经理必须于每周一 17:30 前，填写本区域的上周销售周报，并上报至销售管理部。

② 销售目标总结报告。例如，某零售企业要求各区域经理必须于每月 7 日 17:30 前，填写本区域上月的销售月总结报告、区域月费用实际执行情况报告和本月新增零售终端报告，并上报至销售管理部。

③ 达标率统计。例如，某零售企业要求财务部于每月 5 日 17:30 前，完成对各区域上月的销售额目标完成率和累计销售费用率数据的汇总统计。

④ 财务检核。例如，某零售企业要求财务部于次月 6 日 17:30 前，确认上月销售额目标完成率未达标和累计销售费用额度超目标区域名单，标明其目标完成率和销售费用率，并传至销售管理部。

⑤ 销售目标评估。例如，某零售企业销售管理部根据财务提供的销售数据和区域经理上报的总结报告，对区域的上月目标完成情况进行评估，如果各区域上月所辖经销商某品项实际库存严重超出规定的库存限额，则库存超出部分不计入

区域上月的销售额。

5. 考核销售目标

① 达标率考核。例如，某零售企业规定：销售目标完成率未达到70%，第一月，扣薪10%；连续两个月，降薪一级；连续三个月，降薪两级；连续四个月，降职一级；连续五个月，则予以免职。

② 费用率考核。例如，某零售企业规定：累计销售费用超过额度的10%，第一个月，扣薪10%；连续两个月，降薪一级；连续三个月，降薪两级；连续四个月，降薪三级；连续五个月，降职一级；如费用超标严重，则予以免职。

③ 销售目标完成率超标考核。例如，某零售企业规定：如果连续两个季累计销售目标达标率超过130%,则提薪一级；如果年度累计销售目标达标率超过130%,则提薪两级。

④ 销售目标未完成考核。销售管理部根据对各区域的评估结果，于次月8日前对目标完成率未达到70%或下季8日前对累计销售费用额度超目标责任人，做出扣薪、降薪、降职或辞退的处理决定，并报营销总经理批准。

⑤ 处理决定。管理部根据营销部总经理的审批意见，以公司文件的形式公布对有关责任人的处理决定，并将决定传给被处罚责任人，并报营销总经理批准。

第 11 章

店前行人流量少的店，应如何改进

提升业绩技巧

店前行人流量少的店铺恢复生机的方法是，改善商品，设法强化店铺内的销售。

店址距离闹市区较远的店铺，假使仅以店前经过的行人为销售对象，则营业额自然有限，然而若因此在销售方面变得不积极，则更是一种愚蠢的做法。

使这类店恢复生气的方法，一是加强外出销售，二是强化店铺内的销售。

店前行人流量少的店铺首先应纠正"反正经过店前的人这么少，不做宣传也罢"的错误观念，因为往来于店前的行人即便再少，也不至于一个都没有，至少每天会有数百人，乃至数千人经过。因此，要不断地利用展示来向这些顾客做宣传，同时还需要有创意。

例如，Y钟表店位于每日行人流量只有1 000人的地点，但附近车辆的通行量却非常高。该店想使开车的人也光临本店，于是便在店面前加强对开车的人的展示，结果大为成功。

该店的店面中央有一个宽 1.2m 的橱窗，过去此橱窗仅展示钟表，但因商品体积太小，所以开车的人往往无法看清楚。于是该店便改进展示的方法，以便开车的人也能看到。这个新颖的展示法就是除了"大道具"以外，还同时展示各种款式、大小不同的钟表。例如，该店将镀银的洋娃娃与商品一起展示，夏天时则展示真实的小型帆船，以便引起开车的人的注意。

又如，过去店前挂有 POP 广告，但因目标太小，无法引起开车的人的注意，所以该店特别在外墙设计了豪华的信息广告牌，以求达到对开车的人的展示效果。

该店的做法是在面临马路的三面墙上设置提供与该店商品有关的信息广告牌，以及畅销商品、特价品等的商品介绍。这种广告牌除了美观、突出之外，还具有提供信息的功用，因此顾客注视广告牌的比率便大为提高。

Y 钟表店以上述方法吸引从店前经过的行人，以及驾车经过该店的客人，结果使该店的营业额大幅提高，此即运用创意而成功的例子之一。

店前行人流量少的店，有必要像 Y 钟表店般设法引起开车的人的注意，这一点虽十分重要，但还有一个也很重要的问题，即如何解决停车场的问题。

如果停车场是新设或增设时，就应考虑到成本增加与所增加的销售额之间的平衡。

假使预期的销售增长额比增设停车场的成本高时，就应注意下列事项：

① 停车场的入口应在 100m 前就能看到。从看到入口后减速行驶，到开入停车场之前，至少要让驾驶者于 100m 前看清楚，因此最好能设置具有引导功用的广告牌。

② 路面不能有段差，段差一旦超过 10m 时，必定导致车辆不易出入。

③ 需注意距离十字路口 5m 以内的地方，禁止设置停车场的出入口。

位于郊外马路旁的店铺容易设置停车场，但行人流量多的马路边店铺则十分不易。设置停车场最重要的是如何有效地利用小面积，发挥大功效。

美国曾出现一种新颖的销售方式，这种方式是顾客可把车辆直接开进店铺，亦即顾客可先用电话订货，数小时以后就可以开车到店中领取商品。

目前日本的麦当劳已成功地采取了这种销售方式，美国的食品超级市场更是早已采用这种方式。

这类食品超级市场采取会员制，每名会员只需支付 20 美元就可获得一份产品目录。顾客通过目录介绍，电话订购自己所需的食品，2小时以后，便可随时前往店里拿取自己所订的货品。

领取货品的流程是，顾客先把车辆直接驶入停车场，然后报出会员号码，店方就会告知顾客把车开到规定领取商品的窗口，接着支付价款，即可将货品取回。

即使囿于种种因素而无法采取此种方式，还可运用创意提出类似的方式。

例如，H照相器材店的客人特别多，然而店前却无停车场，于是该店便于店前挂了一块广告牌："请光顾本店的顾客按喇叭通知，本店随即会派店员专门为您服务。"因此这家店的顾客便可不必下车，而在车上直接购买商品，极为便利。

第 12 章

营造热闹气氛的陈列销售

提升业绩技巧

商店的陈列或促销，只要营造出热闹气氛，就能带动销售业绩。

每逢年终岁末，日本东京上野区的大街小巷，总会挤满人流，采购应景的年货，气氛相当热闹，为数百万的群众喧哗无比，吆喝之声此起彼落，一片沸腾。此间不论店铺规模大小，商人个个忙里忙外，出入补货，俨然已和商场的顾客打成一片。

开店的地点选择非常重要，若非位于闹区或市中区，生意必然冷冷清清，以致无利可图。

位于日本神奈川县的鹤冈八幡宫，建筑宏伟，远近驰名，每年前往膜拜的香客为数相当可观，尤其逢重要的节日更是人满为患。而邻近的"麦当劳分店"，会拜络绎的人群，缔造了该店世界连锁经营的最高业绩。这个特别的记录是产生于某年元旦当天，该店的一天营业额高达六七万元，光是卖出的汉堡包数量就相当可观。然而就经营者本身的能力来说，创造佳绩的最大意义，应该在于如何以充裕的人力、物力为顾客服务。

如何才能使店面前的人群，转而走入店里，造成抢购的热潮，应是经营者经营店铺的关键。日本仙台的中元节庆为东北三大祭典之一，每年总有数以万计的人群从各地涌入，造成当地难得的热闹景象。不过令人奇怪的是，附近店铺的营业额却一直无法攀升，不能创造更多的利润。

因为这些店铺前面堆积如山的商品，往往给人一种滞销货物的感觉，无法引起顾客的购买欲。

日本本州岛东北方有一家著名的化妆品公司，每逢节庆期间都会举行特卖活动，其中还有一项特别的服务，是让所有的女性顾客自由试用各式各样的化妆品，直到满意才购买。

该店所提供的试用品，并非一般的样品，而是正式的商品。同时，店里配有化妆台，以及专业人员讲解，为顾客提供完善的服务。有时，现场也会举办相关的美容讲座，聘请专家莅临指导，接到邮寄广告的小姐们以及前往参观的好奇者，就会按时前往赴会，挤得店面水泄不通，非常热闹。

还有一家钟表店为了推销年轻人所戴的潜水表，遂于店面前特意举办了一个表演。这个表演是把一只具有防水性能的潜水表结结实实地放在冰块里，然后宣称，若有人能在5分钟内把冰融化取出手表，就以该表相赠。此语一出，立刻招来围观的人群，其中不乏能者之士，彼此较量一番，争取厂商所提供的赠品。据说，这家钟表店营业额也因此大幅攀升，销售数量也提高到目标的两倍左右，成绩相当可观。

另外，日本一家Y运动器材店，由于地缘特殊，每年总有一次盛大的活动，吸引四倍于平日的人群前来参观。该店为了争取顾客上门，遂于节庆期间盛大举行拍卖大会，推销各种新型产品，同时附赠精致小巧的纪念品。

有些店铺的地点虽然位于都市的闹区，然而生意却是不尽如人意。有一家店铺决定改善业绩不振的劣势，想出了招揽顾客的方式。这家店铺的场地非常大，为了吸引顾客走入店内，遂于店内设置了几台抽奖机和电动游乐器，而使店前走动、逛街的人流趋步而入，连带掀起店里热闹的气氛，顺便选购店里的商品。

又如,日本关西地方的某家服装公司,每逢重要的节日,就会重新布置橱窗,同时举办时髦的服装发布会。由于活动固定而频繁,当地人们早已耳熟能详,视为盛事而前往捧场,如此便能吸引大批的顾客。

总而言之,招揽顾客的方式非常多,只要善用巧思,便可想出吸引人流的绝招。

第 13 章

有计划的促销活动

提升业绩技巧

促销成功与否,与商店业绩息息相关;零售业的促销必须有计划、有目的,不仅要制订商品促销计划,还要制订年度、季度、月度的促销计划。

零售业的商品促销活动要有计划、有目的;公司应设置促销(计划)部,其主要任务之一就是制订商品促销计划,制订年度、季度、月度的促销计划。

促销计划的具体内容包括:促销活动的次数、时间,促销活动的主题内容,促销活动的供货商和商品的选定、维护与落实,促销活动的进场时间、组织与落实,促销活动期间的协调,以及促销活动的评估等。

13.1 提前一年做计划

1. 促销计划是商品采购计划的一部分

促销(计划)部作为公司采购部的一个下属职能机构,其作用相当重要。因

为商品采购计划中销售额任务的 1/2 是由它来完成的，所以在商品采购合约中，在促销保证这一部分，要让供货商做出促销承诺，要落实促销期间供货商的义务及配合等相关事宜。

2. 商品促销活动是一种必须提前较长的有计划的活动

通常，促销部要提前一年做好商品促销计划。一般情况下，公司在每年 11 月与供货商进行采购业务谈判，签订下一年的合约。而采购业务谈判是按照商品采购计划、商品促销计划和供货商文件来进行的。所以，在 10 月以前，即提前一年，公司就应做好下一年度的商品促销计划。

在做促销计划时（以超市为例），需要注意以下两点：

① 促销计划可以由粗到细，但是一定要制定架构。

② 按照不同的超市业态模式，确定不同的促销活动次数和间隔时间。

就超市而言，应该要求其主力商品的供货商每个月做一次促销活动。例如，某超市公司有 1 200 个主力商品，1 200/12 得 100 种商品，100/4 就能算出每周有 25 种主力商品，这个数目完全够做一次商品促销活动。

3. 要求大供货商提供下一年度的新产品开发计划和产品促销计划

实际上，公司的商品促销是与供货商促销活动的一种有机组合。先请供货商做好商品促销计划，在此基础上，商店再进行组合。

凡是新产品或第二年要重新订合约的商品，公司都应该让供货商拿出促销计划。然而，如果公司有 100~200 家供货商的商品同类或者缺乏主力商品，那么公司就很难做到这一点。所以，千万要切记：尽量不与没有促销计划的供货商做生意；做第二年计划时，要让供货商，特别是品牌和大供货商提供其所供应的各品种商品的整体促销计划。

4. 按季节和节庆假日编制促销项目计划

不同的季节和节庆假日，顾客的需求和购买行为会有很大改变，一个良好的促销计划应与之相配合。

不同的季节应选择不同的促销项目。例如，夏季应以饮料、啤酒、果汁等凉性商品为重点；冬季则需以火锅、热食等暖性商品为重点。而重要的节庆假日是促销的最好时机，如果善于规划，便能掌握商机，争取绩效。

13.2 提前一个月做促销项目实施计划

在采购合约的促销保证部分，应要求供货商在收到公司促销活动通知之后，保证提前 1~2 个月做出具体的促销配合事项的条款。例如，在合约上写清楚供货商每个月都要做一次促销活动。

1．促销项目实施计划的内容

① 选择具体的商品。

② 选择促销形式，是公关促销、服务促销，还是卖场促销，等等。如果选择卖场促销，则要确定采取哪种方式，是特价、赠品还是新产品推荐。

③ 将促销计划交给采购人员，由其落实有关细节。

2．采购人员落实项目实施计划的有关细节

① 落实好促销品种、价格、时间、数量、POP 广告形式和堆头的费用承担。

② 由门店管理部/营运部实施卖场的组织，包括货位预留、卖场布置、人员配置、POP 广告张贴。

③ 落实促销商品的配送管理，是由供货商直接把商品送到门店，还是由公司的配送中心配送。前者主要用于大卖场的货物配送，后者在配送中心配送的过程中，需注意预留库位、组织运力、分配各门店促销商品的数量等几项工作的实施。

④ 促销活动进行期间的协调与控制。

⑤ 进行促销评估。其主要方面有：促销商品是否符合消费者需求，能否反映商店的经营特色；促销商品的销售额与毛利额；供货商配合是否恰当、及时；公司自身系统中，促销计划的准确性和差异性，总部对门店的配合程度，配送中心是否有问题，促销商品的选择正确与否，门店是否按照总部促销计划操作。

第14章 确定你的促销目标

提升业绩技巧

零售业进行商品促销活动时,必须有明确的促销目标,如增加购买量、吸引新顾客、留住老顾客等。工作有目标,进展才顺利。

零售业进行店铺促销时必须有明确的目标。只有这样,才能有提高促销的效果。零售业促销的目标有以下几个方面。

1. 增加购买量

如果某种商品已经在消费者心目中确立了一定的地位,那么其销售量或消费范围相应也就被确定在某一范围内。这时如想进一步扩大商品销售规模非常不容易,而且通过广告促销既不合算,也不一定有效。

但是,如果零售业能够和生产企业联合,通过店铺促销来说明该商品的新用途和附带用途,则可以扩大消费领域,或者增加销售量。所以,店铺促销活动在一定范围内可以补充广告活动的不足,大幅度增加商品的销售量。

除此之外，店铺促销活动还具有以下两方面的效果：

① 由于消费者手中还有足够的商品可以使用，因此他们在一定时间内会持续使用本商店出售的商品，从而成为本商店比较固定的消费者。

② 由于消费者已经购买了足够使用的商品，这时即使竞争商店开展促销活动，他们也不会感兴趣，从而在一定程度上削弱竞争对手促销活动的效果。

现在，许多超市，尤其是仓储式超市经常向消费者发放各种店铺促销的广告宣传彩页，在上面将各种特价销售的商品的图片全部展现出来，有时还标明原来的销售价格，让消费者明白商店向它们所让出的利润，其目的就是增加消费者购买商品的数量，并且有效地削弱竞争对手的促销活动。

2．吸引新顾客

根据一般情况，零售商店的广告促销是用来建立顾客对商店的忠诚度的，而店铺促销则是用来破坏顾客对品牌忠诚度和产品忠诚度的有效方式，也是零售业吸引新顾客的有效方式。

零售业的营销策划者，利用店铺促销来吸引的顾客包括三种类型：
- 经常光顾同一商店类型中其他商店的消费者；
- 经常光顾其他类型商店的消费者；
- 经常转换商店来购买商品的消费者。

店铺促销主要是吸引第三类消费者，即那些经常转换商店购买商品的消费者，因为对于经常光顾某些固定商店的顾客来说，他们并不容易受到店铺促销的影响或诱惑。而那些经常转换商店的购物者在购买商品时，主要追求低廉的价格、良好的质量和销售奖励。因此，店铺促销不可能将其转换成忠诚的商店顾客，但显然可以吸引他们购买促销商品。

不过，在经营特色高度相似的市场上，店铺促销显然可以在短期内产生强烈的销售反应，吸引新顾客前来购买商品，但却不能获得长久的好处和盈利。在经营特色具有高度差异性的市场上，店铺促销可以在较长时间内改变商店的市场占有率。

美国市场营销专家在对 2 500 名速溶咖啡的购买者进行调查研究后得出了如下结论：店铺促销在零售业的销售中引起的顾客反应要明显比广告促销快。

- 由于店铺促销主要吸引那些追求优惠的顾客,这些顾客只要能够获得交易优惠,他们就会不停地转换商店,因此促销不会在成熟的市场内产生新的、长期的购买者,但有利于吸引那些追求优惠的消费者。
- 即使在竞争性促销的情况下,那些忠诚于商店的顾客也不太可能改变他们的消费习惯,不会转去别的商店。
- 广告促销一般可以提高顾客对某一商店的忠诚度。

由此可知,如果某个零售业经常利用价格来开展店铺促销的话,顾客就会认为它是专门销售廉价商品的商店,而将其出售的商品作为处理品来购买,这显然不利于零售企业提升自己的市场形象。

日本食品界有名的"普利玛火腿"就是根据地理因素来细分自己的促销市场的。这种火腿于1984年年底开始推出,连产品名称也充满地区色彩。该生产企业在日本各地分别设厂,使用当地的原料制成火腿,在产品上标明这项服务宗旨,销售地区也限定在生产地区,目的就是希望创造与其他公司不同的特色。

因此,与大批量生产的火腿不同,"普利玛火腿"对于每个地区的消费者来说,都具有独特的意义,因为每个地区的火腿都是专门针对该地区消费者的口味进行设计和生产的。

结果,市场反应奇佳,"普利玛火腿"受到了各地区消费者的广泛欢迎。

如果某一零售业经营的商品所采用的促销时间超过其一个销售年(或季)度的30%,这可能给顾客留下"处理品"的印象。那些在零售企业中居于领导地位的商店和挑战性的商店很少采用降价销售的手段进行促销,因为这类促销方式只能吸引暂时的顾客。

而对于那些定位于追随型的商店和拾遗补阙型的商店而言,店铺促销有利于提高其市场占有率。因为这类商店的经营者负担不起与领导型商店、挑战型商店相匹敌的广告费用,如果不采取价格折让,就难以将商店的商品推销出去。折价销售对这类商店来说则是一种有效的促销手段。

第二次世界大战之后,美国一家首饰专卖公司为了打开美国的玉坠项链市场，针对本国的消费者，也就是自己的目标市场进行了详细的调查，结果发现美国消费者分为以下几种情况：

- 第一类消费者想以最低的价格购买到可以用来装饰打扮自己的玉坠项链，并不注重项链的款式和色泽等因素，占所有消费者总数的45%。
- 第二类消费者想以较高的价格购买到款式新颖、色泽动人的玉坠项链，希望以此来显示自己的高贵典雅，他们占到所有消费者总数的35%。
- 第三类消费者希望购买名贵的玉坠项链，他们购买玉坠项链往往用来作为礼品，追求象征性和感性的价值，这类消费者占总数的20%。

当时，世界上几家著名的首饰公司都以第三类消费者群体作为自己的目标市场，而占美国80%市场的第一类、第二类消费者却被他们忽视，他们的消费需求还远远没有满足，还没有哪一家首饰公司明确地表示为这一市场服务。

美国这家首饰专卖公司发现这个良机后，当机立断，立刻选择了第一类、第二类消费者群体作为自己的目标市场，迅速进入，并且采取了有利的促销手段，结果很快使市场占有率大大提高。

3．留住老顾客

零售业在开展店铺促销时，如果能够为顾客提供超出其预料的优质商品，那么这位老顾客为该商店所创造的利润将是十分可观的。据专家研究，零售业争取一位新顾客所投入的营销成本，大约是留住老顾客所需要的营销成本的3～5倍。假如顾客重新购买商品需要很长时间，或者商品的价格很高，以及顾客要为更换品牌和购物场所付出高昂的代价时，上述这两种成本之间的差异就会更加明显。

因此，《追求卓越》一书的作者彼得斯指出：忠诚的顾客——不至于因为服务不佳而丢失的顾客——会在他们一生与企业往来的期间，不知给企业带来多少生意。

在美国，零售业的老顾客会在10年之内平均购买5万美元的商品。忠诚的顾客提供给零售企业3倍的回报，他们会主动再来购买，从而使得在他们身上投入的营销和销售成本比招揽新顾客所投入的成本要低得多；而且忠诚顾客的购买量也比其他顾客要多得多。

据美国一家调查公司在调查中发现，顾客从一家商场转向另一家商场进行购

物，10个人中有7个人是因为商店的服务质量问题，而不是因为价格问题。同样调查显示，如果零售店的服务员怠慢一个顾客，就会影响40个潜在顾客，而一个满意的顾客会带来大约10笔生意，其中至少会有3笔能够成交。

因此，零售业在日常经营中，应注意充分利用店铺促销活动的功能，提高服务质量，留住老顾客，培养商店的忠诚顾客，他们不但成为企业未来销售收入的主要来源，而且能够使本企业在销售业绩上领先于竞争者。

4. 扩大企业的知名度

零售业的店铺促销活动不仅仅是为了扩大商品的销售量，吸引消费者前来购买商店所销售的商品，同时是为了扩大本企业在市场上的知名度。

当然，零售业如果想通过店铺促销活动来扩大自己的市场知名度，还要开展其他的提升企业形象的活动，如进行CIS设计，进行广告宣传，适当开展社会公益活动等。只有将这些活动有效地结合起来，那么扩大企业市场知名度的目的也就很容易达到了。

有一家美发店为了吸引顾客，在店门口贴出海报，上面写道：从今天起，凡来本店洗头者，都赠送大瓶洗发水一瓶。由于一瓶洗发水200元左右，洗一次头60元，顾客一看觉得很合算，因此前来洗头的顾客络绎不绝。

当顾客前来洗头时，这家美发店果然给每位初来者赠送了一瓶200元的洗发水。但是在顾客洗完头之后，美发店要求顾客将洗发水存放在美发店里，服务员可以替顾客在瓶子上贴上标签，并写上顾客的名字，为顾客妥善保管，专人专用，今后每次顾客来洗头时都用他存放在这里的洗发水。

一大瓶洗发水平均可以使用40次，每次洗发需要60元，美容院送出一瓶洗发水之后，一般就可以拉到一位比较稳定的顾客，获得2 400元的营业收入。而一大瓶洗发水的进货价只有100元，实际上美发店还能够赚2 300元。

美发店的这种送礼促销，真可谓"礼轻情义重"，仅靠一瓶洗发水就"俘获"了许多顾客，使他们成为美发店的常客，美发店则借此机会大赚了一笔；同时，还扩大了自己在顾客中的影响，提高了美发店的知名度，起到了一举两得的功效。

个案研讨：

（一）提高来客数的案例

某商店位于住宅区及小学旁，顾客以学生、青少年和上班族为主，附近有超市及平价中心的竞争，为求来客数的增加，特拟办促销活动。

（1）促销方式：准备 0~9 共 10 个阿拉伯数字的球，放入一纸箱中，当顾客结完账时摸出箱中一个球，若其号码和开立发票号码个位相同，则以所购买金额的 9 折付款。若消费者愿意再摸第二个球，其数字又与发票号码十位数相同，则打 8 折；若不同，则连 9 折也不能打。以此类推，折数以低至 5 折为主，资格限定为购物满 50 元者方可参加。

（2）实施期间：15 天，并选择店中人流较少时举行，以达到吸引人流的目的。

（3）执行的配合：事前教育店员记录每次的摸彩结果，以便统计参与人数及结算账款费用。另外，绘制 POP 张贴在橱窗及柜台区，以吸引消费者前来。

（4）成本效益估算：这部分较难以估算，POP 及游戏器具可能需数百元，另外，在执行及结账时，会增加人工成本。至于顾客所赢取的利益，及因来客数增加店方所获利益，建议可依第一天实施情况来推算。

（二）提高客单价的案例

某店开幕已一年，客单价未见提升，为求有效改善，首先应更换滞销品，改卖较高客单价的商品，并于年节推出精美的礼盒，并不定期地配合抽奖活动。

（1）促销方式：以周年庆抽奖大赠送为名，凡购买满 200 元者即可获一张摸彩券，填写上姓名、住址等数据后，投入摸彩箱内，店方将择期公开摸奖。奖品约 20 项，大至收音机、床头音响，小至香皂或零食，尽量提供店中商品当奖品，奖额在 200 名左右。

（2）促销期间：以一周为宜。

（3）执行时的配合：可制作海报张贴、DM 散发或店员的口头面销。

（4）成本效益预估：把欲提供的奖品及 DM、海报的制作费合计之后，其金额以不超过 2 万元为佳，则此促销案方不致亏本。

第 15 章

要掌握促销计划因素

❓ 提升业绩技巧

一个良好的促销活动,要考虑到相关因素,如季节、月份、节庆日以及商品特性、促销主题、促销方式、宣传媒体、促销预算、预期效益。

顾客的购买行为深受天气、节庆日、促销活动信息及竞争店活动所影响,故一个良好的促销计划应考虑季节、月份、节庆日、商品特性、促销主题、促销方式、宣传媒体、促销预算及预期效益等因素。

1. 季节

一年分为四季,春季自 3~5 月,夏季自 6~8 月,秋季自 9~11 月,冬季自 12~次年 2 月。如果商店的卖品以食品为主,天气的冷热对各类食品的销售有直接的影响。

2. 月份

商店营业额一般都会受到天气、假期、开学等因素影响,若促销活动能针对营业淡季的特色，提出创新的促销点子，而不是一味地举行商品特卖，必有利于淡季时的业绩提升。而在旺季时如何使顾客买得更多，以弥补淡季的不足，也是促销计划应考虑的因素。

3．节庆日

重要的节庆日，往往是很好的促销卖点，亦属促销计划中的重要因素，不可轻视，以求掌握商机，争取绩效。

4．商品特性

顾客来卖场就是要买商品，故促销商品的品项、价格是否具吸引力，将影响促销活动的成败。所以应针对季节变化、商品销售排行榜、厂商配合度、竞争店状况等因素加以衡量，选择最适合的促销商品。

5．促销主题

促销要求的主题，往往有画龙点睛的效果，故应针对整个促销内容，拟定具有吸引力的促销主题。

6．促销方式

促销活动是促销案的主体，也是吸引顾客上门的主因，应精心设计。然而，促销活动层出不穷，故应妥善安排，避免活动陷入价格竞争战之中。

7．宣传媒体

当连锁店有多个时，可以考虑采用电视、报纸、广播等大众媒体。若为独立店或店数较少的连锁体系，则因受预算、店数、商圈等因素限制，其促销广告通常用宣传单、红布条、海报、POP 等媒体。

8．促销预算

所谓"巧妇难为无米之炊"，有经费才好办事。故预算多少，来源如何，自费或厂商赞助，在规划促销方案时应先予确认。

9．预期效益

促销的目的，就是为了提高来客数或提高客单价以增加营业额，故应事先预估实施效果，以作为日后评估绩效的基准。

第 16 章

商店促销活动的检查改善

提升业绩技巧

对商店促销活动进行检查，针对不足加以改善，是加强服务质量、提升促销业绩的有效途径。

16.1 锁定促销目标

锁定目标是很重要的促销前置作业。促销无非是想提升业绩，而提升业绩的动机绝大部分来自业绩滑落、业绩目标无法达成。

针对业绩滑落、目标无法达成分析原因，再针对其原因（最重要的原因）锁定其方向，实施促销手段，如此命中率才高，否则，白白浪费许多经费，却达不到预定目标。

业绩＝交易次数×顾客单笔购买金额

当业绩滑落时，第一阶段当然是思考，是交易次数滑落，还是顾客单笔购买金额减少。

如果是交易次数滑落，针对其滑落做"交易次数滑落原因分析"，如表 16-1 所示。如果是顾客单笔购买金额滑落，针对其滑落做"顾客单笔购买金额滑落原因分析"，如表 16-2 所示。

表 16-1 交易次数滑落原因分析

原　因	分　析
DM 数量减少	商品、专柜结构弱（如非畅销品、顾客买不到想要的商品、同值性高及没有独特商品）
SP 策略错误，不吸引人	价格力弱（竞争店价格力强）
店铺力弱，动线差，卖场活性不够	商品缺货
服务差	商圈内竞争店成立或竞争力增加
其他（如天气、考试、没落商圈）	人口逐渐消减中

表 16-2 顾客单笔购买金额滑落原因分析

原　因	分　析
价格不吸引人	专柜成交率低
商品组合弱	商品不吸引人
缺货最严重（尤其 DM 品）	POP 是否具备
畅销商品位置非优化	服务差
其他（如所得变化、无法刷卡）	特卖气氛差

当然，促销动机也可锁定其他目标，例如：

① 提高毛利率；

② 提高毛利额；

③ 针对某种产品做印象式促销；

④ 完全激战品，促销动机是为了打败竞争店。

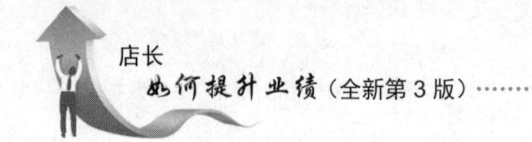

16.2 拟订促销计划

根据所设定的目标，考虑促销费用，选择合适的广告媒体；考虑气候节令，选择合适的促销主题；考虑竞争店状况，选择最佳的促销时间。因此，当在拟订促销计划（如提案）时，须注意以下几点：

① SP 内容须是有效的。不管是商品组合，还是交互式活动，都必须锁定促销目标，依照目标延伸出来的内容，才是有效的 SP。

② 时令是必须考虑的。促销内容务必配合时令，如春节期间推出"春节礼品展"，情人节推出"情人节礼品"，父亲节、母亲节推出"父亲节礼品展"及"化妆品大回馈"。年终、中秋节、端午节当然也得推出符合节令的 SP 内容。

③ 气候状况。例如，天气冷时，棉织品、内衣、袜类……自然卖得较佳，所以在做 DM 商品配置时，就必须将气候考虑进去。

④ 主题要求。配合促销内容做精彩的主题要求，往往有意想不到的效果。例如，"放春价""夏日折扣"。

⑤ 广告媒体。一般来说，全区域或大区域的大型连锁店或独立店，往往会实行全国性的广告媒体，如电视、全版（区）报纸，而社区域的独立店或小型连锁店，一般实行 DM 邮寄会员或派、报纸夹页的方式。当然，电台广告也是一种不错的媒体，尤其是社区域的独立店、连锁店。

⑥ 预算。一般来说，促销费用和业绩之间有一定的比例，所以在拟订促销计划时，就必须先了解经费多少，以便做最有效的规划。

⑦ 效益评估。做完每档活动，都要去评估其效益如何，如果花这么多经费，实际上却达不到预定的目标业绩，就必须去评估到底哪里出了问题。

16.3 促销计划的执行与检查

促销计划拟订后，就必须通知各相关部门。各相关部门开会研讨实施计划，促销后针对促销效果加以检查。

1. 促销活动计划流程

一般而言，促销活动是每月 1~2 次，每次活动开始有一定的计划流程，在一定的期限内务必完成各自负责的工作，否则环环相扣的工作计划会因几个部门的延迟而导致无法完成促销计划内容。促销活动执行程序如图 16-1 所示。

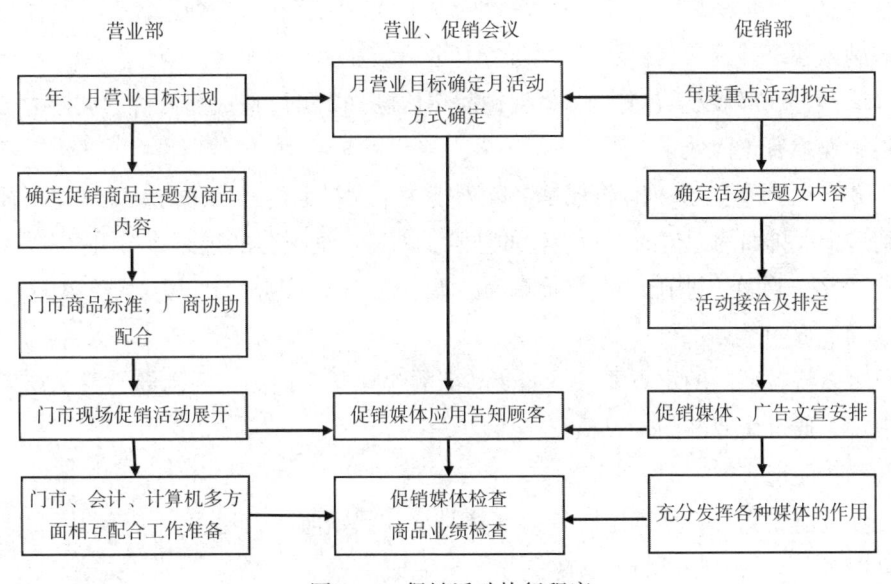

```
    营业部              营业、促销会议            促销部

┌──────────────┐      ┌──────────────┐      ┌──────────────┐
│年、月营业目标│      │月营业目标确定│      │年度重点活动  │
│     计划     │─────>│月活动方式确定│<─────│     拟定     │
└──────┬───────┘      └──────┬───────┘      └──────┬───────┘
       │                     │                     │
       ▼                     │                     ▼
┌──────────────┐             │             ┌──────────────┐
│确定促销商品主│             │             │确定活动主题及│
│题及商品内容  │             │             │     内容     │
└──────┬───────┘             │             └──────┬───────┘
       │                     │                    │
       ▼                     │                    ▼
┌──────────────┐             │             ┌──────────────┐
│门市商品标准，│             │             │ 活动接洽及排 │
│厂商协助配合  │             │             │     定       │
└──────┬───────┘             │             └──────┬───────┘
       │                     ▼                    │
       ▼             ┌──────────────┐             ▼
┌──────────────┐     │促销媒体应用告│     ┌──────────────┐
│门市现场促销活│────>│    知顾客    │<────│促销媒体、广告│
│   动展开     │     └──────┬───────┘     │  文宣安排    │
└──────┬───────┘            │             └──────┬───────┘
       │                    ▼                    │
       ▼             ┌──────────────┐             ▼
┌──────────────┐     │促销媒体检查  │     ┌──────────────┐
│门市、会计、计│────>│商品业绩检查  │<────│充分发挥各种媒│
│算机多方面相互│     └──────────────┘     │ 体的作用     │
│配合工作准备  │                          └──────────────┘
└──────────────┘
```

图 16-1 促销活动执行程序

（1）促销会议

邀请营业、商品、促销、管理部等相关部门的相关人员，针对本次促销内容加以分工。例如，商品部要采购哪种分类的重点商品，促销部要做哪种重点陈列方式，营业部要执行哪些重点计划，管理部要配合哪些后勤工作，要如何考查活动效果。

另外，各部门主管须互相讨论出本次促销的主题、要求、促销时间、商品组合结构、广告媒体的运用、厂商的配合重点、SP 重点及其他如促销手段、预算分配等。

（2）商品采购

除了一般促销商品外，针对本次促销主题，设定专供区商品采购。当然，若想促销更具效果，商品价格非常重要。因此，商品采购时，若能将采购条件谈至优化，促销的成功率将大幅提升。

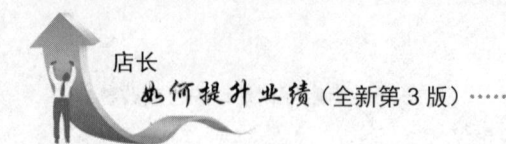

（3）促销陈列

陈列时必须考虑明显度，并且配合 POP，才能吸引顾客注意。重点陈列方式如下：

① 档头架陈列。利用货架的头、尾做准备箱或情境式的"档头"陈列，易使顾客注意，且容易拿取。"档头"在卖场本来就较明显，若陈列适宜，对顾客来说会充满乐趣，并延长其停放于卖场的时间。

② 大量陈列或堆箱陈列。将促销品集区陈列，可以造成超低价的震撼力，对于促销业绩有正面效果。

③ 三角形定点陈列。将促销品陈列于一个大排面的三角位置，可以让顾客在走到这个大排面的通道时，吸引他的注意，对整个通道旁的排面商品销售有帮助。

④ 花车陈列。利用花车，将促销商品集中花车区，配合 POP，会对业绩有帮助。

（4）促销重点执行计划

可以将各部门的重点要求，如商品部的 DM 重点商品，促销部的重点专区陈列表现，通过营业部门加以执行。

（5）促销实施

促销前三天，必须确定所有 DM 商品会在促销前一天到达。

促销前一天，必须将所有陈列物布置完成。

促销当日，除了不缺货、卖场陈列齐备、POP 不缺外，最重要的是要确认计算机价格是否无误。POP 的价格（DM 的价格）和计算机价格不符，就会造成顾客的抱怨。

2. 成果检查

促销前、促销期间及促销后，对此次数、单品销售业绩的销售数字，是否达到预期目标，其达标率多少，和去年相比是成长还是下降，都是成果评估检查中必须拿出来讨论的。

"前车之鉴"可当作下次促销时的参考，成功的范例也可沿用。

通过促销活动检查表（见表 16-3）及促销活动回执条（见表 16-4），可以得知本次促销的缺失，同样可以让卖场营业人员知道工作重点的优先级，既发挥卖场人效外，也能确保各项促销质量。

表 16-3　促销活动检查表

期　　间	查检项目	是	否
促销前 15 日	• 商品部是否交稿完成（前 2 周） • 美工部 DM 制作质量及照片价格对稿 • POP、海报、气氛纸旗、布条的发放及准备 • 订单的邮寄或传真 • 卖场陈列指示及其他促销指示 • 前 3 日是否到货（特价品）		
促销当日	• 计算机价格是否和 POP（海报价格）相符 • 是否尚有 DM 商品未到货 • 卖场陈列气氛、POP 是否已完善 • 卖场人员对各种促销内容的认知够否		
促销期间	• DM 商品是否缺货 • 订货是否太慢 • 订货量是否太少 • 促销品销售状况了解 • 商品质量、POP、气氛陈列是否持续良好		
促销后	• 退货状况是否良好 • 气氛低潮，海报是否拆下 • 招贴的 POP 是否未撕		

表 16-4　促销活动回执条

店名：　　　　　　　　　　　　楼长：
活动名称：　　　　　　　　　　推出日期：

	完成之后请签名	日　期
1. 已收到本期的促销活动计划表		
2. 本期促销商品已经全部变价完毕（包含填写变价表与重新标价）		
3. 本期促销商品已向计算机处订货完毕		
4. 在活动推出前 3 天向促销部门申请制作 POP，并提供做 POP 所需的商品数据与陈列计划		

续表

	完成之后请签名	日　　期
5. 已于促销活动开始前，收到促销部门所送来的促销报纸夹页		
6. 已通知并向本店各单位主管与员工解释该促销活动（于朝会时讲解）		
7. 收银员已了解并实际看过全部促销品		
8. 活动推出当天，卖场已全部陈列布置完毕。包含全部的POP悬挂在正确位置，促销报纸夹页已贴出		

注：
（1）如有未完成之事项，请解释原因，并注明预定完成日期。
（2）请于促销活动推出当日下午2:00前，将此表传回总企划部，如果于活动准备当中遭遇任何问题，欢迎来电反映，或直接告知超市经理与促销经理，谢谢合作！

当然，促销成败的关键在于促销企划案，是否能明确地告知各部门工作重点，精准地掌控时效，有效地推出SP活动方案。

第 17 章

因应竞争对手的促销时机

提升业绩技巧

因应同业竞争特别激烈时,零售业可以推出更富有竞争力的促销活动,予以压制,以保障自己的利益。

与竞争对手有关的促销时机,主要是指由于竞争对手激烈竞争而促使零售业采取的促销行为。它主要包括以下几个方面:

(1)当竞争对手积极开展促销活动时,为了抵制竞争对手的促销行为,零售业可以开展更加富有竞争力的促销活动,以保证自己的利益。

(2)当某个地区或某个特定时期,同行业竞争特别激烈时,零售业为了确定在该地区的市场地位,可以开展适当的促销活动。

(3)当竞争对手的实力非常强大,在市场中居于霸主地位的时候,零售业开展促销活动,可以借助竞争对手的市场领导效应,获得自己相应的利益。

以下介绍两种与竞争对手有关的促销时机。

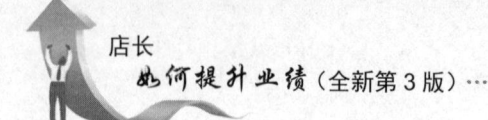

1. 抵制竞争对手的促销活动

企业都处于激烈的市场竞争中，这些竞争对手为了各自的利益而在进行着各种各样的"无硝烟的战争"。

在这种竞争中，零售业要想脱颖而出，除了产品和服务一定要满足顾客需求之外，还应该开展相应的促销活动，以吸引顾客。

当零售业看到自己的竞争对手正在积极举办促销活动的时候，就应该提高警惕，采取相应的对策，以巩固自己的市场，保证自己的利润。

在这方面做得较出色的企业，莫过于麦当劳和肯德基，以及可口可乐和百事可乐这两对"冤家"。对于零售业来说，不妨借鉴。

麦当劳和肯德基都是世界上著名的快餐公司，可以说，世界上只要有麦当劳的地方，就会有肯德基。在有些大城市，几乎每家麦当劳快餐店的附近，人们就可以发现肯德基的踪影。更让人惊奇的是，只要麦当劳推出一种什么新的食品，肯德基也就紧跟着推出一种食品来"迎战"麦当劳。而且，两家快餐店的玩具也都花样百出，吸引了各个年龄阶段的孩子。

再来看可口可乐和百事可乐这两家公司。作为世界上最著名的品牌之一，百事可乐和可口可乐之间的战争几乎就没停止过。百事可乐自诞生以后，就一直以可口可乐作为自己的最强大对手。

在市场扩张初期，百事可乐公司就采取跟随战略，只要可口可乐进军世界上任何一个地区，百事可乐就随后跟进。百事可乐公司因而省却了一大笔开店的市场调研费用，因此它就将这些费用投入广告促销，使可口可乐公司感到了巨大的压力。

现在，这两家公司之间的广告战更是此起彼伏。例如，你方刚刚举办流行音乐大会，我方的流行音乐排行榜立即跟上；你请来谢霆锋，我就请来郭富城、陈慧琳；你出钱赞助甲A足球赛，我就出钱赞助篮球联赛……双方一直在较劲，互不相让，至今还看不出谁输谁赢；但是在双方商战之时，全世界市场都被它们两家企业逐一克服，市场扩大了。

其实，竞争对手开展促销活动并不可怕，只要你时刻保持警惕，在对手采取促销活动的时候，积极筹措对策，就像麦当劳与肯德基，或者百事可乐与可口可乐那样，那么你和你的竞争对手不但不会两败俱伤，而且会共同促进，并创造双赢局面。

2．特定地区和特定时期市场竞争特别激烈

对于企业来说，市场竞争每时每刻都存在，但是对于特定地区和特定时间来说，每个企业所感受到的竞争压力是不同的。

例如，在某些人口集中的大城市，由于人口众多，消费购买率大，使每个企业，包括零售业都会想方设法进入这些市场，因此这些城市的市场竞争会更加激烈，也更加残酷。如果零售业想在这些地方站稳脚跟，除了商品质量和服务要有保证之外，还要企业加强促销活动，吸引这些地方的经销商订购自己的商品，同时吸引这些地方的消费者购买自己的商品。

同样，在不同的时期，企业所面临的竞争压力也会不同。具体有：

① 在某些节假日的时候，几乎所有企业，尤其是各零售商都不会错过这个大好时机，都会采取各种方式进行商品促销。

② 在企业发展初期，由于企业实力较弱，就会感觉到强大的竞争压力。这时，零售业为了生存和发展，可以利用自己成本较低的优势，开展市场促销活动。

③ 当零售业逐渐转入发展的正轨，实力有所增加的时候，市场竞争压力不再像从前那么令人喘不过气来。这时，零售业可以在个别地区开展有针对性的促销宣传活动，争取局部优势。

宝洁公司在刚刚进入中国市场的时候，就采取了有所侧重的促销方式。当时，中国洗涤用品市场潜力巨大，企业还没有完全挖掘这一市场，竞争只是刚刚起步。尽管如此，宝洁公司也没有贸然参与这种竞争，而是在做了大量的市场调查之后，将市场首选目标定在深圳、广州一带，在中国南方地区采取集中轰炸的方式进行市场宣传。

在这些地区站稳脚跟之后，宝洁公司又逐渐向其他地区渗透，采取步步为营的方式，巩固已有的市场占有率。宝洁公司已经成为中国市场上最大的洗涤用品生产企业之一。

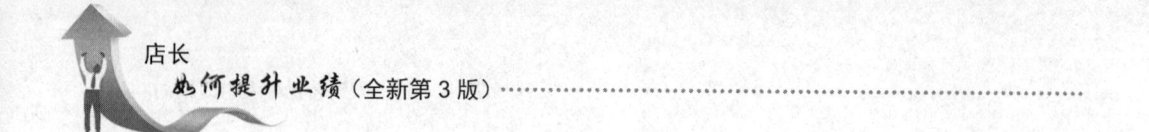

从宝洁公司在中国市场的经营案例来看，企业也应该注意在不同时期和不同地区采取具有针对性的促销活动。

事实上，现在已经有许多企业采取了这种促销方式，其中最明显的莫过于烟酒行业。

第18章

卖场促销业绩的评估项目

提升业绩技巧

促销的目的在于提升业绩，故举办促销活动之后，应立即进行业绩评估，改善实施状况不良的方面，以确保促销质量。

卖场促销目的是希望在特定期间内提高来店顾客数、客单价以增加营业额，更重要的是，促使顾客日后继续光临。因此，需要通过检查来确保促销活动实施的品质，以便为顾客提供最好的服务，达成促销效果。

促销活动作为提升经营业绩的工作要长期不断地进行下去，就必须对促销活动进行及时总结。通过评估每次促销活动的效果，总结促销活动成功或失败的原因，以积累促销经验，这对于做好促销工作、促进公司日后的发展、不断取得更好的业绩是必不可少的。所以，促销活动结束后的评估活动，不仅不可或缺，而且事关重大。

促销评估的内容主要分为四部分，即业绩评估、促销效果评估、供货商配合状况、公司自身运行状况评估。

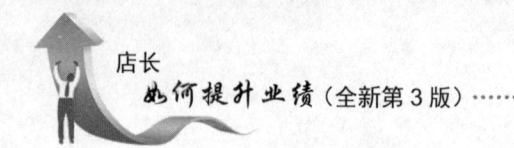

有关业绩评估，主要包括以下两个方面。

1. 业绩评估的标准与方法

① 促销活动检查表，即对促销前、促销中和促销后的各项工作进行检查，如表 18-1 所示。

表 18-1　商场促销活动检查表

类　　别	检查标准
促销前	1. 促销宣传单、海报、POP 是否发放和准备妥当 2. 卖场所有人员是否均知道促销活动即将实施 3. 促销商品是否已经订货或进货 4. 促销商品是否已经通知计算机部门变价
促销中	1. 促销商品是否齐全，数量是否足够 2. 促销商品是否变价 3. 促销商品陈列表现是否具有吸引力 4. 促销商品是否张贴 POP 广告 5. 促销商品质量是否良好 6. 卖场所有人员是否均了解促销期限和做法 7. 卖场气氛是否具有活性化 8. 服务台人员是否定时广播促销做法
促销后	1. 过期海报、POP、宣传单是否均已拆下 2. 商品是否恢复原价 3. 商品陈列是否调整恢复原状

② 前后比较法。即选取开展促销活动之前、中间与进行促销时的销售量进行比较。比较后，可能出现十分成功、得不偿失、适得其反等几种情况。

十分成功：在采用促销活动后，消费者被吸引前来购买，增长了销售量，取得了预期的效果。该次促销活动不仅在促销期中，而且对公司今后的业绩和发展均有积极影响。这是市场经营者、营销人员及所有员工都希望的情景。

得不偿失：促销活动的开展，对经营、营业额的提升没有任何帮助，而且浪费了促销费用，显然是得不偿失的。

适得其反：这是促销活动引起不良后果的一种表现，是经营者最不愿意看到的一种情形。这次促销活动虽然在进行过程中提升了一定的销售量，但是促销活动结束后，销售额不升反降。

③ 消费者调查法。可以组织有关人员抽取合适的消费者样本进行调查，向其了解促销活动的效果。例如，调查有多少消费者记得的促销活动，他们对该活动有何评价，是否从中得到了利益，对他们今后的购物场所选择是否会有影响等，从而评估促销活动的效果。

④ 观察法。这种方法简便易行，而且十分直观，主要是通过观察消费者对促销活动的反应。例如，消费者在限时折价活动中的踊跃程度、优惠券的回报度、参加抽奖竞赛的人数以及赠品的偿付情况等，对所进行的促销活动的效果做相应的了解。

2．查找和分析原因

运用一种或几种评估方法，对市场的促销业绩进行评估之后，一件很重要的事情就是查找和分析促销业绩好或不好的原因。只有找出根源，才能对症下药、吸取教训，进一步发挥公司的特长。

第 19 章

在卖场巡店指导员工

提升业绩技巧

巡店是了解员工是否达到目标和要求，激发员工的积极性和创造性，进而提升业绩。

巡店是为了及时发现问题、找到问题，为解决问题而早做准备，进而提升业绩。

19.1 实地考核

经过实地教练指导之后，员工究竟掌握了多少知识？这需要通过一系列技术来考核评估实地教练的成果。教练体系评估有以下好处：

① 通过评估跟踪，可以对辅导效果进行正确合理的判断，以便了解某一项目是否达到原定的目标和要求。

② 通过评估跟踪，确定学员知识技术能力的提高或行为表现的改变是否直接

来自辅导本身。

③ 通过评估跟踪，可以找出辅导的不足，归纳教训，以便改进今后的辅导。

④ 通过评估跟踪，往往能发现新的辅导需求，从而为下一轮的辅导提供重要依据，而且通过对成功的培训做出肯定性评价，也往往能提高学员对辅导活动的兴趣，激发他们对辅导活动的积极性和创造性。

⑤ 通过评估跟踪，可以检查出辅导的直接效益。

⑥ 通过评估跟踪，可以较客观地评价教练的工作成绩。

19.2 实地教练的五个阶段

1．You do 阶段——你做我看

学员现场实际操作并相互评论，教练现场观察终端店铺实际运营操作流程并做点评、纠偏、演绎。

2．I do 阶段——你看我做

现场教练实地开展终端工作流程、服务推动、人员管理、现场生意推动，让学员进行实地感受及体验。

3．We do 阶段——你我同做

现场教练在店铺实地观察学员如何进行店铺生意分析、诊断及如何开展店铺管理工作，过程中与学员共同分析，运用单对单教练手法进行现场教练，并针对学员的零售管理技能掌握状况进行评估。

4．You do 第二阶段——你做我看

学员独立完成店铺规范化管理流程及各项管理工作，现场教练将在每项工作完成后给予回馈、协助、提升。

5．远程服务跟进阶段

每周同核心学员进行一次沟通，了解其在运用中存在的问题，并给予教练、指导、导入。

店铺实地教练的五个阶段如图 19-1 所示。

你做我看	找出存在的问题，有的放矢地进行教练
你看我做	加强概念的理解
你我同做	让学员建立信心
你做我看	让学员独立完成
远程跟进	加强、巩固教练成果

图 19-1　店铺实地教练的五个阶段

巡店记录表如表 19-1 所示。

表 19-1　巡店记录表

巡店日期：　年　月　日　星期：　　　　　点　分~点　分

检查项目	小项	项目	分值（分）	得分（分）	说明	备注
作业窗体管理检查（12分）	销售单据	销售金额正确，填写清楚，无涂改	2			
	调拨单	填写完整，柜台有留底	2			
	销售日报表	填写完整无涂改，数据准确	2			
	交接班日记	有固定的交接班日记本	1			
	进销存明细表	有清楚详细的明细账，数据录入及时	3			
	交接班盘点	早晚、上午、下午都有记录盘点数，并认真校对	2			
人员情况（26分）	仪容仪表	着装统一、干净、平整，配挂服务证，化妆精神大方	2			
	考勤	不能无故缺勤，无私自调班	10			
	纪律	无聊天、接听私人电话和离岗现象	3			
	业绩指标	当周的业绩目标，以及目前的完成情况	5			
	专业知识考核	以陈列指引为准	6			

续表

检查项目	小项	项目	分值（分）	得分（分）	说明	备注
销售技巧（34分）	服务礼仪	站姿、手势（指引方向、交单递货）	1			
		用请求性而不是命令性、否定性语气	1			
	迎接顾客、以客为先	问候语（正视、微笑）	4			
		能把握正确接近顾客的时机	3			
	了解需求及推荐介绍	善于观察，主动询问，主动推荐	3			
		产品FABE介绍和说明、展示	2			
		能提供专业搭配意见	2			
	试衣服务	能推动试衣	2			
		能提供周到的服务	2			
	消除顾虑及促成交易	能积极有效地消除顾客顾虑	2			
		能进行替代销售	4			
		能进行附加销售	5			
	销售完成后的服务	开票、包装快速准确、规范	1			
		道别语正确、有礼貌	2			
店铺环境（12分）	道具的使用规范	道具坏损有报备	1			
		灯光射向合理，道具摆放合理	2			
		POP更换及时，无坏损	2			
	清洁卫生	卖场清洁	4			
		试衣间整洁（鞋子、墙面、地面）	3			
商品状况（16分）	陈列出样规范	分区合理	2			
		道具载货合理	2			
		间距均匀，吊牌不外露	2			
		出样按尺寸有序排列	2			
		出样齐全、整洁（有熨烫）	2			
		色彩搭配合理	4			
	库存管理	仓库干净整洁，货品分类摆放	2			

第 20 章

卖场本身运行状况的评估

提升业绩技巧

促销活动的检查,首先是针对业绩加以评估检讨,其次是针对各种重点检查,如"促销效果评估""供应商评估""公司本身运行状况评估"等。

卖场促销效果的评估,除前面所介绍的业绩评估重点外,本章介绍促销效果评估、供货商评估、公司本身运行状况评估等。

1. 促销效果评估

此项主要包括三个方面:促销主题配合度、创意与目标销售额之间的差距,以及促销商品选择的正确与否。

① 促销主题配合度。促销主题是否针对整个促销活动的内容;促销内容、方式、口号是否富有新意、吸引人,是否简单明确;促销主题是否抓住了顾客的需求和市场的卖点。

② 创意与目标销售额之间的差距。促销创意是否偏离预期目标销售额;创意

虽然很好,然而是否符合促销活动的主题和整个内容;创意是否过于沉闷、正统、陈旧,缺乏创造力、想象力和吸引力。

③ 促销商品选择的正确与否。促销商品能否反映经营特色;是否选择了消费者真正需要的商品;能否给消费者增添实际利益;能否帮助处理积压商品;促销商品的销售额与毛利额是否与预期目标相一致。

以 POP 广告为例,评估它的促销效果,及时地检查 POP 广告的使用情况,对发挥其广告效应会起到很大的作用。其评估检查要点如下:

① POP 广告的高度是否恰当;
② 是否依照商品的陈列来决定 POP 广告的大小尺寸;
③ 广告上是否有商品使用方法的说明;
④ 有没有脏乱和过期的 POP 广告;
⑤ 广告中关于商品的内容是否介绍清楚(如品名、价格、期限);
⑥ 顾客是否看得清、看得懂 POP 广告的字体;
⑦ 是否由于 POP 广告多,而使通道视线不明;
⑧ POP 广告是否有水湿而引起的破损;
⑨ 特价商品 POP 广告,是否强调了与原价的跌幅和销售时限。

2. 供货商评估

这一项主要评估:供货商对促销活动的配合是否恰当、及时;能否主动参与,积极支持,并分担部分促销费用和降价损失;在促销期间,当公司请供货商直接将促销商品送到门店时,供货商能否及时供货,数量是否充足;在商品采购合约中,供货商是否做出促销承诺,而且切实落实促销期间供货商的义务及配合等相关事宜。

3. 公司本身运行状况评估

① 总部运行状况评估:零售业自身系统中,总部促销计划的准确性和差异性;促销活动进行期间总部对各门店促销活动的协调、控制及配合程度;是否正确确定促销活动的次数及时间,促销活动的主题内容是否正确,是否选定、维护与落实促销活动的供货商和商品,组织与落实促销活动的进场时间。

② 配送中心运行状况评估:配送中心送货是否及时;在由配送中心实行配送

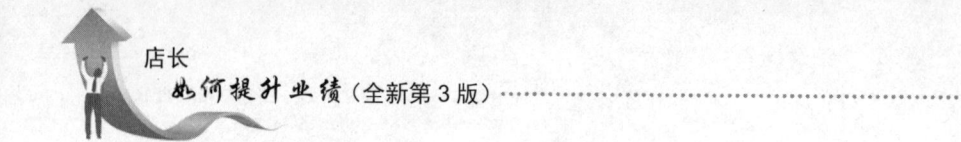

的过程中，是否注意预留库位、合理组织运力、分配各门店促销商品的数量等几项工作的正确实施情况如何。

③ 门店运行状况评估：门店对总部促销计划的执行程度，是否按照总部促销计划操作；促销商品在各门店中的陈列方式及数量是否符合各门店的实际情况。

④ 促销人员评估内容包括：

- 促销活动是否连续；
- 是否达到公司目标；
- 是否有销售的闯劲；
- 是否在时间上具有弹性；
- 能否与其他人一起良好地工作；
- 是否愿意接受被安排的工作；
- 文书工作是否干净、整齐；
- 准备和结束的时间是否符合规定；
- 现场的促销台面是否整齐、干净；
- 是否与顾客保持密切关系；
- 是否让顾客感到受欢迎。

对促销人员进行评估，可以帮助他们提高促销水平，督促其在日常工作中严格遵守规范，保持工作的高度热情，并在促销员之间起到相互带动促销的作用。

第 21 章

来客数有增加，为何不赚钱

提升业绩技巧

与其着重于增加来客数，不如先将焦点放在提高客单价上。提高客单价的目的是促使上门的客人多买，不刻意增加顾客人数，也能确实赚到充足的利润。

增加来客数确实很重要，原本空荡荡的店家一旦变得热闹无比，原本静悄悄的办公室电话一旦开始响个不停，似乎就会让人产生"正在赚钱"的美好感觉。

并不是要否定增加来客数，问题在于，许多经营者深信"顾客增加＝公司赚钱"这个单纯的公式。

然而，实际上，顾客人数的增减与公司的盈亏未必是正相关的。即使客人减少，仍然可能赚钱，有不少情况是缩小顾客范围后，利润反而增加了。

如果只是增加来客数，就会陷入又忙又赚不到钱的困境。针对这一点，可以用"产品生命周期理论"来验证。

表 21-1　产品生命周期与营业额和利润的关系

开发阶段	这个阶段从企业提出新产品的构想开始。这个时期营业额是零，投资额则不断增加
发售阶段	在这个阶段，产品进入市场，营业额渐渐增加，但是因为发售阶段投入许多资金，利润几乎等于零
成长阶段	市场快速接受商品，利润渐渐增加
成熟阶段	由于大部分的潜在需求都已经发掘出来，营业额的成长趋缓；为了在竞争市场维持自身商品的销售力，营销支出增加，致使利润持平或减少
衰退阶段	营业额下滑，利润减少

虽然产品的销售额会在"成熟阶段"达到高峰，却往往忽略了其他重点：一旦销售额到达巅峰，利润就会下降。主要原因除了提到的人事等各项成本增加之外，还包括同业加入而引发的"价格竞争"，以及为了招揽顾客而增加广告宣传费用等。

一旦进入价格竞争，就必须降价，售价无法提高。这么一来，客单价与利润当然就会减少。不过，由于来客数大幅增加，足以弥补减少的利润。这就是"成熟阶段"。

然而，无论营业额再怎么增加，成本都会更高，因此利润会渐渐减少。也就是说，以"产品生命周期理论"来看，同样可以得知：一旦到了同行竞争者也加入的"成熟阶段"，便无法仅仅以增加来客数维持利润了。

那么，现在已经进入"成熟阶段"的公司，要怎么做才能脱离这样的状况？能跳出这种困境的正是"高消费力顾客营销"，它是唯一能帮助公司跳出产品生命周期、避免价格竞争、抑制成本、提高利润的突破点。

1. 不是增加顾客人数就够了

事实上，即使成功增加了来客数，然而收益却变得比以前更差、陷入经营困境的公司并不少见。

为什么会这样？原因在于顾客一旦增加，随之而来的成本也会增加。

以人事成本而言，来客数增加的话，客人的等待时间就会变长，必须花费更多时间招呼他们，若处理不当就容易出现投诉。因此，不得不增加人事成本，雇用更多人手。

此外，为了满足多数顾客的需求，商品种类必须充足。为了维持商品种类的丰富性，容易衍生库存过多的问题。

同时，随着来客数、员工以及库存的增加，不得不扩大办公室或店面的规模，导致成本又增加了。在这种情况下，如果向银行追加贷款的话，每个月的还款金额也会增加。

如此一来，虽然营收增加，但是支出也会增加；所以，顾客人数虽然增长了两倍，利润却没有变成两倍。

这就是"忙得要命，却赚不到钱"的原因。

而且，万一将来顾客减少了，就会变得更加辛苦。因为员工无法说裁减就裁减，为了扩大店面而增加的贷款也必须继续偿还。到了最后，经营状况很可能比之前还要糟糕。

那么，应该怎么做才好？与其着重于增加来客数，不如先将焦点放在提高客单价上。

客单价的提升并不等同于来客数的增加，因此不会发生风险。提高客单价的目的是促使上门的客人多买一个、购买更高等级的产品，或者提高商品的价格，不需要增加人事费用或扩张成本。因此，随着营收的增加，利润也会确实增加。

首先要做的是通过提高客单价，将公司的体质调整为"无须刻意增加顾客人数，也能确实赚到充足利润"。做到这一点之后，如果想要增加来客数，再运用集客营销。这才是正确的顺序。

2. 顺序不要错："提高客单价→增加来客数"

所谓"提高客单价"，就是让每位顾客的平均购买金额增加。

假设某家酒行有位常客 A 先生，每个星期会来买一次酒。

这位 A 先生购买一瓶 1 000 元的红酒，此时的销售额是 1 000 元。然而，如果能下工夫制作 POP 海报等宣传品，让 A 先生觉得"咦，这款红酒好像不错"，于是购买一瓶 2 000 元的红酒，此时的销售额就会变成 2 000 元。

接着，如果再搭配"买两瓶、送赠品"的特卖活动，促使 A 先生购买两瓶那款红酒，销售额就变成了 4 000 元。

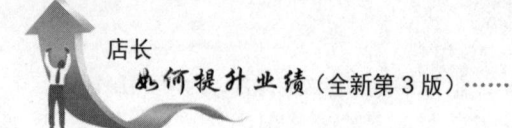

此外，如果通过举办"试饮会"等活动，让原本每星期来买一次红酒的 A 先生，变成每星期来买两次的话，将如何？

购买 2 000 元红酒两瓶的客人，从每个星期来一次变成来两次，那么每周的销售额就会变成 8 000 元。

以上就是提高客单价的方法：在来客数不变的情况下，设法让销售额与利润都增加。

再想一想：如果一方面留住 A 先生这种常客，另一方面再举办集客营销活动招来新的顾客，使得来客数变成目前的两倍，将如何？

没错，每位顾客一星期的消费金额是 8 000 元，现在人数变成两倍，因此简单计算下来是 16 000 元。从原先只有 1 000 元的销售额，变成了 16 000 元，等于增长了 16 倍。

当然这只是一个夸大的例子，目的是为了让大家容易理解：重点在于先提高客单价，再增加来客数。

如果按照这个顺序，在增加来客数之前，先将销售额提高到 8 倍，这样一来，即使之后因为顾客增加两倍而变得比较忙，赚到的钱应该也足以支付人事费用等成本的增加了。

然而，如果颠倒过来，先增加两倍的顾客，由于销售额尚未提升，人事费用等成本却不得不增加，经营起来将很辛苦。除了利润减少、忙得要命却赚不到钱之外，风险也会提高，陷入令人难以承受的困境。

第 22 章

店铺陈列的改善分析

提升业绩技巧

店铺通道设计要合理，重点推荐款要得到充分有效的展示，营造清新、舒适、温馨的购物环境和购物气氛。通过陈列提高产品价值，提升品牌形象，促进销售。

店铺陈列容易出现的问题如下：
① 门头的色彩与形象不够统一；
② 门头灯光暗淡，内部灯光过亮或过暗，射灯灯光没有照射在模特或者衣服上；
③ 橱窗背景与品牌形象不匹配；
④ 店铺动线设计不合理，留不住顾客；
⑤ 模特的摆放位置不够协调，层次感不够强，没有突出展示主题的系列组合效果；
⑥ 货场布局凌乱，没有按照系列、色彩、功能进行分类，收银处的桌面比较

乱，破坏品牌形象，欠缺终端店铺运营管理规范体系，区域色彩陈列结构不合理（没有主题，排列不规范、不合理）。例如：

- 区域风格陈列结构混乱（风格不统一）；
- 陈列色彩混乱；
- 正挂陈列展示的件数、款式、内外搭配不合理；
- 侧挂陈列展示的尺码、件数、前后搭配、上下搭配不规范，不统一；
- 橱窗陈列及模特的陈列展示结构不合理、无主题；
- 层板陈列的结构不合理（叠件不规范，没有饰品配置）；
- 流水台陈列设置结构混乱；
- 饰品区域的陈列设置混乱；
- 形象墙的陈列没有突出形象系列的主题；
- 层板的陈列与道具的展示目的不明确。

店铺陈列日常维护检查表如表22-1所示。

表22-1 店铺陈列日常维护检查表

类别	检核项目	情况记录	改进建议
POP	POP配置对应于相关货品陈列		
	POP足量且已规范使用		
	店内无残损或过季POP		
橱窗	橱窗内无过多零散道具堆砌		
	同一橱窗内不使用不同品种的模特		
	展示面视感均匀且各自设有焦点		
货品展示	货架上无过多不合理空档		
	按系列、品种、性别、色系、尺码依次设定整场货品展示序列		
	出样货品包装须全部拆封		
	货架形态完好且容量完整		
	产品均已重复对比出样		
	叠装纽位、襟位对齐且边线对齐		
	挂装纽、链、带就位且配衬齐整		

续表

类别	检核项目	情况记录	改进建议
货品展示	同型款服装不使用不同种衣架		
	衣架朝向依据"问号原则"		
	整场货品自外向内由浅色至深色		
	服饰展示体现色彩渐变和对比		
	独立货架间距不小于 1.2m 并无明显盲区		
	由内场向外场货架依次增高		
	店场亮度充足且无明显暗角		
	店场无残损光源/灯箱,音响设备正常运作		
	照明无明显光斑、炫目和高温		
	折价促销以独立单元陈列展示且有明确标识		
	展示面内的道具、橱窗、POP、灯箱整洁明净		

第 23 章

卖场的折扣促销

> **提升业绩技巧**
>
> 卖场采取折扣促销，令顾客以低于平常水平的价格获取商品，讲求"商家让利、顾客省钱"，双方共赢，效果直接且显著，唯执行时要慎防降价后遗症。

零售业的折扣促销，可以使消费者以低于正常水平的价格获得商品或利益。由于折扣促销效果直接且明显，因此受到了许多商家的青睐。折扣促销的核心内涵是：商家让利，顾客省钱，双方共赢。

23.1 折扣促销的时机

零售业开展折扣促销活动时，一定要选好促销的时机。一般来说，采取折扣促销的时机有以下一些：

- 当商场纪念店庆时，采取折扣促销酬谢顾客；
- 商场采购到新的畅销商品时，为唤起顾客的需要，增加销售量，折扣促销可以实现这一目标；
- 当竞争对手采取促销活动时，折扣促销可以充作对抗竞争的有力武器；
- 借减价优惠活动，招徕大批顾客，刺激购买一般商品；
- 当商场处理破损、污损、零头（非整齐的）、流行过时、滞销商品时，可以采取折扣促销；
- 当商场为了加快资金周转、加速资金回收时；
- 商场为了扭转商品或服务销售全面下跌的局面时；
- 为了提高某一品牌的商品在同类商品中逐步下降的市场占有率时；
- 为了提升消费者对成长类商品品牌的兴趣度时；
- 吸引消费者对商品的试用欲望时；
- 当重大节假日来临时，可以开展折扣促销活动吸引顾客。

折扣促销对于提高消费者对商场的注意力，以及促进商场的商品销售极为有效。

折扣促销还可以鼓励消费者购买一些以往售价比较高的商品。例如，某商品打折后的售价，如果和普通品牌商品的售价相差不多，消费者就可能尝试这一新的商品。

23.2 折扣促销的优缺点

1. 折扣促销的优点

① 提高商品在货架上的注目率，从而鼓励消费者大量购买。如果能够在包装上加一个设计突出的促销贴纸，势必使该商品更受瞩目。

② 稳定现有顾客，促进销售升级。折扣促销能使消费者立即享受折现或节约费用，这对于既了解本商品，又正在满意地使用本商品的消费者而言，自然会促使其继续购买。

③ 通过折扣促销促使试用者产生购买商品的强烈欲望。对于初次尝试的购买

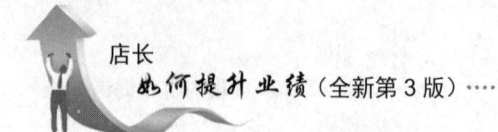

者，若以采取折扣促销，能促使其成为经常使用者，因为这可直接从商品的价格上得到优惠。此种方式对低价位商品及日常用品更为有效。

④ 折扣促销具有较高的弹性，零售商店可以完全掌握促销活动的每一个环节。

2. 折扣促销的缺点

① 对于正处于衰退期的商品来讲，折价促销只能短暂地使其销售回升，无法扭转其已有的趋势，无法从根本上解决问题。

② 只能暂时增加商品的市场销售，而且对于市场占有率越低的商品，须经常给予较高的折扣优惠，才能吸引消费者的注意。

③ 对于那些品牌尚未被消费者认同的商品，只能用高折扣才能吸引消费者，这种方法对于市场占有率低的商品的促销，并不很理想。

④ 折价促销无法使消费者产生品牌忠诚度。因为消费者常在活动结束后，经常转买提供优惠的其他商品。

⑤ 折价促销不易吸引初次购买者，而且经常举办折价促销，还会有损商场的形象，从而影响销售量。

⑥ 对于零售商店而言，开展折扣促销活动时，常需在商品包装、存货管理等方面进行特别处理，从而增加费用开支，因此需要较长时间的准备。

23.3 折扣促销的案例

人们也许见过许多折扣商店，但是有谁见过打一折的服装店？确实有这么一家服装店，而且它位于日本东京银座——这个曾经是全世界租金最昂贵的商业繁华区。

这家服装店名叫"绅士西服店"，它靠着曾经举办的"西服一折"促销活动，使那些见惯了各种促销手段的东京人大为吃惊，从而吸引了络绎不绝的顾客，成为广大消费者心中印象极深的服装店。

在当时，将服装尤其是高档次的西服打一折，是日本人前所未闻的；即使现在，号称一折促销的商店也不多见。然而，这种促销的诱惑力却是非常强烈的，而且绅士西服店还靠它赚了不少钱。

那么，绅士西服店一折促销的奥秘在哪里呢？

该商店的具体做法是：先发布打折促销的广告宣传，特别强调促销期间从哪天开始到哪天结束。然后，广告中详细说明了西服打折的情况：

第一天，所有的西服九折销售；第二天八折销售；第三天和第四天七折销售；第五天和第六天六折销售；第七天和第八天五折销售；第九天和第十天四折销售；第十一天和第十二天三折销售；第十三天和第十四天两折销售；最后两天一折销售。

在打折销售期间，消费者可以选定自己方便的时间去购买西服，就可以按上述规定享受折扣优惠。如果仅从价格而言，想买到最便宜的西服，那么当然是在最后两天去买。但是，如果想买到好的、称心的西服，却不大可能在最后两天去买。

在打折期间，第一天、第二天来的顾客并不多，来的人也只是看一看，待一会儿就走了；到了第三天和第四天时，人们开始不断光顾；第五天打六折时，客人则如洪水般涌来，开始抢购自己早已相中的西服；再以后，西服店的顾客天天爆满，直到西服全部卖完为止。

从消费者的购物心理角度来说，任何人都希望在打两折、打一折的时候买到自己最想要的西服，然而这些西服在绝大多数情况下都不会留到最后一天，早被其他人抢购买去了。

因此，消费者一般会在第一天、第二天先来看一下，确定自己想买的东西。等到打七折时，人们就开始焦躁起来，担心别人把自己喜欢的西服先买走。

23.4 折扣促销的形式

零售业的折扣促销活动，关键在于必须让购物者知道商品减价多少，以此来决定自己是否购买某些商品。折扣促销的常用形式有以下几种。

1. 利用商品包装标示折扣

利用商品的包装，将商品的折扣数额标示在上面，让消费者一看就知道，但是折扣标示的设计一定不能将商标盖住，否则就有喧宾夺主之嫌，别让"减价标

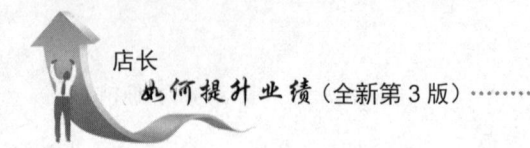

贴"掩盖了商品标签,只要看得清楚就够了。

利用包装标示折扣的形式具体可以分为以下几种:

① 标签设计。在商品的正式标签上可以运用醒目的色彩,利用锯齿设计、旗形设计或其他创意,将折扣优惠显著地告知消费者。

② 联结式包装。将几个商品包在一起进行折扣促销,可以将减价金额标示在套带上。这种方式普遍用于促销香皂、口香糖、糖果等一类商品。例如,在超市常见的特价"组合包装"就属于这种情况。

2. 利用折价券促销

折价券是一种古老而现在仍然风行的有效的促销工具,它采用向潜在顾客发送一定面额的有价证券的方式,持券人在购买某种商品时,可凭券享受折扣优惠。

零售商店的折价券在某一特定的商场或连锁店使用。零售商型折价券的运用目的在于吸引消费者光临某一特定商店,而不是为了使顾客购买某一特别品牌的商品。它也被广泛用来协助刺激消费者对店内各种商品的购买欲望。

零售商型折价券也是零售商与厂商间进行合作的极佳途径,其目的就是诱惑消费者到特定的商店购买特定的商品。

为了充分发挥折价券的促销作用,可以采取以下方式散发折价券。

① 直接向消费者分送折价券。通常是向路过商店的顾客散发,或挨家挨户递送,或用邮寄方式直接寄送到消费者手中。

② 通过媒体发放折价券。例如,通过报纸、杂志、周末或周日附刊等印刷媒体发送折价券。

③ 随商品发放折价券。具体分为"包装内"和"包装上"两种。所谓"包装内",是指将折价券直接附在包装里面,商品的盒子或纸箱上常以"标签"特别注明,以吸引消费者注意。"包装上"折价券,意指在包装的某处附有折价券,它可以是在包装标签纸上,或印在纸箱上。

④ 利用特殊渠道发放折价券。例如,将折价券印在收款机打印的发票背面、商店的购物袋上、街头促销宣传单等各个可利用之处。

3. 信用卡回扣促销

向消费者发放信用卡,使消费者利用信用卡来商场购物,凭借信用卡中的积分享受一定的价格优惠或折扣。

现在许多零售企业都采取了向消费者发放信用卡促销的方式，规定只要消费者一次购物达到一定金额就可以得到一张信用卡，然后持卡者每次购物时出示信用卡，就可以不断积分，随着积分的增加而享受不同的折扣优惠待遇。

零售企业发放信用卡是为了让消费者使用其信用卡，因而会千方百计地提供诱人的优惠条件，如商品的价格折扣、购物的商品破损保险和延长期限的质量保证等。

4．买一送一

提供两个以上的商品用来做折扣促销，如"买一送一"或"买二送二"就属于这种促销。美国有一家沃尔格林便利商店就是运用此方式促销的典范。顾客只要购买了某些指定的商品，那么第二项商品，只要花 1 美元即可买到。

23.5　折扣促销的注意事项

使用折扣促销方式，要注意到下列事项。

1．折扣的范围

一般来说，零售商店提供给顾客的折扣优惠至少要有 15%，才能吸引消费者购买。不论新旧品牌的商品，通常减价越多，销售得越快，效果也越好。

2．形象问题

经常举行折扣促销的零售商店，可能给顾客造成这样一种印象，即商店出售的都是一些处理品，因而会在无形中减损商品的价值，而且越减价优惠，提升商品销售量的目标反而越困难。

因此，一旦折扣促销活动举行得过多时，常会被视为品牌形象的一部分。若消费者习惯了某商场的商品经常减价销售，其促销的效果自然也就微乎其微了。

3．商品的处理

对于零售商店而言，举行折扣促销活动时，常需对促销的商品特别处理。由于部分减价促销商品需要分开来特别包装，因而处理过程的成本自然相对

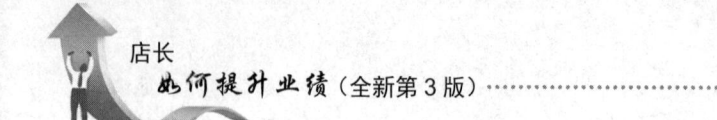

提高。至于存货管理，更需要特别存放，以免与正常品混淆，而在零售商店的货架上又常特别陈列。

4．商品库存问题

除了商品的处理问题外，折扣促销也会造成商品的库存问题。尽管零售商店愿意参与折扣促销以获取好处，然而折扣促销所带来的商品的库存压力，对零售商而言却是一大困扰，因为究竟应先卖何种商品，实在难以取舍，以致造成存货管理的不平衡。

因此，零售企业在开展折扣促销活动时，一定要注意以上问题，不要因为折扣促销而给商店带来不必要的不利影响。

第24章

卖场的退款促销

提升业绩技巧

退款促销是指顾客购买一定款额的商品后,就退还其购货商品的部分款额,以吸引顾客上门购货。货真价实的"退还现金",对顾客尤其有集客消费的魅力。

退款促销是指消费者购买一定的商品之后,退还其购买商品的全部或部分款额或代购券,以吸引顾客,促进销售。

退款促销兴起于20世纪80年代的美国零售行业,它已经成为最热门的促销方式之一。美国有74%的家庭了解退款促销,而且每个家庭平均每年参加四次这样的商品促销活动。现在,许多零售企业在重大节日期间,也常常采取退款促销的策略。例如,"买100送30"就属于这种退款促销的方式。

退款促销运用起来非常简单,通常是零售商店为了吸引顾客,在其购买商品时,给予某种定额的退费,退费数额小到商品售价的百分之几,大到几乎商品价格的全额,各不相同。商场可以自行决定退款优惠的范围,可用在同家厂商的同

一类型商品上,也可与别家厂商的商品联合举办。

24.1 退款促销的功能和作用

退款促销活动对于零售业来说,具有以下功能和作用。

① 维护顾客对商场的忠诚度。如果消费者到某商场购买过许多次商品,而且能得到退款优惠,则可能养成购买的习惯,并建立对商场的忠诚度。同时,在消费者得到退款优惠时,也会为商场进行免费宣传,这也有助于提高商场的形象和声誉。

② 吸引消费者试用商品,以较低的费用激起消费者的购买欲。

③ 激励消费者购买较高价位的品牌或较大包装的商品。由于退款优惠的特点是消费者易于参与,而又没有任何明显的风险,所以能吸引消费者花较多的金钱买较高价位的商品,或大包装的商品。

④ 当面临换季时,商场可以利用退款促销来刺激消费者大量采购不当时令的季节性商品,如春季来临时,用退款优惠诱使消费者购买下个冬季才用得着的防护霜。

24.2 退款促销的优点

退款促销被零售业广泛地运用,主要由于它具备以下优点。

1. 建立顾客忠诚度

多数退款促销活动要求顾客多次、重复购买同一商品,自然可以促使顾客提高购买频率,进而建立对商场的忠诚度。

2. 提高商品的形象

退款促销可以使消费者在心目中提高对商场的认识,认为自己以较低的价格买到了高价格的商品,获得了实惠。

3．增加商品销售量

退款促销活动可以让服务员在陈列标有退费标签的商品时，不必大力宣传就可以使商品备受瞩目，从而增加销售。

4．吸引大量购买

对于过季商品有时采用退款优惠，也可吸引消费者大量购买。

24.3 退款促销的形式

退款促销适用于绝大部分商品，只是其中有些商品及商品类别较其他商品的反映更好一些。例如，销售速度缓慢、质量差异化小、属于冲动式购买的商品，消费者虽不经常购买，但只要一买，常用得很快，再购率也较高，这种类型的商品，运用退款优惠效果最好；而对于高度个性化的、经久耐用的商品，则不宜采用此方式。

按照退款额的多少，退款促销可以分为全额退款和部分退款。按照退款的形式，退款促销可以分为返回现金、返回代购券或抵价标签。按照促销商品的情况，退款促销又可以分为以下几种。

1．单一商品的退款促销

单一商品的退款促销，适用于理性购买的、个性化商品，或高价位的食品、药品、家用品以及健康和美容用品等。这种方式一般由零售商店和生产企业联合举办。

例如，现在许多家电专卖店为了吸引消费者购买电器，甚至为顾客提供几百元不等的退款优惠。这里的退款，既有专卖店让给顾客的自己应得的销售利润，也有电器生产厂商出让给顾客的生产利润，也就是说是由两方共同举办的退款促销活动。

2．同一商品重复购买退款优惠

这种促销通常用于购买率较高、使用较快的商品。消费者购买两次或两次以上的同一商品时，就可以有资格领取退款，这是商家常用的退款优惠方式。

例如，超市可以规定，凡是购买果汁饮料的顾客，依其购买果汁数量的差别，

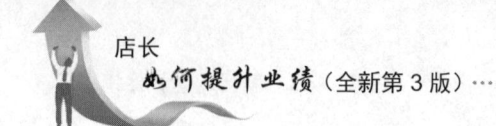

提供不等的退款优惠，如买 5 罐退 1 元，买 10 罐退 3 元，买 15 罐退 5 元，达到了很好的效果。

3. 同一厂商多种商品的退款优惠

消费者购买同一厂商生产的不同商品时，可获取的退款优惠。这种退款促销也由零售店和生产企业联合举办。通常，生产厂商在举办退款促销活动时，可提供不同的商品系列，以便消费者任意选购所需商品，并同时收集不同的标签，从而获得相应的退款优惠。

4. 相关性商品的退款优惠

将相关的商品放在一起销售，并为购买者提供退款优惠。例如，可以将内衣与大衣放在一起，联合举行"退款促销"，只要消费者买了规定品牌的大衣之后，再去购买内衣时，就可获得退款优惠。

24.4 退款促销的注意事项

1. 时机的选择

退款促销在以下两种情况下举办效果最明显。

① 很少执行促销活动的商品，尤其是深受大众欢迎的商品。这种商品采取退款促销，可以吸引许多消费者用较低的价格买到自己喜欢的商品。

② 对于促销活动频繁的商品和大量购买、快速周转的商品而言，退款促销的效果并不佳。

2. 提升退款促销的效果

举办退款优惠，首先就要使参加规则清晰明了，包括清楚地标明必须购物满若干金额才享受到退款优惠，或者集几个购物凭证才可享受退款优惠；明确何种购物凭证才符合要求。

提升退款促销效果的第二个注意事项是提高退款优惠的价值。较高的退款优惠可以提高顾客的参与率；相反，较低的退款优惠则会使顾客的参与率降低。

此外，还应尽量减少购物凭证的数量。若商店要求的购物凭证数量增多，顾客的参与率会降低；反之则参与率提高。

3．顾客参与率的评估

退款促销的顾客参与率高低，与所运用的媒体有关。据美国尼尔森公司的调查报告表明，现金退费的顾客参与率如下：

- 在印刷媒体上刊登退款促销信息约为 1%；
- 在商店的 POP 广告上说明退款促销信息约为 3%；
- 利用商品包装说明退款促销信息约为 4%。

当然，顾客的参与率高低还受退款金额的多少和回馈条件的影响。如果退款优惠再结合促销手段一起运用，则参与率就会上升。例如，在用广告媒体宣传的同时，还利用零售商店的 POP 广告进行强化，则顾客的参与率可提高到 5%~6%。

4．费用估计

这里的费用除了退款促销本身的负担外，还包括：

- 媒体的促销广告开支；
- 零售店 POP 广告印刷品的设计和印制费；
- 促销商品的处理费用。

第 25 章

卖场的赠品促销

提升业绩技巧

赠品促销是以免费赠送商品、样品,作为促销手段而推动的促销活动。以赠品作为诱因,促使经销商进货销售,并促使顾客采取购买行为。

所谓赠品促销,即以免费赠送商品、赠送样品或奖金作为促销手段所进行的促销活动。这种活动以一般消费者为对象,以赠送品为诱因,用来刺激消费者的购买行为。

赠品促销策略最直接的目的是激发消费者的购买动机,提升该商品的销售额,或者提升商店的销售额。

25.1 赠品促销使用的场合

赠品促销并不适用于所有场合,只有在遇到以下情况时,它才能发挥最大的功效。

① 为了促使消费者试用新的商品时，赠品促销可以使消费者愿意试用新的商品。

② 为了促使消费者改变原来的购买习惯，改用某种特定的商品时，赠品促销可以使消费者为了获得赠送品，转而购买促销的商品。

③ 为了进一步强化消费者的使用习惯，使消费者长期使用某种商品时，如果商场能够采取赠奖促销策略的话，就可以使消费者产生一种受到重视的感觉，从而成为该商品的忠实使用者。

④ 零售业为了开辟新的市场时，可以充分发挥赠品促销的作用，用赠送品或奖金来刺激消费者，使那些愿意接受赠送品或奖金的人光顾商店，成为现实顾客。

⑤ 当零售业在举行节庆活动时，可以采取赠品促销活动来回报消费者，加强和消费者的联系，树立企业的社会形象。

零售业在策划赠品促销活动时，应当充分强调以下几个方面。

① 鼓励消费者继续使用某种商品。

② 刺激消费者的反应，尤其是真正可能成为使用者的反应。

③ 强调促销商品的独特优点，凸显其与众不同的市场地位。

④ 免费赠送的商品、样品或奖金要有一定的吸引力，真正能够吸引消费者购买促销商品。

⑤ 样品试用的赠品促销，不应该以消费者必须购买某种商品作为前提，也就是说，只有消费者购买了某种商品，才能获得免费赠送的商品、样品或奖金，因为这样可能使消费者产生一种逆反心理，即使他们有这种需求愿望时，也不一定愿意购买促销商品，这就违背了促销的初衷。

25.2 免费赠送商品

免费赠送商品以一般消费者为对象，以免费为诱因，来缩短或拉近与消费者的距离。赠送的商品形式多种多样，常用的形式包括以下几种。

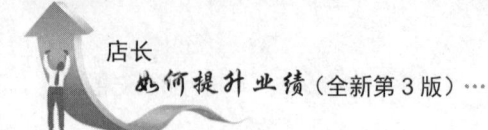

1. 酬谢包装

酬谢包装是以标准包装的价格供给较标准包装更大的包装，或以标准包装另外附加商品来酬谢购买者。

酬谢包装一般用于促销那些新的商品。例如，商场在促销某种果汁饮料时，可以在包装上贴上酬谢促销的说明，如"加量不加价""多送50克"等。

酬谢包装和减价优惠一样，主要是吸引现有的使用者，用以鼓励那些已接受某品牌商品的消费者扩大购买，而以此作为其购买的回报。

2. 包装赠品

这种形式包括包装内赠品、包装上赠品、包装外赠品和可利用包装，在激励消费者尝试购买方面特别有效。大多数消费品都可选择此类促销方式，如促销化妆品时，向购买了化妆品达到一定金额的顾客赠送精美的化妆包。

包装赠品促销之所以被广泛应用，是因为它能激发消费者的购买欲。当消费者在货架前准备购买某品牌商品时，举办这种赠品促销的商品极易吸引消费者；此外，还会促使消费者转而购买较大、较贵的商品。

① 包装内赠品：将赠品放在商品包装内附送给购买商品的顾客。此类赠品通常体积较小，如吉利公司在它的刮胡膏包装盒里装进一片新推出的刮胡刀片，而且不增加售价。这样，消费者就可以通过购买刮胡膏而有机会免费试用吉利公司新产品。

② 包装上赠品：将赠品附在产品上或产品包装上，而不是置于包装内部。例如，用透明成型包装等；也可以将折价券等印在包装盒或纸箱上，消费者可剪下使用。

③ 包装外赠品：此种赠品常在零售商店购物时送给顾客。赠品可摆在收款机附近，方便消费者购物时一并带走。

④ 可利用包装：将商品包装在一个有艺术美感或实用价值的容器内，当商品用完时，此容器便可另作他用。例如，雀巢咖啡、果珍等饮品利用包装盒的外形，并经常作一些变化，以增强对消费者的吸引力。

3. 邮寄赠品

通过向消费者邮寄免费赠品或礼物的方法，以唤起消费者更多的注意。邮寄的赠品在大多数情况下要与所推广的商品密切配合,将赠品作为对品牌的提醒物。因而,许多免费邮寄赠品都印有制造厂商的名称、品牌或商标名称等。

尽管免费赠送商品促销对消费者具有一定的吸引力,但是如果赠品选择不当,对促销就会产生不利影响。当赠品的吸引力不够、质量欠佳,反而会使本来打算购买该商品的消费者打消了念头,妨碍了经常性使用者的购买行为。

零售业在选择赠品促销时,要注意以下细节。

① 不能过度滥用赠品活动,否则会损害商店的形象。因为如果经常举办赠品促销活动,会误导消费者,该商店只会送东西,而忽略了促销商品本身的特性及优点。

② 选择赠品时,应该注意赠品对顾客的吸引力,而且尽可能挑与促销商品有关联的品牌赠品。

③ 应该注意紧密结合促销的主题,赠品的选择应与促销活动的赠送目的紧密联结,否则起不到应有的效果。

哈雷机车销售商的赠品促销

哈雷机车在美国是深受年轻人喜欢的机车,那些爱好运动的年轻人经常以拥有哈雷机车而自豪。

哈雷机车的销售旺季不是在白雪皑皑的冬天,而是在充满了生机和活力的夏天,由于季节性较强,哈雷机车的销售一到冬天就成了问题。销售哈雷机车的经销商为此大伤脑筋,他们不知道怎样才能够使哈雷机车一年四季都可畅销。

在美国纽约的一家机车经销商也面临了同样的问题,但是他并没有消极等待,而是采取积极对策,设法促销哈雷机车。

为了激励消费者在冬天购买哈雷机车,这位机车经销商策划了一次"早起的鸟儿有食吃"的促销活动,其主要促销目标是刺激年轻人,让他们在冬天购买哈雷机车,由此实现哈雷机车在冬天也畅销的目标。

为了开展这场促销活动,机车经销商和哈雷机车生产厂商联合起来,在报纸、电视上打出广告,宣称只要是购买了哈雷机车的顾客,就可以获得价值不同的赠送品。这些赠送品包括皮带、皮鞋、坐垫、安全帽、皮夹克、皮

箱等。越是购买得早的顾客，获得的赠送品越多，越贵的机车获得的赠送品也越多。同时还规定，凡是在1月购买哈雷机车的顾客，可以获得价值800美元的赠送品，在2月购买哈雷机车的顾客可以获得价值400美元的赠送品。

在广告打出来的前几天，机车销售现场还打出了巨大的横幅和各种POP广告，将现场的气氛渲染得非常热烈，引来了许多年轻人参观。

由于各种媒体广告配合得当，参观者非常踊跃。即使是在大雪纷飞的寒冬，有些人也不远千里赶来，使得哈雷机车成为最畅销的机车。

据统计，仅仅在1月和2月，哈雷机车的市场占有率由原来的30%提高到了将近40%，在不到60天的时间内，一共送出了近1万件赠送品。

哈雷机车经销的成功促销，关键在于向购买者赠送了各种附赠品，使他们不必另外购买配套用具，因而深受购车者的欢迎。只要赠送品符合消费者的需要，就可以吸引消费者，达到促销的目的。

第26章

卖场的兑换印花促销战术

提升业绩技巧

为鼓励顾客经常来本店购买消费,商店每次可赠送顾客若干积分券或购物凭证,依设定促销办法的不同,等收集若干积分券、购物凭券后可兑换不同的赠品或奖金。

兑换印花是促销的一种形式,最早出现在美国威斯康星州的一家百货公司。百货公司的经营者在报纸上打出商品促销广告,并在广告中附有印花,只要将这些印花剪下来,就可以兑换赠品。结果,百货公司的顾客爆满,生意非常红火。其他零售商店见到这种情况,也纷纷效仿。从此,兑换印花促销开始在零售业中推广开来,成为一种重要的促销策略。

兑换印花并不是向人们赠送商品、样品或奖金,而是赠送积分券、标签或购物凭证,收集者按照所收集的积分数、标签或购物凭证来兑换赠品或奖金。

零售业在开展这类促销活动期间,消费者必须收集积分券、标签或购物凭证等一类的证明(印花),达到一定的数量时,则可兑换赠品或奖金;或者消费者必

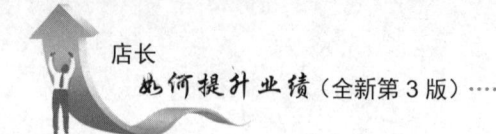

须重复多次购买某项商品，或光顾某家商店数次之后，才可以收集成组的赠品，如餐具、衬衫或毛巾等。这种促销方法有时也被称为"积点优待"。

26.1 兑换印花促销的优点

1. 便利性

零售业可以利用在报纸上做广告的机会，随广告附上印花，方便消费者得到这些印花，而且这些印花可以兑换各种赠送品，消费者不必通过其他渠道就可以得到赠送品。

2. 经济性

这是将促销的成本和促销的效果相比较而言的。采取兑换印花促销方式，可以省去许多费用，例如，促销宣传单的制作费用、分送费用等，零售商店只要利用商品包装上的印花、报纸上的广告印花，就可以向消费者传递商品促销的信息，从而节省了费用。

3. 合理性

采取兑换印花促销方式展开商品促销活动时，根据消费者购买商品的数量来赠送印花，或者按消费者收集的印花数量赠送一定的商品。在这种情况下，无论是对于零售商店来说，还是对于消费者来说，都比较合理，双方都得到了各自的利益。

4. 适用性广

由于兑换印花可以用于许多场合，因此其适用性较广。例如，吸引顾客持续不断地购买某种商品，能够保证既有顾客，有助于培养品牌忠诚度及养成顾客的购买习惯；又如，减少顾客购买竞争者的商品，尤其是在需要反复购买时，常可使顾客暂时停止购买竞争对手的商品，从而削弱竞争者。

26.2 兑换印花促销的缺点

① 此种促销方式最大的缺点,是预算花费必须与库存紧密配合,以便能充分供应连续性促销时顾客兑换赠品的需要。而要真正做到这一点很不容易。

② 对部分消费者不具吸引力。因为有些人没有耐心为了换得一个赠品而慢慢地收集印花,他们希望能够得到即刻的满足。

③ 对于非经常性购买的商品而言,这种促销方法并不适合,甚至毫无效果。

④ 顾客要花相当长一段时间来收集印花,因此容易导致失望心理。

26.3 印花促销的方法

零售业的兑换印花促销,通常有以下几种形式。

1. 兑换印花

在零售店或专卖店运用的积点优待,以吸引顾客。这种促销方式在食品店及超级市场用得较普遍,其方法是利用成组的赠品来诱导顾客购买商品。

有一家餐具专卖店推出了陶瓷餐具促销活动,每周从全套餐具中推出一种,以超低价特卖。凡是购买这种促销餐具的顾客,可以得到一张促销的印花,在下一周再来购物时可以凭印花购买促销商品。消费者为得到一套完整的餐具,只得每周光顾一次,这样才能最终买到全套的餐具。

2. 积分券

零售店根据顾客在商店购物的金额为基准赠送的积分券。当顾客所收集的积分券达到某一数量时,即可依赠品目录兑换赠品。

某商场在春节前出台了按照积分券领取礼品的促销活动,规定顾客购物累计积分在 1 000~2 000 分的,按积分的 1%返还礼品券,不足 1 000 分的转到下一年度;累计积分在 2 000~5 000 分的,按积分的 2%返还礼品券;累计

积分在 5 000~10 000 分的,按积分的 3%返还礼品券;累计积分在 10 000 分以上的,按积分的 5%返还礼品券。而且还规定商场所有的商品都可以参加积分赠送活动,赠送的礼品券在全商场都通用。

3. 积分卡

零售商店根据某种标准,向顾客发放的积分卡,顾客根据其不同的累积购买量享受不同的优待。

某商场利用向顾客发行积分卡促销,具体规定如下:

顾客当年在商场购物不满 1 000 元的,积分转到下一年度;当年在商场消费满 5 000 元,第二年就可以获得 3%的优惠;当年消费满 1 万元的顾客,第二年购物可获 5%的优惠;当年消费 2 万元的顾客,第二年购物可获 7%的优惠。但是,某些特殊类商品如家用电器不在优惠范围之内,而只可累积积分点。

26.4 注意事项

1. 设定促销的目标

不论选择何种印花促销方式,都要设定促销活动的目标、费用支出以及促销的具体操作细节,为促销活动制定指导方针。

2. 购物凭证或印花的形式

某些商品很容易就可以让顾客取到购买凭证,如在包装内装入标签或印花,或在包装的外面醒目地标上印花。但某些商品则并非如此,如塑料包装或金属容器等,想由包装上取下购物凭证,是一件非常困难的事情。所以零售业在开展印花促销活动时,应该对购物凭证或印花的形式仔细挑选,以免给消费者带来困难,或者让消费者失望。

3. 赠品的价值

印花促销的一个前提,就是赠品一定要有吸引力,这就涉及许多问题。例如,赠品的价值应该为多少合理？是否能在商品的售价中加上赠品的价值？赠品是单品种，还是多品种？……

这些问题均需仔细研究，甚至还要找消费者进行接受测试。因为对于消费者来说，他们是绝不会费那么多的心血来收集印花，换取一个毫无价值的赠品的。

4．相关事宜的处理

由谁负责印花的承兑、核查和发送赠品，如制造商或零售商，是通过邮寄还是其他渠道来散发印花，这些问题均需考虑。

5．促销持续的时间

印花促销活动时间延续过长时，消费者很难有参与的耐心。

有一家商场和制造商联合举办录音机的促销活动，但是商场规定消费者必须收集50张印花才可兑换录音机，而且一张印花必须购物满10元才可得到，而消费者平均每星期购物50元时才能取得5张。因此，此活动最少需要10个星期，也就是两个多月，消费者才可以得到录音机，这就使得消费者大失所望，失去了耐心。

因此，采取印花促销的活动时间，必须顾及一般消费者能积累足够的印花来换得赠品，以这个过程所花时间的平均值作为拟定时间长短的依据。

"牛仔王"专卖店的促销

"牛仔王"是美国一家专业成衣、长裤的公司，该公司曾经举办过一次赠送印花的促销活动，取得了非常好的效果。

在这次促销活动中，"牛仔王"公司规定，在2月，凡是在公司的专卖店购买200美元以上服装的顾客，每天最先购买的前20名顾客可以获得一张价值100美元的奖券，而且多买多送，不设上限。例如，一位顾客如果在前20名买了1 000美元的衣服，就可以获得5张奖券，一共价值500美元，可以购买专卖店中的任何商品。

该公司推出这项促销活动的目的在于刺激消费者的购买欲望，使他们购买一定金额以上的商品，以获得奖券；同时规定先买先送，以造成轰动效应。

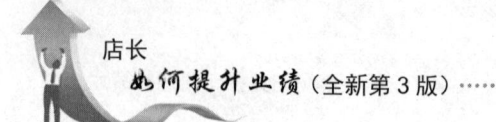

而且奖券的价值之所以如此高,也是为了给消费者留下深刻的印象,记住公司的名字,形成一定的社会影响。

这次活动确实如策划者所料,前来专卖店购买服装的顾客如潮,每天一大早就有许多人(尤其是年轻人)在店门口等着开门,进门之后直接将自己头一天已经挑好的服装买下来,到收银台前排队,争取在前20名交款,以得到奖券。

一个月下来,"牛仔王"公司的销售明显上升,比以往同期增加350%,比上个月增加258%,成为这次促销活动的大赢家。

第 27 章

卖场降价要讲求时机

提升业绩技巧

因销售不利或因市场竞争,都可能降价;未降价前要做好准备,而一旦决定降价,就要抓住有利时机,确保销售顺畅、出清存货的目的。

27.1 降价的原因

为了配合公司整体的营销策略,可对部分商品调低价格,以下情况可采取降价措施。

1. 采购商品中出现错误导致降价

这是指公司所采购的商品出现错误引起的商品降价。

① 采购的花色品种不符合目标消费者的要求。商品由于品牌、颜色、款式、规格等不符合消费者的需求,零售商通过降价将商品销售出去。因为对消费者不

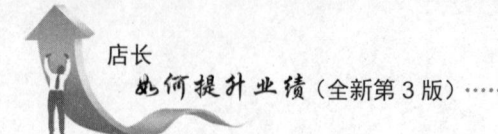

想要的商品，唯一的办法就是给予有吸引力的价格。

② 过量。零售商过多地购买商品，使资金束缚在这些商品中，而不能去购买销路好、利润高的商品，零售商需要把商品尽快销售出去，加速资金周转，因而需要对商品降价出售以回收资金。

③ 过时。零售商采购到的商品与消费者需要在时间上脱离，在销售季节末面对许多剩余商品，对商品降价出售，免于占压资金的更大损失。

④ 商品质量不符合消费者的要求。对此，零售商要想将商品销售出去就必须降价。

⑤ 供货者的选择不当。由于零售商没有全面评估供货者服务职能履行的状况，不能满足一些要求而引起的降价。

2. 销售过程中出现失误导致降价

即使零售商在适当时间，购买到适当数量或质量的商品也未必能够保证商品价格不降价，因为还有销售过程的失误会引起商品降价出售。

① 定价失误。对商品的定价不能使消费者对商品产生吸引力，价格定得太高，高价使顾客感到物非所值，从而使销售成为困难，在这种情况下，必须调整价格，使顾客接受。

② 刺激销售。零售商通过降低商品价格以增加来店客流量，并向顾客介绍商品，使顾客对滞销的商品感兴趣，促进商品周转。

③ 竞争。零售商有时候出于竞争的需要也要把价格降低。由于在本地区内的竞争者也把价格降低，而零售商又不能提供补充的服务以及地点与时间的便利等，为了应付竞争，零售商只有也降低商品价格。

④ 销售策略。各种销售策略也是引起降价的一个原因。开始是高价出售，到季节末的时候降价出售，还有鼓励顾客淡季购买等策略，都会使商品降低价格出售。

3. 市场等因素变化导致降价

零售商在营销过程中也会遇到市场改变和商品实体及外观变化等问题，因而也需要对商品降价出售。例如，市场改变，由于顾客对流行性商品的需求变化快，有时难以预料，一旦流行商品的市场改变，商品就需要降价出售；还有商品的实体受到损伤，由于陈列而弄脏或旧了的商品等，也必须降价出售；不配套或不完整的商品也必须降价出售。

27.2 降价要选择最佳时机

在决定对商品降价时，一定要抓住有利时机。

1．早降价

通常在两种条件下使用，一是商品在销售上有明显的呆滞，二是商品的储存超过了一定的时间。

早降价有如下优点：

① 早降价可以早些出售商品，为新商品空出资本、储存和销售的空间。

② 早降价的幅度小。因为消费者对商品的需求还保持着。

③ 销售费用低。早降价不必为商品再花费广告及人力推销的费用，只是正常的促销。

④ 增加顾客流量。早降价对顾客的吸引力比较大。

⑤ 降低销售风险。早降价可在销售季节中进一步再降价，推动商品周转。

⑥ 提高市场占有率。消费者对流行性商品，愿意早一步购买，即使是高价格，也有一些消费者只要流行期未过，愿意支付略低的价格购买。

一般来说，大型百货商店和中等价格水平的专业商店通常采取早降价方式。早降价可以通过确定时间与降价比率自动降价。如对图书以这种方法降价，则可以分三步走：67天后第一次降价，降价率为原来的10%；90天后第二次降价，降价率为原来的18%；120天后第三次降价，降价率为原来的25%。

2．迟降价

迟降价是保持最初的销售价格，直到期末才采取明显的降价销售。

迟降价也有许多优点：

① 迟降价保护商店高质量的形象。

② 迟降价提供充足的时间按最初价格销售。

③ 迟降价也减少顾客等待降价购买。

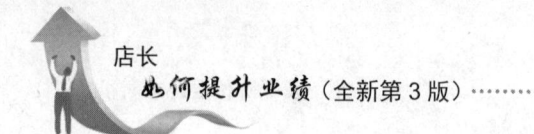

④ 迟降价产生一次性的降价销售，通常降价幅度大，吸引力大。

商店可以比较两种降价方式的优缺点，选择降价方式。

降价还要遇到降低幅度的问题。虽然对降价幅度多少没有什么规则，但是过度的降价却会影响到公司应获得的利润。对降价幅度目前流行着两种看法：一是大幅度降价，吸引消费者；二是较小幅度降价，保证应获得的利润。事实上，降价幅度的大小，又受若干因素的影响，例如，公司的策略：

第一，商品的实体、流行性、季节性等，高度不经久性的商品，尤其是时髦性商品，在流行期末要求大幅度的降价，以清理存货。在美国，流行或季节性的商品通常要求在最初的标价上降价 25%~50%，常用品在最初价的基础上降低 10%~15%，才会使顾客感兴趣。

第二，商品的最初售价。最初的售价高，降价的幅度小，不能够使顾客产生兴趣；如原价是 100 元，降价 5 元，人们不会感兴趣。如果原价是 20 元，一下子降价 5 元，就会刺激购买，有利于公司提高利润，清理存货。降价的幅度应该在原价的基础上最少降低 15%的幅度。

第三，时间。降价的幅度，也取决于销售季节的降价时间。早降价的商品降价幅度小，并且有时间继续降低价格。迟降价的商品降价的幅度大，这样才会刺激销售。

对商品的降价幅度，还受到存货水平、对销售和储存空间的要求程度、对资金周转的要求等因素的影响。要细致地做好采购以及利润界限的计划与实施，把握降价时机，力求实现降价效果。

第 28 章

开展"外出销售"来弥补业绩

提升业绩技巧

处理店内的销售时,也要加强外出销售,可以打开商店的销售瓶颈。

28.1 如何加强"外出销售"

许多行业在竞争激烈、消费需求减少、商品价格低廉化的环境中,正在迎接更为严峻的考验,而有些店更因店址居于较为不利的地点,以致生存更显困难。这些店铺可说是在小规模的商圈内不断地"互相蚕食"。

另外,即使目前景气很好的行业,也由于销售场所的面积固定,所以其销售额也就有一定的限度。在这种情况下,如果要使销售额有所提升,则除了店铺销售以外,还要将营业区域扩展到"店外"。

既然店铺销售有其一定的限度,那么认真实施"外出销售"便是一项值得考

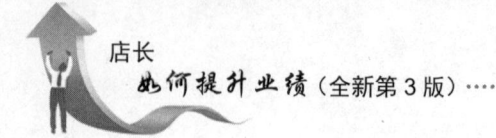

虑的战略。

过去，实行"外出销售"者多半是电器行、运动用品店、服装店、钟表宝饰店等。但今后无论是何种行业，只要有机会就都应朝加强"外出销售"方向发展。

至于外出销售所实行的方式，逐户访问销售的占 43.9%；其次为展示会销售，占 18.8%；接着为在公司行号的促销，占 13%。外出销售之最大特征在于，职业场所的销售所占的比率最高。

如果认为自己所经营的店铺生意不佳的原因在于店址的条件差，则不妨考虑此种方式。

28.2　访问销售

"T 钟表宝饰店"是采取访销方式而使生意兴隆的最佳例子。

该店的老板娘每天上午都会亲自携带传单、目录等拜访十户左右的家庭，她访问顾客的目的并不在于推销，而是做售后服务及提供有关产品的新信息。

就顾客的心理而言，每一个人都希望于购买商品的前后皆获得最周全的服务，因此老板娘的做法很能获得顾客的认同，而与顾客打成一片后，顾客往往也会主动地代为宣传，因此，其后前往光顾的客人便急速地增加。

这位老板娘上午从事逐户访销，下午则一定会固守店中。这种方式使顾客像吃了定心丸般，因为客人们都知道只要下午去店里，就一定能见到老板娘，不仅可询问商品的详情，也可确保所购买的东西不至于有问题。T 钟表宝饰店因此而深获好评，此亦为通过逐户访问提高店铺销售额的最佳范例，值得经营同一性质店铺者效法。

A 村是人口不到 2 万人的小村庄，位于此村庄内的"P 儿童服装店"是一家店面约 50m^2，而年营业额达 1 150 万元的店。

在小商圈中经营儿童服装店已是一个十分罕见的现象，而这家店又能经营得有声有色，更是格外引人注目。

这家店的经营秘诀在于外出销售，这次的做法与前面的例子正好相反，是店主出外销售，而老板娘则负责店铺内的生意。

每日中午时分，店主就会把儿童服装都搬放在特别购置的小货车上，进行逐户访销。

店主销售的对象均为老顾客所介绍的家庭,而他每拜访一户人家,附近有小孩的家庭也会围聚过来,气氛极为热闹,同时往往能轻易地售出许多套服装。

又因为这家店为孩子们所做的服务也十分周到,如店中设有暑假作业教室,"店主原为小学教师,故可有效地利用自己的优点和长处";每逢孩子生日时寄送贺卡;在圣诞节期间扮成圣诞老人,以"代替圣诞老人服务"为名,把家长交托的礼物以圣诞老人的身份送给孩子。

总之,这家店有许多能使儿童们感到非常快乐、雀跃,而又富于创意的企划。

这种努力获得了响应,因此这家店在商圈内的知名度也相当的高。该店每年总营业额的 50% 都是靠外出销售,如果仅是在店里等待顾客光顾,则年度营业额顶多只有 700 万元左右。

28.3 电话推销

推销有多种方式,电话推销是其中的一种。零售业者可根据商店的实际情况,采用这种推销方式。

简单来说,电话推销就是利用电话进行交易,一般是指推销、市场调查、了解新服务和未来活动等。这种方法现在非常流行,可接触准顾客和联络现有顾客,更可调查顾客的满意程度,达到销售产品或服务的目的。

电话是接触顾客的极佳途径,但是在电话中顾客看不到对方,所以声音至为重要。用电话沟通需要常加练习,如果准备不足,或声音、态度不当的话,就很难通过电话达到预期效果。例如,商店的电话推销人员,可以根据推销话术,在电话中模拟使用,改善自己的声音效果。

电话推广有两种:主动推广和被动推广。主动推广就是主动接触对方,而被动推广却是回复有关产品或服务的数据的查询。

电话推广要有系统,拿起电话听筒之前必要有充足准备。一般来说,先写出你要说的话,包括简介和问题等,这样可避免忘记重要事项,也可以在打电话之前先写下顾客可能提出的问题,写出可能的答案,从而清楚地回答。

电话推广过程很短,如果准备不足,就可能得不到想要的数据或给予顾客满

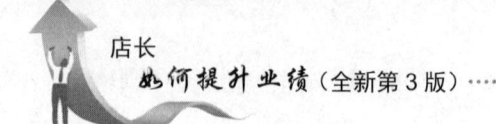

意的答案。你应先对推销的产品或服务有充分了解，有需要的话应在电话旁存放有关数据，必要时立即翻阅。

除此之外，你也要清楚公司的运作，如送货程序、价钱和付款方法等。

最佳的电话推销员应和顾客建立个人关系，多从顾客的立场出发，例如，"我明白阁下很忙……""我明白这很困难……"另外，也可给予顾客一些正面评语。例如，"你的名字很有意义……"这种评语不但表示你用心聆听，亦表示你了解和关心对方。

电话推销员必须有良好的态度，无礼或漠不关心往往就会丧失顾客。推销员在与准顾客交谈时要保持冷静和开明的态度，良好的态度可谓对生意无往而不利。

打招呼亦很重要，要热诚、亲切而专业。一般的电话推销准则，应称呼顾客为先生、小姐或太太等。

电话推销最重要的是聆听顾客说话，如果推销员只顾说产品怎样怎样好，而没有听取顾客的需求，那么他的介绍也不会产生效果。推销员应记住自己的基本目的是服务顾客，明白对方的需要，是成功的一大因素。

在刚开始电话推销时，可能由于顾客的拒绝而失去信心，但千万不要放弃，尝试着努力干下去，会有意想不到的收获。

28.4 职业场所销售的检讨

若有意从事外出销售活动，就有必要就商圈内消费者的需要做一探讨。例如，调查工厂、学校、公家机关、合作社、民间企业等的从业人员，是否有业务上或者其他的特殊需要。关于这一点，因必须考虑"先下手为强，后下手遭殃"的因素，所以应尽量及早着手。

以机关团体为对象进行销售时，应注意以下重点。

① 选择高价格的商品，或利润高的商品。

② 所携带之商品的数量应以可获取相当利润为前提（如果是与店铺销售同时进行时，更应重视数量）。

③ 对于企业和合作社的员工可采取降价销售的方式，但最好是能说服企业领导者把这些商品买下，作为员工的福利品，以使对方亦蒙其利。

④ 虽有必要付给企业或合作社佣金，但假使会严重影响利润，则应断然拒绝（一般为10%以下）。

⑤ 外出销售之前应先以传单、海报等告知。

⑥ 应选择业绩佳的机关团体。

位于东京的 A 高尔夫球用品店因地居商业街，是一家以附近的上班族为销售对象的商店。

这家店也组织有"外出销售部队"，且与"店铺销售部队"合作得非常好，而成为其特征。例如，附近的上班族利用午休时间前往光顾时，如果店员的接待无法令他们充分满意，该店便派出负责外出销售的销售员前往他所服务的机关做进一步的说明。据说，这种方式往往除了本人以外，还能接获其同事的大量订单。

相反地，由于"外出销售部队"接待客人时通常是利用午休时间，因此有时在时间上无法令对方满意，遇到这种情形时，销售员就会请客人在有空时光临该店。而于店中具有"俱乐部销售技术员"资格的销售员则会提供前往该店的顾客周全的咨询服务。

这家店通过店铺销售与外出销售人员的通力合作，获得了十分惊人的绩效。

通常，偏重外出销售的店铺，在店铺销售方面往往较弱，或者店中的陈列物品常显得杂乱无章，以及有照明昏暗等情形，这些不利点都是经营者需加以注意及改善的。

长于外出销售的店铺，也应同时加强店铺内的销售，毕竟这是使店铺生意兴隆的基本条件。

第29章

卖场的抽奖促销

提升业绩技巧

购物是一种愉快的心理历程,零售业者制定有趣、诱惑性的促销方式,以高额奖金或赠送奖品作为诱饵,吸引消费者参加购物活动。

抽奖促销作为一种促销策略,是由零售商店制定的活动规则,以高额奖金或赠送品作为"诱饵",吸引消费者参加购物活动。

抽奖促销不一定要求消费者(活动参加者)必须购买商品,也可以凭个人兴趣参加抽奖活动。参加者只要将填好的抽奖表格或购物凭证寄到指定的地点,商场再从中随机抽奖,被抽到的人即成为获奖者。

29.1 抽奖促销的特点

① 奖金额或赠品价值一般较高。因为只有高价值的奖金或赠品,才会刺激人们参加抽奖促销活动,增加促销的吸引力。

② 刺激性强。高奖金或高价值赠品对所有人来说，都是一个不小的刺激因素，只要愿意参加，都有机会获奖。

③ 机会均等。抽奖促销采取随机抽奖的方式，对于每个参与者来说，机会都是平等的，也就是说，每个人都可能成为幸运儿，获得奖金或赠品。

④ 轰动效应。抽奖促销可以在消费者当中造成非常强烈的轰动效应，以高额的奖金或高价值的赠品引起人们的关注，有利于提高商店的知名度。

29.2 提升抽奖促销的效果

为提升抽奖促销的效果，可以采取以下几种方法。

1. 具备丰富的想象力

对于参加抽奖促销活动的消费者来说，获得奖金或者赠品是结果，而在参加抽奖活动的过程，对他们更具有刺激性和诱惑性。在这个过程中，参加抽奖促销活动的人数越多，说明引起的关注度越高，人们也就越容易注意到举办这次促销活动的零售商场。

但是，要吸引众多的参与者参加抽奖促销活动，最关键的因素就是要让参与者充分发挥他们的想象力，发挥他们的聪明才智，以他们的想象力来促进抽奖促销活动的效果。

2. 富有趣味性

成功的抽奖促销活动是趣味横生的，零售业者只有将趣味性融合到商品促销活动中，才能够激起消费者的参与积极性，增加商品促销活动的效果。

为了增加商品促销活动的趣味性，可以从不同的角度来进行。例如，针对促销目标消费者的兴趣和爱好，与体育运动相结合吸引消费者。

美国以生产汉堡包而著名的温迪公司，最初因为实力弱小，而无法和麦肯斯、汉堡包王、肯德基、比萨等公司相抗衡，直到20世纪80年代以后，才通过寻找市场空隙，确立了自己的地位，成为与上述各家公司一争雌雄的快餐生产企业。

温迪公司的迅速发展得益于成功的宣传活动。1984 年，温迪公司投资

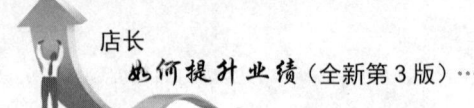

3 000万美元，进行了一系列广告宣传，其中一项活动是重金聘请美国著名的女演员克拉拉，让她扮演一位美丽而又挑剔的老太太，到麦肯斯购买汉堡包。

当老太太得到一个硕大无比的汉堡包时，眉飞色舞，喜笑颜开；可是当她撕开汉堡包的时候，发现广告中所说的4盎司牛肉其实只有一丁点儿，小到只有指甲盖儿那么大。这时，老太太非常愤怒，对着镜头叫道："牛肉在哪儿？"

这个广告非常成功，被一年一度的国际广告大奖评选为经典作品，克拉拉也由此成为著名的广告明星。

温迪公司借助这一成功的广告宣传活动，同时开展了抽奖促销活动，产生了轰动一时的效应。

温迪公司的这次抽奖促销活动和在美国深受欢迎的棒球大赛联合在一起进行。这年8月，温迪公司印制了1 300万张游戏卡，上面写有美国各支棒球队的名字，人们只要在温迪公司的各家快餐店购买汉堡包，就可以获得一张游戏卡。只要将游戏卡外面的一层涂料刮掉，就可以看到两支棒球队的队名，如果这两支球队正好是下一场球赛的交锋对手，就有资格参加温迪公司举办的抽奖活动。

这次抽奖促销活动中，温迪公司提供的奖品有棒球明星联谊卡、棒球明星签名照片、棒球运动服、免费旅游等，这深深地吸引了那些喜欢棒球运动的消费者，尤其是年轻人。

这次抽奖促销活动结束后的第二年，温迪公司的事后评估结果表明，所有快餐食品的销售量增加了近一半，销售额直逼占据市场第一位的麦肯斯公司和第二位的汉堡包王公司，一下跃居到市场第三位的名次。

温迪公司的成功超越，显然是借助于"牛肉在哪儿"的幽默广告和棒球联赛的抽奖活动，从而给这次促销活动带来了极大的趣味性，才将消费者从竞争对手那儿拉到了自己这一方来。

3. 增加刺激性和悬念性

抽奖促销活动对于消费者来说，无疑具有一定的刺激性。但是，这种刺激程度的大小决定了抽奖促销活动的效果显著与否，因此零售业的抽奖促销活动一定要增加其刺激性和悬念性。

为了达到刺激性和悬念性的目的，需要做到以下几个方面：

- 尽可能激起所有促销目标消费者的积极性，使他们踊跃参加到抽奖促销活动中来；
- 增加奖品的吸引力，使人们为了得到奖品而积极参与抽奖促销活动；
- 将刺激性和悬念性相结合，使促销活动有利于人们的想象力，直到最后才将抽奖的结果公布出来，使促销活动从始至终都受到人们的关注；
- 针对目标消费者的兴趣和爱好，开展具有刺激性和悬念性的促销活动，增加促销活动的轰动效应。

29.3 抽奖促销的形式

抽奖促销的具体形式主要分为购物抽奖和非购物抽奖两种。

1. 购物抽奖

这种形式是以顾客必须购买商场的促销商品为前提条件，然后参加商场举办的抽奖活动。这种形式又有几种常见的情况。

（1）即买即兑奖

这种抽奖促销形式，一般适用于包装内附有抽奖凭证的商品，就是顾客购买到商品后打开包装，如果发现有兑奖标志或凭证，就当场为顾客兑奖，给予相应的奖品。

某商场和一家生产饮料的企业联合举办"连环大赠送"活动，凡是拉开饮料易拉罐，发现拉环上印有相应的中奖信息，可以凭易拉罐的拉环到商场兑换相应的奖品。此外，中奖者还可以填写抽奖券交给商场，参加第二轮特别奖的抽奖活动，奖品是日本免费一周游。

这种抽奖促销形式是消费者在当时就能知道自己中奖与否，当场就能拿到奖品，操作简单方便，对消费者吸引力大，刺激性强，是普遍使用的抽奖促销方法。

（2）定期兑奖

这种形式是顾客在购买促销商品后，可以得到一张抽奖券，填写好抽奖券后

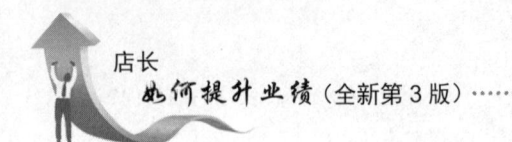

交给商场的服务组,然后由商场在事先公布的时间公开摇奖,中奖者的号码将予以公布,中奖者可持抽奖券副券、购物发票或其他凭证,到商场兑奖。

其基本特点是顾客购物参加抽奖后,不能立刻知道自己是否中奖,需经过一段时间,在公开摇奖后,才知道抽奖结果,因此其吸引力相对于"即买即兑奖"的效果要差,不一定能打动顾客。

(3)游戏抽奖

这种形式利用游戏抽奖的方式进行商品促销。这种方法一般要求顾客先购买一定金额的商品,然后根据购买金额抽若干次奖。

某商场在2001年春节期间促销人参保健品,开展了"抽大奖,送大礼"的促销活动。活动规定凡是在活动期间,在商场购买任何一种人参保健品的顾客,每50元可以领取一张卡。顾客凭卡可以在一个密封的纸箱内摸一个小球,每个小球上面写有某种奖品的名字,顾客摸到什么就奖什么。最高奖品为价值3 000元的铂金钻戒一枚,奖品有多种,中奖率是100%。

2. 非购物抽奖

这种抽奖促销形式不以消费者必须购买促销商品为前提,消费者可以从报纸、杂志广告上或从商场得到抽奖券,填好后送到或寄往指定地点,由商场在预先公布的时间,随机抽出中奖者。

这种促销形式是为了吸引消费者注意印有抽奖券的报纸、杂志广告,或前往商场获取抽奖券,以达到提高广告宣传的效果,将消费者吸引到商场,以带动销售或扩大商场知名度的目的。

和"购物抽奖"相比,非购物抽奖对消费者更具有吸引力,因为他们不必购物就有机会获得意外的收获,所以在国外这种非购物抽奖促销活动非常流行。

福特汽车的抽奖促销

在20世纪70年代,由于美国经济的不景气,人们的收入水平有所下降,各个家庭已经不再像从前那样经常频繁地购买、更换汽车了。这时,几乎所有汽车公司的汽车销售量都有所下降。例如,美国最大的通用汽车公司市场占有率就下降了46%,福特汽车公司、克莱斯勒汽车也都前景不妙,其公司的领导人对于眼前的困境，都在苦思对策。

福特汽车公司的领导人觉察到，如果不设法开创新的局面，公司的前景将会非常暗淡。经过周密的策划，福特汽车公司决定在各家专卖店开展抽奖促销活动。

在经过仔细的市场调研之后，福特汽车公司发现，最可能购买福特汽车的顾客是那些已经拥有了福特汽车的家庭，因为他们相信福特汽车的质量和性能，表示如果可能他们将再买一辆新的福特汽车。于是，福特汽车公司决定将这次促销的目标顾客定位在过去4年中所有已经购买了福特汽车的老顾客。

为了吸引这些老顾客重新购买福特汽车，福特汽车公司在全国各大主要媒体，如电视台、报纸、广播等进行了铺天盖地的广告宣传，向这些老顾客发出了促销的信息；同时，为了加大促销的力度，增加这次活动对老顾客的吸引力，福特公司还专门设置了80万个奖项，希望老顾客光顾福特汽车的各家专卖店，以此来制造福特汽车热销的浪潮。

福特公司对这次抽奖促销活动做出了精心安排，具体如下：

① 向老顾客直接邮寄函件，里面附有当地经销商的汽车维修折价券；

② 在向老顾客直接邮寄函件的同时，寄出数以万计的抽奖券，并在抽奖券上说明此次奖品共计价值1 000万美元，欢迎大家踊跃参加；

③ 在广告宣传中说明头等奖赠送福特汽车，还有其他奖品，如果所中的奖品没有被领走，可以继续抽奖，直到被领走为止。

福特汽车公司开展这次抽奖促销活动的目的，首先是为了增加福特汽车的销售量，其次是促进福特汽车的维修业务，掌握用户对福特汽车的意见，最后是加强同汽车专卖店的联系，使这些专卖店积极配合福特汽车公司的促销活动。

抽奖促销活动举行之后，福特汽车公司的上述各项目标都实现了，有的甚至超出意料。例如，有超过30万的新老顾客前往福特汽车公司的各家专卖店参观展览，大约有10%的人购买了新的福特汽车，使福特汽车的销售量比上年增加了30%；同时，经销商的参与率也比上一年增加了1倍多，大大提高了福特汽车公司的知名度，加深了福特汽车在消费者心目中的印象。

第 30 章

卖场的有奖竞赛促销

提升业绩技巧

零售业邀请顾客参加有趣的竞赛活动,由顾客发挥自己的聪明才智参与竞赛,然后从中评选出优胜者。对零售业而言,不只是可促销商品,更可提升自己的良好形象。

有奖竞赛促销是由零售业举办某种竞赛活动,请消费者充分发挥自己的聪明和才智,运用自己的技能和知识,参与竞赛活动,然后从参赛者中评选出优胜者,并给予奖品或奖金的促销活动。

30.1 有奖竞赛促销的优点

有奖竞赛促销策略和其他促销策略不同,它不是建立在投机或碰运气的基础上的,而是吸引那些具有聪明才智的消费者,借有奖竞赛的机会来扩大零售业的知名度，因此它具有以下优点。

1．提高消费者的参与积极性

有奖竞赛能使消费者产生较大的兴趣，如果奖品有一定的吸引力时尤其如此。例如，超级市场就利用各种有奖竞赛活动，向优胜者颁发奖状和奖金（家乐福礼券）来吸引广大学生及其家长、教师来参加活动。虽然最终的获奖者并不多，但是报名参加者非常踊跃，它所产生的效果远远超过了在报纸、电视上做广告的效果。

更重要的是，这种有奖竞赛活动所针对的目标消费者非常广泛，不仅有学生家长、教师，还有广大学生，可以说包括方方面面的消费者，因此涉及面很广。

2．费用低廉，效果明显

有奖竞赛促销活动另一个最大的优点就是，零售业投入的资金费用，相对于其他促销形式要低廉得多，但是所产生的效果却丝毫不逊色于其他促销形式。

零售业可以充分发挥有奖竞赛促销费用低廉的优点，开发优秀的创意，开展各种有奖竞赛活动，吸引目标消费者的关注，扩大企业的市场影响力。

3．提升企业形象，加强和消费者的联系

有奖竞赛活动之所以有助于提升零售业的形象，其前提条件是这种有奖竞赛活动必须具有优秀的创意，符合人们的消费心理，同时还要尽可能使竞赛活动的参与者表现自己的聪明才智，满足他们的表现欲，体现出有奖竞赛活动的文化品位。

因此，尽管现在许多零售业都在想法开展各种有奖竞赛促销活动，但并不是所有的有奖竞赛活动都有助于提升企业形象。

作为零售业的经营管理者，应该学习家乐福的有奖竞赛活动策略，凸显竞赛活动的文化意义和社会价值，利用有奖竞赛活动来提升企业的形象，加深企业在消费者心目中的地位，加强和消费者的联系。

30.2　有奖竞赛促销的形式

有奖竞赛促销活动的具体形式，有以下几种。

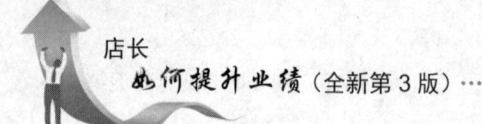

1. 有奖作文竞赛

要求参赛者根据要求提交一篇作文或一段文字，对促销的商品进行想象性的写作。例如，"风影"洗发水公司播出了一个电视短剧，要求观众根据剧情写一篇有关"风影"的文章，优胜者可以获得不同的奖品。

2. 有奖征答竞赛

要求参赛者根据促销商品广告或使用说明书，填写答卷（所有问题都和促销商品有关），再由举办单位对优胜者给予奖励。

3. 有奖征集广告竞赛

这种促销形式要求参赛者为促销商品写一句广告主题词或广告语。

例如，"戴梦得"珠宝公司曾经打出广告要求全国各地的人们为"戴梦得"钻饰写一句广告语，优胜者可以获得一个铂金钻戒。

再如，某商场通过报纸发布广告，向社会公开征求商场服装部的广告口号。结果，某学院一名大学生以"她在人海中领航"中奖，获得奖金3 000元。

4. 有奖征联竞赛

要求参赛者为促销商品或企业的一副对联的上联配出下联。

5. 有奖作画竞赛

要求参赛者根据商品的广告主题，或商场的形象，画一幅漫画或宣传画。

6. 有奖猜题竞赛

要求参赛者根据商品的广告主题来测算某种规格、重量、容量等。例如，福特公司与可口可乐公司1980年曾在中国台湾地区联合举行有奖竞猜活动，请消费者猜一辆福特牌高顶客货车的货仓内可以装多少易拉罐的可口可乐，猜中者可以得到福特牌高顶客货车一辆。这一活动被命名为"猜中肚量，送您一辆"，引起了公众的注意和参与。

由于竞赛规则规定参赛者必须到福特汽车经销店填写答案，引来了大量顾客前往福特汽车经销店实地察看福特牌高顶客货车，不少人由此了解到这种汽车的特殊性能和优点，从而带动了销售。

7. 赞助有奖竞赛

零售商场出钱或出奖品赞助各种有奖大赛，如选美大赛、健康大使大赛、健美大赛、摄影大赛、模特大赛等，其前提条件是参赛人员使用的产品必须是该商场销售的商品。

曾有几家大型商场出钱或出物赞助"香港小姐"选美大赛，她们的要求只有一条，那就是参赛的小姐上场时穿戴的服装、首饰、高跟鞋、丝袜、化妆品等，必须是这些商场出售的商品。当选美大赛开始时，各大商场的服装部和首饰部经理就电视转播比赛实况的同时，亲自向电视观众介绍有关的情况。

所有的有奖竞赛活动都有一个共同特征，即不要求参赛者提供购物凭证，其目的是通过竞赛引起人们对促销商品的注意，提高商品和商场的知名度，借此机会树立商场的良好社会形象。

因此，有奖竞赛活动在短时间内也许对商场的商品销售没有直接的促进作用，或者作用不大，但它对零售企业的长期影响将是非常深远的。只要这类活动策划到位，就一定会有助于提升零售业的形象和社会地位，提高商品销售额。

第 31 章

卖场的 POP 宣传促销

提升业绩技巧

POP 广告种类众多,是卖场中能促进销售的广告。通过广告简洁地介绍商品的情况,从而刺激顾客的购买欲望,对提升营业额有明显的促销效果。

无论是店头促销,还是现场促销、展示促销,都少不了 POP 广告的大力相助。

POP 广告(Point of Purchase Advertising)是指卖场中能促进销售的广告,也称作售点广告,可以说凡是在店内提供商品与服务信息的广告、指示牌、引导等标志,都可以称为 POP 广告。

POP 广告的任务是简洁地介绍商品,如商品的特色、价格、用途与价值等,可以把 POP 广告功能界定为商品与顾客之间的对话,没有营业员中介的自助式销售方式,更是非常需要 POP 广告来沟通与消费者的关系。

31.1　POP 广告的作用

美国西尔斯百货公司曾对本企业所使用的 POP 广告的应用效果进行了统计，表明：

- 几乎所有的商品都可以采取 POP 广告的形式进行促销；
- 使用 POP 广告之后，商品销售总额可以有效地增加 30%；
- 对具体商品来说，大量陈列的商品采用 POP 广告时，促销效果最为明显，可增加销售额 45%；而对于定位陈列和端架陈列的商品，采用 POP 广告时，也能增加 5% 的销售额；
- 采取 POP 广告促销商品，需要及时更新和替换；
- 采取 POP 广告促销商品时，需要向消费者明确指出促销商品的所在位置，使消费者可以很快地找到促销商品；
- POP 广告的具体形式可以多种多样，但是对于同一类商品来说，最好使用一种 POP 广告形态。

31.2　POP 广告对促销的作用

1. 传达店内的商品信息

- 吸引路人进入超级市场；
- 告知顾客在销售什么；
- 告知商品的位置配置；
- 简洁告知商品的特性；
- 告知顾客最新的商品供应信息；
- 告知商品的价格；
- 告知特价商品；
- 刺激顾客的购买欲；
- 卖场的活性化；
- 促进商品的销售。

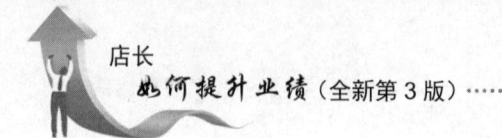

2．创造店内购物气氛

随着消费者收入水平的提高，不仅其购买行为的随意性增强，而且消费需求的层次也在不断提高。消费者在购物过程中，不仅要求能购买到称心如意的商品，同时要求购物环境舒适。

POP 广告既能为购物现场的消费者提供信息、介绍商品，又能美化环境、营造购物气氛，在满足消费者精神需要、刺激其采取购买行动方面有独特的功效。

3．促进与供货商之间的互惠互利

通过促销活动，可以扩大供货商的知名度，增强其影响力，从而促进超级市场与供货商之间的互惠互利。

4．突出的形象吸引更多的消费者来店购买

据分析，消费者的购买阶段分为注目、兴趣、联想、确认、行动。所以，如何吸引顾客的眼光，达到使其购买的目的，POP 广告功不可没。

31.3　POP 广告的种类

POP 广告在实际运用时，可以根据不同的标准划分。不同类型的 POP 广告，其功能也各有侧重，普遍使用的 POP 类型如下。

1．招牌 POP

它包括店面、布幕、旗子、横（直）幅、电动字幕，其功能是向顾客传达企业的识别标志，传达企业销售活动的信息，并渲染这种活动的气氛。

2．货架 POP

货架 POP 是展示商品广告或立体展示售货，这是一种直接推销商品的广告。

3．招贴 POP

它类似于传递商品信息的海报，招贴 POP 要注意区别主次信息，严格控制信息量，建立起视觉上的秩序。

4．悬挂 POP

它包括悬挂在店内卖场中的气球、吊牌、吊旗、包装空盒、装饰物，其主要

功能是创造卖场活泼、热烈的气氛。

5．标志 POP

它的功能主要是向顾客传达购物方向的流程和位置的信息。

6．包装 POP

它是指商品的包装具有促销和企业形象宣传的功能。例如，附赠品包装，礼品包装，若干小单元的整体包装。

7．灯箱 POP

店内中的灯箱 POP 大多稳定在陈列架的端侧或壁式陈列架的上面，它主要起到指定商品的陈列位置和品牌专卖柜的作用。

31.4　POP 广告的策划过程

店内的任何 POP 广告都不是随意推出的，必须经过一个周密的策划过程，这样才能达到最佳的广告效果。

① 了解 POP 广告的背景因素，配合新商品上市活动，并以既定的广告策略为导向。

② 了解消费的需求，引发最有创意的 POP 广告，刺激和引导消费。

③ POP 广告必须集中视觉效果。

④ POP 广告最好与媒体广告同时进行。

⑤ 了解商店和外围环境的消费者情况，并听取各种人员的建议或资料，作为 POP 广告制作的依据。

⑥ 考虑好 POP 广告的功能，费用预算，持久性，制作质量，运输等问题的综合平衡。

⑦ 计划好 POP 广告的时效性，因为 POP 广告是企业整体营销计划的一个组成部分，其时效性必须与营销计划同步。

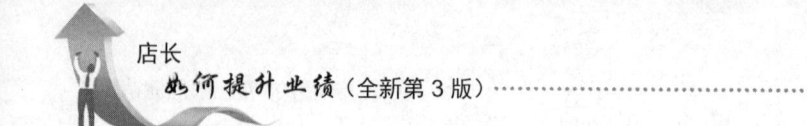

31.5　手绘POP广告的制作

POP广告的制作方式和方法繁多，应用材料种类不胜枚举。这里主要介绍超市中最具机动性、经济性和亲切性的手绘POP广告的制作原则和内容。

1. 手绘POP广告的制作原则

- 容易引人注目；
- 容易阅读；
- 消费者一看就了解广告所要求的重点；
- 有美感；
- 有创意，有个性；
- 具有统一和协调感。

2. 手绘POP广告的说明文内容

手绘POP广告的说明文内容对POP广告效果的发挥十分重要，要十分认真地琢磨。一般来说，手绘POP广告的说明文内容要用简短、有力的文句来表现，字数应以15～30字为限；必须表现促销品的具体特征和内容，及其对顾客的效用价值；文字与用语要符合时代的潮流和顾客的需求；要反映商品的使用方法；应该根据不同的消费层次来决定文字用句。

POP广告的说明文运用得好，会大大促进商品的销售。POP广告短语促销效果的调查实例如表31-1所示。由表中可以看出，POP广告短语并非局限在"价格便宜"这种单一的文字要求上，而是从各个角度刺激顾客对该商品产生深刻的感受，重点要求的是该商品对顾客的效用价值。

表31-1　POP广告短语促销效果调查　　　　　　　　　　单位：个

商　品	无广告标语的一周销售个数	利用广告标语的一周销售个数	增加率	陈列位置高度	POP广告短语
麦芽啤酒	51	75	47.1%	脖子	味道丰富的麦芽啤酒创造了味道丰富的晚餐

续表

商品	无广告标语的一周销售个数	利用广告标语的一周销售个数	增加率	陈列位置高度	POP 广告短语
饭前水果	2	8	300%	脖子	代替水果色拉的饭前水果，简单的水果冷盘
浓缩橘汁	7	15	114.3%	眼睛	浓缩橘汁是有益于健康的冬天饮料
西红柿汤	37	63	70.3%	眼睛	想把汤做得更好吃吗？
洗衣粉	8	21	162.5%	腰	到浴室洗短裤时可以带去的粉量
芥末	23	42	82.6%	腰	芥末是每户的必需品
清洁剂	123	222	80.5%	最下层	清洁剂用完了吗？

第32章

卖场如何联合促销

❓ 提升业绩技巧

零售业可采取纵向联合促销（零售业与生产厂商合作），也可采取横向联合促销（零售业者彼此合作）。联合促销可使双方借助彼此的优点、特长，共同努力，赢得顾客信赖，以利商品推销。

联合促销是指零售业联合同行业企业（零售商店）或位于上游的生产企业，借助双方各自的优势和特长，共同策划、开展商品促销活动。通过共同协作和努力，赢得消费者的信赖和支持，更好地销售商品。

在联合促销中，零售业与生产企业共同举办的促销活动称为垂直纵向的联合促销，而由零售业之间共同举办的促销活动称为水平横向的联合促销。如果将以上两种联合促销相结合时，又可以称为复合型联合促销。

根据专家研究,现在零售业开展联合促销的趋势越来越明显,也越来越频繁,已经引起了零售行业经营管理层的高度重视。

1. 联合促销的优缺点

零售业和其他企业联合开展促销活动，既有有利的一面，又有不利的一面。具体来说，其优点主要表现为可以充分发挥联合企业的各自优势。例如，零售企业可以发挥自己在商品销售方面的优势，生产企业则可以发挥自己在产品生产和研制方面的优势，双方进行优势互补，共同促进，在合作中增加双方的实力。

联合促销的另一个优点在于可以利用双方的共同投资，开展有效的市场调研，了解消费需求形势，开展具有针对性的商品促销，增加企业的销售额。

但是，联合促销也有不利的方面。例如，双方如何进行共同投资？收益如何分配？在促销活动中各自处于什么地位？出现产品质量纠纷如何解决？售后服务如何进行？诸如此类问题都需要仔细协商和探讨，使联合促销活动开展得更加顺利，效果更加理想。

2. 联合促销的适用场合

零售业和其他企业联合促销时，主要适用于以下场合。

（1）新产品上市

联合促销方式非常适合刚上市的新产品，尤其是高科技新产品的销售。因为这时候新产品还没有得到广大消费者的认可和接受，他们还不熟悉新产品的特点、用途、功能和性质，需要生产厂家和零售企业联合起来，向消费者详细介绍新产品的有关情况。

由于合作伙伴的利益关系，合作双方会将新产品不厌其烦地介绍给消费者，使他们最终愿意接受或试用新产品，从而为新产品的销售打开局面。

（2）费用不足或销售力量薄弱

对于零售业和生产企业来说，都会存在一定的不足。例如，零售业可能存在资金不足的情况，而生产企业可能存在销售能力薄弱的情况，这两方面的不足对两类企业来说都是致命的弱点。

如何克服自身的不足，是这两类企业获得成功的关键因素。这时候，开展联合促销活动对于两者来说，都是相得益彰的事：零售业可以缓解资金紧张的压力，以优惠的条件从生产企业获得产品，向市场销售；生产企业则不用发愁产品的销售问题，可以借助零售企业的销售渠道，将自己的产品迅速推向市场，同时还省

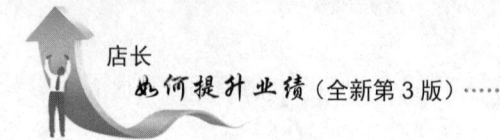

掉了一部分产品推销费用。

因此，开展联合促销活动，对于资金不足的零售业和销售力量薄弱的生产企业来说，不失为一条互惠互利、共同促进、共同发展的有效途径。

（3）缓解和消除市场竞争

这种情况主要是指零售企业之间为了有效地开拓和保护市场，避免无谓的竞争，而联合起来开展的商品促销活动。

一般来说，一个地区的商品销售市场总是有限的，零售业不可能在短时间内将其范围扩展到足以充分容纳所有商品的程度。这时，为了各自的利益，所有的零售业都会展开你死我活的竞争，这种激烈竞争有时会使某些零售企业不得不赔本经营，苦苦支撑。

竞争的最终结果并不一定能够增加整个行业的利润，相反可能使利润降低。在这种情况下，零售业之间开展有效的合作，显然可以避免这种不必要的损害，保护已经建立起来的市场秩序，从而维护整个行业的利益。

零售业之间的有限合作就包括联合促销活动。例如，日本著名的7-11便利店就曾经利用联合促销活动，获得了巨额利润。

7-11便利店从美国传到日本之后，便在日本迅速发展，一时间7-11便利店无处不在，甚至每个街区都有好几家这样的商店。由于这类商店的顾客主要是附近的居民和上班族，很少有额外销售的机会，各家便利店的店主为了拉生意，有时将商品降价销售。附近的便利店见到这种情况，也不甘落后，结果使得各家便利店几乎无利可赚。

在这种情况之下，日本7-11便利店协会采取了有效措施，严厉禁止降价的恶性竞争，并且组织了一次大规模的广告宣传促销活动，提出了"方便我的邻居"的促销口号，拉近了和广大消费者间的距离，赢得了他们的认可。

经过这次联合促销之后，所有7-11便利店的销售额比以往平均提高了一倍，7-11便利店在日本的地位也更加巩固了。

第 33 章

通过现场展示的促销术

提升业绩技巧

通过在公开场合的展示促销,商店可加大渲染气氛的程度,如巧妙的陈列布置、现场的美妙音乐、色彩的搭配强调、灯光投射等,唤起顾客的购买欲望。

商品现场展示促销,是指零售企业为了加大商品的销售力度,而在特定的时间内,针对促销的目标顾客,以销售商品为主要目的所进行的商品展示销售活动。

33.1 商品现场展示促销的特点

1. 时间的特殊性

现场展示促销活动并不是在什么时候都可以随时举行的,举办一次现场展示促销活动,需要做许多准备工作。例如:

- 准备现场展示促销的商品，将促销商品和非促销商品分开，将促销商品放在醒目的位置，方便顾客挑选和购买；
- 布置促销场地，注意灯光和色彩的搭配协调，将商品摆放有序，刺激顾客的购买欲望；
- 准备好相应的促销设施，如音响、影碟等，进行现场播放，对顾客进行指导和解说，以吸引顾客的注意力，增加促销现场的宣传效果。

由于有以上许多工作要准备，因此现场展示销售的时间性很重要。注意时间性问题，主要包括以下两个方面：

① 举行现场展示促销的最佳时间。在一年当中，并不是每月都适合举办此类促销活动，因此主办者需要根据自己产品的特点，选择最佳的促销时间。例如，纺织品行业可以在3月、9月举行这种促销活动，因为3月是春季来临、9月是冬季来临的时期，这正是人们购买新衣服的时候。如果举办服装展，就可以吸引消费者，引导消费潮流。

② 举行现场展示促销的具体时间。现场展示促销活动持续的时间既不应过长，也不应过短，通常限定在一到两周。因为主办者为了举行促销活动，需要做大量的准备工作，如果时间太短，就达不到预期的促销效果，如果时间过长，就会缺乏新奇感和吸引力，难以刺激消费者的购买欲望。所以，这类促销活动最好是选定在有双休日的时候，使人们可以在休息的同时进行购物。

2. 由销售商举行

现场展示促销活动一般都需要一定的场地，因此这类促销活动适合在销售商的销售现场进行，也就是说，现场展示促销活动的主体是销售商。

不过，如果销售商所销售的产品是由其他厂家生产的，那么销售商可以和该厂家进行联系，由双方联合举行现场展示促销活动。例如，由销售商提供场所，由生产商提供产品，促销方案由双方共同拟定，但主体仍然是销售商，而不是厂商。

百货公司在冬季来临之前，准备举行一次羽绒服现场展示促销活动。为了将这次促销活动搞好，百货公司可以和国内各家羽绒服生产企业联系，由羽绒服生产企业提供羽绒服装，百货公司则提供销售场地，由双方共同拟定促销方案。由于这种促销活动是在百货公司进行,因此,百货公司应该居于主导地位,对促销工作投入更多的人力和物力。例如,派专门的服务人员和导购小姐,为前来购买羽绒服的顾客进行导购服务。

3. 以目标顾客为对象

现场展示促销活动的最终目的,在于促使潜在的需要者购买商品,以实现多少成交额来计算其效果。

因此,现场展示促销的主要对象,是在促销活动开展之前就进行了调查的预期目标顾客,至于那些完全没有购买意图的消费者,则不是这类促销活动的针对目标。

所以,在举行这类促销活动之前,主办者一定要进行充分的市场调查,进行准确的市场定位,搞清楚目标顾客之所在,然后以最佳的促销方案来吸引目标顾客。

书店在儿童节到来之前,准备举办一次儿童图书展销活动,那么它的目标顾客就是少年儿童,至于其他年龄层次的读者,则不是这次图书展销活动的促销对象。

因此,书店将儿童图书摆在最醒目的位置,同时在橱窗和书店外面贴上展销的广告,甚至还向附近的居民小区散发宣传单,上面详细写明展销活动的具体事宜。例如,购买一定数额的图书,可以打折优惠,以吸引目标顾客——少年儿童及其家长前来购买。

33.2 展示现场的设计

展示现场的设计包括场地布置、橱窗设计、商品陈列等问题。现着重介绍场地布置有哪些要求。

在举行现场展示促销活动的时候,场地布置要求如下。

1. 充分展现商品的特色

美国有家服装精品屋,将古埃及文化与其商品完美结合,通过创造古埃及废

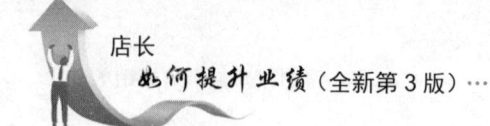

墟意境和悠久灿烂的艺术将服装映衬得无比高贵典雅，整个展示现场犹如一座雄伟高大的古埃及宫殿的遗迹，促销的商品放置在一些特意制造的断墙、旧竹竿上，让人如同进入一个绝妙的梦境。

2. 方便顾客

适应顾客的购买习惯，方便顾客选购，节省购买时间。同时，要根据顾客的心理感受，合理选择布局陈列和光声色味，使顾客乐于光顾，乐意在店内购物及消遣。如果可能，还应该为顾客提供相应的服务，如查询处、洗手间、餐厅、娱乐室等，让顾客有"宾至如归"的感觉。

3. 通畅高效

展示场地的布置要与商场的整体布局相协调，所促销商品既要放在最醒目显眼的地方，又不能阻碍顾客进入商店挑选其他商品的通道，因此场地布置要体现通畅高效的原则。

4. 充分利用灯光的作用

在布置展示场地的时候，除了要利用自然光线之外，还应该有意识地利用各种人造光。因为一般的商场都是多层建筑，在阴雨天，或者店堂深处以及夜晚，自然光线当然无法满足照明需求，这时就需要利用人造灯光，以烘托促销商品，利用人造光丰富多变的特点，制造变化无穷的动感，吸引消费者的注意力。

5. 充分利用音乐的作用

现场展示促销的是一些比较富有情感的商品。例如，服装、丝绸、影碟、艺术品时，如果能够播放一些优雅动听、令人陶醉的音乐，就会对顾客产生强烈的感染力，使顾客在美妙的购物环境中悠闲地漫步，并挑选自己满意的商品。

6. 充分利用色彩的作用

每种促销的商品都有特定的颜色，如果在布置展示现场时，能够选择与促销商品颜色相配合的色彩，那么就会达到产生极好的衬托作用。

例如，在茶叶专卖店，为了烘托现场气氛，就可以利用深红色、茶绿色来点缀一种古香古色的环境，同时可以配以优雅的音乐和柔和的灯光，就可以吸引消费者。

第33章 通过现场展示的促销术

展示销售依其商品,也可分成两种形态。一种可以运用实地商品功用的操作,配合示范推销技术,吸引人购买;一种则无法实际去示范,纯靠话术来推销。如万能锅,可当场示范蒸、煮、炒、烤等;而电子表就无法示范了。仔细推敲,要达成展示销售的成果,也是一门大学问。

展示场地的选择、推销话术技巧的准备训练、气氛热闹的场面制造、促销策略的运用等都是很值得研究与学习的。

第 34 章

现场动态表演的促销技巧

提升业绩技巧

现场的动态表演,是商店的另一种极具诱惑力的促销手法。它常由零售业与生产厂商联合举办,针对特别的顾客群,所展示最新产品而做的现场动态、示范表演。

现场表演是由零售业和生产企业联合,为了展示最新商品针对特定顾客的商品现场示范表演。在这种现场表演上,生产企业可以和零售业达成协议,签订供货协议,达到销售商品的目的。

34.1 现场表演促销的目的

商品现场表演并不仅仅是为了展示各种不同类型的商品,它还承担着另外一些任务,主办者希望通过表演活动达到各种不同的目的。这些目的具体来说有以下几种。

1．以产品促销为目的

这是主办者举行商品现场表演活动的最直接的目的。例如，时装表演活动中，时装模特儿身上穿的各种最新款式的服装，是时装设计公司预定销售的产品，它以促进顾客购买为目的，从这点来说，时装表演的目的当然是打动消费者，增加产品销售。

对于服装生产企业来说，举行时装表演活动的目的是吸引批发商、零售商前来订货。因此，服装生产企业的促销对象是批发商、零售商、服装采购者。

对于服装销售企业、百货公司等零售业来说，举行时装表演活动的目的则是吸引直接的消费者，因此其促销对象则以大众消费者为目标。

2．以发布新闻为目的

能够开展现场表演促销活动的零售业或生产企业，在开展现场表演时，不仅希望显示自己的产品（或商品）风格，而且要起到新闻传播的作用，使社会公众了解企业的最新商品情况。

为了达到这一目的，主办者可选择适当的时机，请来相关媒体，报道现场演示的各种最新商品，以展示新商品的魅力和风采。

3．以解释商品和建议购买为目的

一次商品现场表演可以实现多种目的，向观众解释商品就是其目的之一。例如，在服装商场的现场表演活动上，当模特儿穿着时装上台表演时，观众不仅可以看到时装的款式，还可以欣赏服装的色彩、质地，使他们对服装有一个比较全面的了解。

通过这种现场表演，主办者可以向消费者解释它是什么样的服饰、为什么现在流行这种款式、将来的流行方向，使观众能够了解服饰的最新发展趋势，以期能够直接与服装销售相结合，以达到建议顾客购买的目的。

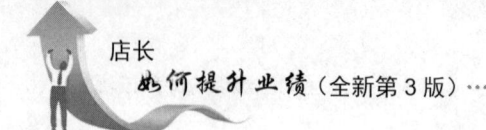

34.2 现场表演促销的特点

1. 新闻宣传性

现在的商品现场表演促销活动,已经和以前的表演大不相同。以前的商品现场表演往往场地狭小,人数不多,只有某些具有特殊身份的人(如专家)才可以前来参观。而现在的商品现场表演一般选在场地宽阔的地方,可以容纳许多人同时观看,不仅有销售商,普通消费者也可以欣赏;而且表演现场布置也有一定的讲究,对于企业来说具有非常大的新闻宣传价值。

由于现场表演使用的是特定的空间,如果筹划得当,还可以吸引电视、报纸、广播等新闻媒体的注意,让这些新闻媒体报导表演活动,扩大影响力。

2. 吸引最终消费者

以时装表演为例,时装的现场表演是一种立体的现场演示活动,表演一般采用真人实物来展现服装的各种特点,通过时装模特儿轻盈的姿态、细微的表情、飘逸的风采,可以向观众传达一种说服的效果。

由于时装模特儿一般都经过特殊培训,通过他们的表演,可以从全方位展示时装的魅力,吸引在场的普通消费者,而这些普通消费者也往往是时装的最终消费者。只要打动了这些最终消费者,时装表演促销活动的目的也就达到了。

3. 主办者多样化

仍以时装表演为例,现在的时装表演活动的主办者,已经不再仅仅局限于高级时装店或服装设计公司,一些大型的服装销售企业、超级市场、百货公司为了吸引消费者,也纷纷举办时装表演活动。

这些时装表演活动的主办者或者单独举办时装表演活动,或者与不同的单位联合举行时装表演活动。例如,服装销售企业和服装设计公司、纺织企业共同举办时装表演活动,一是有利提升服装销售企业的销售额,二是可以为服装设计公司进行社会宣传,扩大其市场知名度,同时还可以为纺织企业进行市场宣传,可谓一举三得。

34.3 注意事项

尽管商品现场表演活动对于生产企业、销售业（如百货商店、大型超市）等组织都具有宣传和促销的作用，但是在开展商品现场表演促销活动的时候，主办者需要注意某些细节问题。

1．选择适当的表演场地

主办者在开展商品现场表演活动之前，首先要对商品现场表演活动的规模做到心中有数，知道表演活动邀请的嘉宾、联合组织有多少，以保证嘉宾和联合组织的现场观看效果，同时还要保证观看的其他群众具有较好的视觉效果。

2．明确表演活动的主要目的

商品现场表演活动的目的可以多种多样，但是主办者必须明确商品现场表演活动的首要目的。因为对于不同的商品现场表演来说，其主要目的并不一样，有的在于促销商品，有的在于招徕观众，有的在于宣传、介绍最新商品。

因此，主办者在举行商品现场表演活动时，一定要弄清楚表演活动的首要目的，不能主次颠倒。

3．做好与宣传媒体的联系工作

零售业举办商品现场表演活动，没有新闻宣传媒体的参与，显然难以取得预期的效果。新闻媒体具有广为告知的功能，尤其是那些具有众多观众或听众的新闻媒体，如果能够取得它们的参与和支持，对于商品现场表演活动的宣传就更加有利。

因此，当主办者准备举办商品现场表演活动时，应该事先联系好新闻媒体，请来有关的新闻记者，让他们在媒体上宣传报道商品现场表演的有关情况，并尽可能详细地报道关于商品本身的情况，让观众或听众更多地了解相关情况。

第 35 章

卖场如何善用巡回流动促销

提升业绩技巧

将商品放置到汽车上,可随时将流动售货车开往各处,机动性、灵活性更高,销售机会大增,改变以往"商店坐等顾客上门购买"的不利局面。

"长腿的店铺"是指零售业将商品放置在可以到处巡回流动的设备上。例如,流动售货车就是这样一种设备,只要配备司机和服务员,将需要销售的商品准备好,一辆可以自由流动的售货车就可以到处自由销售商品了。

35.1 巡回流动促销的优缺点

巡回流动促销作为一种以流动为特征的促销策略,其优缺点如下。

1. 巡回流动促销的优点

① 机动灵活。巡回流动促销主要利用流动售货车在各地销售商品,可以将商

品随时送到大街小巷，不像固定的商店那样，只能坐等顾客上门。因此，巡回流动促销的机动性、灵活性，使它具有更强的竞争力。

② 方便性。巡回流动促销的方便性主要表现在两个方面：一是流动售货车可以根据人们的需要，随时增补商品；二是将人们需要的商品送到人们手中，使那些没有时间到商店购物的人，在家门口就可以买到自己需要的东西。

③ 费用低廉。巡回流动促销除了需要配置一名司机和几位服务员之外，只需要一些简单的设备，还可以省掉一大笔房租。因此，所需要投入的资金并不多，零售企业可以获得较高的利润。

④ 直接性。这是指流动商店可以直接和各个地方的消费者打交道，了解他们的真实需求，掌握第一手的市场信息，并按照他们的需求来配置商品，省掉了市场调查的过程和调查的费用。

⑤ 提升企业形象。对于零售企业来说，巡回流动促销可以最大限度地接触各个地方的消费者，有效地了解消费者的需求倾向，并尽可能满足他们的需要。在为消费者服务的过程中，零售业的员工可以通过自己的实际行动，在消费者心目中留下良好的印象，使消费者进一步增加对零售企业的了解，从而提升本企业的形象。

2. 巡回流动促销的缺点

① 商品的种类和数量有限。由于受到流动售货车空间的限制，每次携带的商品种类和数量都不可能太多，尤其是那些大件商品，如家用电器、流行服装等，不能在流动售货车上展示，因此难以满足所有人的需要。

② 由于流动售货车空间的限制，服务员在向顾客介绍商品的性能、特征时，对于有些需要现场演示的商品，可能难以全面介绍，从而使促销的效果大打折扣。

西屋兄弟的流动售货车

日本的西屋兄弟起初开了一家杂货店，主要经营人们日常所用的各种小商品，如针线包、糖果、烟酒，以及各种调味品等。由于杂货店的生意比较固定，顾客都是住在附近的一些居民，虽然可以勉强维持下去，但是要想进一步扩大规模，却很难做到。

为了增加销售收入，西屋兄弟开始思考对策，希望能够找到可以将生意

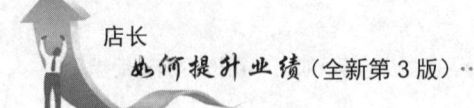

扩大到其他地区的方法。最后他们发现，如果将人们经常购买的各种商品装在可以自由流动的售货车中，那么就可以实现他们的这种愿望，因为这相当于使商店长了两条腿，不论什么地方的人们需要购买商品，不用出门，流动商店就可以送货上门，大大方便了消费者，同时也可以增加商店的销售收入。

于是，西屋兄弟想出了一个巧妙的办法来解决这一设想：他们找来许多四轮车，用牛、马拉着这些四轮车，上面装上各种人们经常购买的商品，到大街小巷去卖。

最初，这些牛、马拉的四轮车只是在城市里面四处跑动，后来西屋兄弟发现这些车容易污染街道，引起人们的不满，因此他们就将这种流动商店转移到乡村，专门做乡村的生意。至于城市，西屋兄弟则买来一些退役的大客车，重新请人将这些大客车加以改装，然后装上各种商品，准备到各条街道流动售货。

为了扩大影响，西屋兄弟在报纸上做了一次非常奇特的广告宣传，这次广告使得他们的流动商店还没有开张，就已经远近闻名了。

他们在报纸上宣称："三天之后，有一家长了腿的百货商店会在全城的大街小巷巡回流动，人们可以在上面买到自己需要的各种东西。"由于当前的百货商店都是地点固定的，因此这则广告引起了人们的强烈好奇心，因为在人们心目中，都自然而然地认为这种长了腿的商店一定会非常奇特，他们在翘首盼望着流动商店的早日到来。

第二天，西屋兄弟又在报纸上做了广告宣传，宣称流动商店已经长出了两条腿，而且它的名字叫"西屋兄弟商店"，两天以后就可以在大街上出现了。这又引起了人们的好奇心。

第三天，西屋兄弟打出了最后一则广告，宣称西屋兄弟商店一共长出了6条腿和20双手，明天上午就会出现在某某街道上。

到了第四天，西屋兄弟宣称"西屋兄弟流动商店"正式开业，并且打出了巨幅广告宣传，引起了人们的极大关注。

这一天，人们都早早地来到了广告中提到的某某街道，焦急地等待着"长腿的商店"的到来。人们终于迎来了一辆有六个轮子的大客车，上面醒目地写着"西屋兄弟流动商店"，车上还伸出了20双"手"，通过明亮的车窗可以看到各种商品整齐有序地摆放在货架上。原来这就是大家盼来的"长腿的商店"。

许多人看到这种流动售货车之后,都开心地笑了,因为在这以前他们从来都没有见过这种流动售货车;更为重要的是,这为他们提供了极大的方便,尤其是老人再也不用跑那么远的路去商店了,这无疑可以吸引老年顾客。

当流动售货车刚一停下来的时候,人们就一窝蜂似的拥上前去,争相选购自己需要的商品。这时候,正好有一些新闻记者路过那里,他们拍了许多照片,刊登在第二天的报纸上。于是,整个城市的人都知道了西屋兄弟流动商店的名字。

很快,西屋兄弟流动商店的生意一天天红火起来,业务规模越来越大,便成为零售行业中一支新兴的力量。

由于这种流动商店成本较低,利润相对较高,其他的零售商店也纷纷仿效,成为西屋兄弟流动商店的竞争对手。为了在激烈的竞争中脱颖而出,西屋兄弟又想出了新方法——他们打算将流动商店开到东京,进入这个全国经济和文化中心,创建一个全国性的品牌。

当西屋兄弟流动商店进入东京之后,除了不断完善商品组合,并且提高服务质量之外,他们还十分注重形象宣传,使各家报纸都称他们兄弟为"流动商店大王"。

"流动商店大王"这一荣誉称号给西屋兄弟带来了新的商机。他们逐渐扩大了经营范围,除了在商品零售领域继续保持领先之外,还开始经营流动饮食店、流动电影院、流动茶馆、流动书店等,成为名副其实的"流动大王"。

35.2 巡回流动促销的注意事项

零售业在开展巡回流动促销活动时,需要注意的问题包括以下几个方面。

1. 商品的展示和陈列

由于流动售货车的空间有限,不可能将所有的商品都展示、陈列出来,因此在展示、陈列商品时,应该挑最引人注目的、最吸引消费者的商品来展示,而且要尽量体现其美观和欣赏价值。

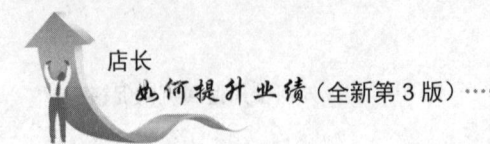

2. 商品的配置

因为流动售货车的空间限制，不可能将所有的商品都大量配置，这时候就应该根据以往的销售经验以及收集到的消费者需求信息，有所侧重地配置商品，对于需求量大的商品多准备一些，而对于那些需求量比较小的商品，只要稍微携带一些即可。

3. 商品的价格

对于消费者来说，他们之所以愿意在流动售货车上购买商品，一方面是为了图方便，不用跑到商店去购物；另一方面当然也和价格因素有关系。如果流动售货车中的商品价格过高，那么人们就会放弃购买。因此，聪明的商家不会利用巡回流动售货的机会向消费者提高商品的价格，而是坚持价格公道、服务周到，让消费者以合适的价格买到满意的商品。

第36章

善用促销时机

提升业绩技巧

零售业要找到各种有利的促销时机,可谓名目繁多,不胜枚举,具有纪念性的"节日促销",就是零售业的最佳促销日。

36.1 善用节日来促销

零售业促销的时机可找出许多,关键还要靠零售企业自行把握,选择对自己最有利的促销时机。例如,"节日促销"就是一个例子。

节日是人们为了纪念某些特殊的日期,而特定的具有特殊意义的时间。除了各种国际节日之外,还有许多具有民族传统特色的节日。不论是国家和企业事业单位,还是消费者个人,都非常重视节日。有些节日甚至是举国欢庆,全民共乐,如劳动节、国庆节、春节等节日,全国都要放假休息,给人们创造一个全家团圆

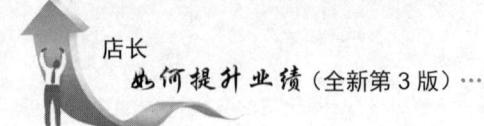

的机会。

对于零售业来说，具有促销意义的不仅是这些假期较长的节日市场，那些具有民族传统文化特色的节日同样也是举行促销活动的绝好时机。事实上，那些精明的商家已经从节假日市场中获得了惊人的利润，每当节假日来临之前，他们都要进行精心策划，以争取获得更多的利润。

有一家饭店，有一年在九九重阳节来临之前的一个星期，在电视上打出广告，声称在重阳节这个星期为全市所有80岁以上的老人免费赠送一桌寿宴，所有陪同老人前来就餐的顾客一律免费招待；所有75岁以上的老人前来做寿，一律8折优惠。

这一广告播出之后，立即就有人打电话前来询问。这家饭店专门安排了一位小姐向顾客解释这次活动的具体情况。第二天，就有一位老人带着家人前来饭店做寿，饭店果然免去了所有的费用，还为老寿星送上了一份生日蛋糕。

饭店的这一做法很快就传了出去，在接下来的几天，前来饭店做寿的老人接连不断。据这家饭店统计，在重阳节这个星期，饭店一共为顾客免费送上了10多桌酒宴，平均每桌酒宴花费为300元，仅此饭店就花去了3 000多元。

就在有人认为这家饭店只是花钱买名声时，意想不到的事情发生了。凡是陪同老人前来饭店就餐的顾客，因为知道饭店的服务质量和饭菜质量，此后只要是他们出来吃饭，总是毫不犹豫地选择这家饭店。而那些随他们前来的顾客来过一次之后，也都被这家饭店优异的服务质量所吸引，以后也都只到这家饭店吃饭。从此，这家饭店的生意一直非常红火，成为当地有名的大饭店。

这家饭店的促销方式，就在于抓住了尊老敬老的文化传统，在重阳节到来之前，打出了免费为老年人送酒宴的广告，而且在饭菜质量和服务质量上没有丝毫马虎，所以获得了顾客的信赖，使他们成为饭店的忠实顾客。

利用节日开展促销，需要注意以下事项：
- 注意商品的特点，使促销的商品能够与节假日的市场需求相符合；
- 充分开展市场调查，抓住节假日市场需求趋势，根据市场需求提供相应的商品；
- 充分展现商品的特色，与同类竞争商品区别开来；
- 赋予商品深刻的内涵，尽量使商品能够体现民族传统文化特色，以吸引消费者的注意力；
- 选择最佳的促销地点，使促销的商品被消费者广泛接受。

36.2　商场开张的促销

开张是每家商店和企业的一件大事，为了使事业有一个良好的开端，开张促销成为许多商家的一种非常自然的选择。

开张促销的形式多种多样，例如：
- 特价销售，对部分商品或者所有商品采取减价方式，以一定的折扣销售给顾客；
- 赠送纪念品，即在开张期间一定时期内（如一个星期或半个月）对所有前来购买商品的顾客赠送纪念品，这种纪念品上最好是打上企业的标记；
- 赠送贵宾卡，在规定的时间内，对于前来购物的顾客赠送折扣卡，顾客可以持卡在规定的时间内享有折扣优惠。

当然，对不同行业、不同类型的企业，由于其经营范围不同，所针对的顾客群体也不一样，因此在开张的时候采取何种形式的促销方式，也会有所不同。零售业应该针对自己的具体情况，采取最适合的促销方式。

开张促销固然是件好事，它既可以让消费者在消费的时候得到更多的好处，同时又可以使开展促销活动的零售企业进行自我宣传，扩大社会影响，提高在消费者心目中的知名度；但是，如果处理不当，开张促销不但起不到应有的效果，还会影响企业的声誉，在消费者心目中造成恶劣的印象，与促销的初衷相违背。

因此，零售业在举行开张促销活动的时候，必须注意下列几点：
- 促销活动要别开生面，吸引消费者的注意力；
- 用于促销的物品要具有纪念意义，如水果刀、打火机之类的促销物品，上面最好是打上本企业的标志；
- 尽量采取对顾客具有长期吸引力的促销方式，如赠送定期优惠卡、贵宾

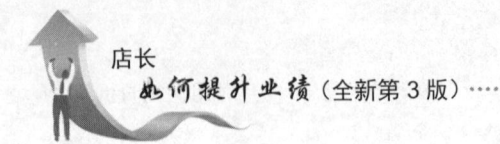

卡，使消费者成为本商场的忠实顾客；
- 注意促销活动的经济性，既不能增加企业的经济负担，又要使促销活动具有足够的吸引力。

有家商场在开张的时候举行了赠送贵宾卡的促销方式。该商场规定，只要顾客一次性消费达到规定的金额，就可以立即获得免费赠送的贵宾卡，而且可以当场享受贵宾价格的优惠待遇。

持有贵宾卡的消费者，除了可以在价格上享受更多的优惠之外，还可以选择在该商场中附设的餐厅用餐，而且不用付包间费，同时餐厅还会为顾客送上各种精美的小礼品。

为了让更多的人来商场消费购物，该商场还鼓励消费者将自己的贵宾卡借给他人使用，而不限定由某一个人专门使用；如果同一张贵宾卡在相同的时间内使用的次数更多，所花的价钱越多，那么享受的折扣和服务也就更多。

由于这种促销方式对于消费者具有极大的吸引力，因此他们都乐意接受这种促销方法。所以，该商场也就通过这种促销方法拥有了一大批比较固定的顾客。

为了使顾客满意，该商场每当某个特殊的节日到来之前，都会给这些顾客送去礼品，以感谢他们对自己生意的照顾，由此也加强了和顾客的联系。

36.3 迎季促销

这种促销时机适合那些产品季节性较强的行业，服装生产、销售企业最为典型。

因为在不同的季节，人们要穿不同的服装；而且除了服装的实用性之外，人们现在更加注意服装的式样、款式，希望服装能够增加自己的形象美。因此，服装生产、销售企业每到新的季节来临之前，或者旧的季节即将过去的时候，为了增加新产品的销售量，或者为了将库存的服装销售一空，减价促销就成为一个明智的选择。

对于化妆品专卖店来说，利用换季或迎季的时机开展促销也是比较理想的。

例如，在炎炎夏日来临之前，化妆品公司可以举办防晒演示会，教消费者学习如何使用各种防晒霜保护皮肤不受强光的伤害。这样，一方面可以制造学习高潮，达到教育的效果，另一方面又可以推销化妆品，实现销售的目的。

除了以上各种具体的促销时间之外，零售业还可以找到各种各样的促销时机，例如：

- 并购促销，指零售业并购其他企业之后，为了表达对社会公众的感谢，所开展的促销宣传活动；
- 婚庆促销，指零售业针对青年新婚夫妇所开展的促销活动，如零售业可以在广告中告知那些准备结婚的青年男女，可以凭其证件在商场享受购物打折优惠，以此来促进商品销售；
- 转行促销，指零售业由于要改变自己的经营方向，而将那些不再适合销售的商品进行促销，以加快资金周转，尽可能多地收回现金。

其实，商场犹如战场，零售业应该尽可能利用各种促销的机会，既增加商品的销售量，又扩大本企业的社会知名度，提高本企业在消费者心目中的地位，充分发挥促销的多种功能和效用。

波司登公司是一家生产羽绒服的著名企业，为了扩大市场占有率，成为羽绒服行业的"巨无霸"，波司登公司多年来一直坚持减价让利销售的策略。例如，在2001年冬季到来之前，该公司就和全国各地的零售企业联合举行折扣优惠销售等活动，所有羽绒服8折到8.5折销售，比起同类羽绒服，不仅质量优异，而且价格便宜，吸引了广大消费者购买。

采取连锁经营方式的另一家服装专卖店，在春、夏、秋、冬各个季节都会开展促销活动，在每一个季节来临之前，该服装专卖店都会在柜台上摆出最新款式的各种服装，吸引那些追求时尚的青少年消费者；而在此之前，专卖店会将上一个季没有卖完的各种服装打折销售，一方面加快资金周转，另一方面为新款式服装上市做好准备工作。

由于该服装专卖店的服装款式新颖、质量有保证，因此对于那些经济实力有限的青少年消费者来说，每当新的季节来临之前，该专卖店举行打折促销活动的时候，也正是他们下决心购买自己喜欢的服装的大好时机。

可以说，换季打折促销已经成为专卖店的一个惯例，虽然专卖店因此减少了一部分利润收入，但是却赢得了广大消费者的信赖，使他们成为专卖店的忠实消费者。

第 37 章

顾客参与式促销活动

提升业绩技巧

卖场的促销活动,其目的虽说是"提升营业额、利润额",但在达到此目的之前,应设法"打动消费大众的心,在情感上令消费者满意",参与式促销手法,即为此例。

参与式促销的目标,是努力要求顾客的心理感受,以达到预期的促销效果。换句话说,超级市场的促销目标不是以提高销售额、利润额为主,也不是以谋求高促销投资回报为主,而是应以设法打动消费大众的心,在情感上令广大消费者满意,即促销的观念和做法应以消费者为主。所以,促销活动必须能够让顾客参与进来。

在设计参与性促销活动时,一定要注意活动的趣味性、可行性和安全性,所以,参与性促销活动的设计工作较为复杂,管理工作也比较困难,加上参与者、获奖者可能与购买商品没有直接关系,往往会导致目标顾客的针对性不强,这就要求市场营销人员必须精心策划、周密准备,方能取得最佳的效果。

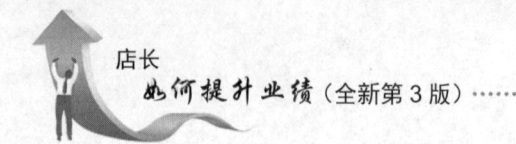

消费者参与的促销方式有多种,介绍如下。

1. 来店顾客直接参与的促销活动

通常,连锁超市公司通过组织各种着眼于趣味性、顾客参与性的特定比赛,提供奖品,会吸引不少人来观看或参与,可以连带达到增加来店顾客数量、带动销售量的目的。

主要形式是在店内或通过媒介开展各类活动让消费者参加。例如,母亲节画母亲比赛、卡拉 OK 大赛、主题有奖征文比赛、猜谜、填字等,以吸引消费者注意超级市场的商品和促销活动。

请消费者回答问题。由超级市场印制或通过新闻媒介刊登有关超级市场及其所售商品的知识问题,征求答案,以加深消费者对超级市场的印象,对其出售商品的了解,扩大销售量。

具体做法是配合促销主题,拟定比赛项目、参加对象、奖励方法、实施费用、协力供货商等内容;用广告宣传单、海报以及现场广播等方式,扩大宣传,鼓励顾客报名参加;精心组织,活跃比赛场地气氛,确保促销活动达到预期效果。

深圳的沃尔玛超级市场开展过大白兔奶糖的促销活动,沃尔玛的营销人员提出了一个非常有创意、且极具参与性的促销计划——设置几座由大白兔奶糖堆成的篮球架,请光临超级市场的顾客充分参与、尽情游戏,而且投中有奖。这一活动吸引了无数顾客竞相参与,还有很多消费者不断从各处"慕名而来"。结果自然是促销成绩不同凡响:大白兔奶糖的销售额达到了促销前的 5 倍,更令人惊叹的是,这家沃尔玛店卖光了深圳所有的大白兔奶糖。

2. 举办公益活动

由超级市场发起献血、救济等慈善活动;保护树木,认养动物等关心环保活动;赞助当地学校等关心社会活动。

执行要点是:选择与本企业经营理念相符合的项目来实施;鼓动附近商店或其他公益团体共同举办;以新闻的方式加以宣传;掌握社会和小区的热门话题。

3. 聘请消费者服务员

可由门店店长出面,邀请商圈内经常购物的消费者,或公开召集热心提供意见的顾客，来担任门店商圈顾问团的团员/消费者服务员，并由店长担任召集人，定期举行咨询会议。

执行要点是：每个月举办一次，每次不超过 2 小时；会议前要将主要议题告知与会者，以便其准备；主持人要引导讨论，并记录各成员的意见，不要下结论；每次会议前，应该公布上一次采纳意见的情况及实施成效；要向参与者赠送纪念品。

4．消费者意见访问

商场可以设置网址、意见箱，进行人员访问和电话访问，网址与意见箱可以长期实施，人员及电话访问则可以根据需要而不定期实施。

执行要点是：要重视消费者提出的意见和建议，及时改正和采纳；网址和意见箱要定时查看，长期实施，否则就不要轻易设置；向消费者征求意见的访问要有明确的主题，以便于消费者有针对性地回答；对提供意见者要给予奖励，每月抽奖并公布姓名，以鼓励参与者。

5．提供生活信息

可以在卖场内特定商品的前方制作 POP 广告，说明商品特色、用途或使用方法；在服务台免费派送商品信息印刷品；利用固定的公布栏提供日常生活信息。

注意要点是：以定期方式，如每周或每月更新一次为宜；提供的知识要有知识性、科学性和趣味性；要控制成本；有计划地长期实施，并不断更新。

6．恭贺问候

可以根据消费者数据寄发生日卡和节庆贺卡。应注意的是：卡片一定要由总经理或店长亲自签名，不可用印刷方式；贺卡应在一定日期前或当日寄到，不要逾期；卡片形式要每年更换；贺卡寄出后，最好在特定日期当天，再由店长以电话方式恭贺。

第 38 章

如何打造零售业品牌

提升业绩技巧

零售业的未来趋势是打造自身的商品系列,而成功的关键在于,如何有技巧地推出零售业的自有商品品牌,并获取顾客的满意。

在商品促销过程中,企业品牌是一个非常重要的因素,因为它本身在一定程度上代表了零售业和该企业所销售的商品,一个好听、易记的品牌名称可以起到意想不到的作用。某零售业的商品究竟能否畅销,品牌的作用十分关键。这里所说的品牌,主要是指零售业自身的品牌,而不是指商品的品牌。

38.1 零售品牌的魅力

尽管现在许多企业的经营管理者都知道品牌的重要性,但是在实际经营中能够充分发挥品牌的重要功能的企业家并不多见,在零售行业中重视品牌创建、发挥零售品牌效应的企业家更是少之又少。

因此，如何创建一个优秀的零售品牌，成为零售企业经营管理者的当务之急。

世界上的零售业创建自有品牌起源于20世纪初期，一直持续到70年代中期。它们之所以对自有品牌发生兴趣，最原始的起因是能够统一商品的定价，并提供较低定价的商品系列来与生产企业的品牌进行竞争。

当然，这一做法获得成功的前提是消费者能够接受与生产企业品牌相比要低一些的质量标准，而这种较低的质量标准与显然要低更多的价格相比，就显得微不足道了。

20世纪60年代，随着连锁业的发展，连锁零售商发现拥有更多的商店可以发挥规模经济的优势，而且这种商店的规模越大越好。在这一发展过程中，他们开始意识到零售业自有品牌在加强其市场定位中的作用。

20世纪70年代，绝大多数零售企业自有品牌被广泛用来宣传商店的低价格定位，随后很快就发展到质量定位和服务定位方面，使零售企业自有品牌的功能更广泛，也使消费者开始认识并评估零售业自有品牌与众不同的特性。

在这种情况下，零售业自有品牌越来越普遍，也越来越得到消费者的认可和接受，消费者对使用零售业自有品牌也越来越有信心。

在许多家庭晚会和朋友聚会上，零售业自有品牌商品越来越多地出现在餐桌上，成为供众人享用的美食或必需品。而零售业也从这种自有品牌中获得了越来越多的利润。

具体来说，零售业创建自有品牌具有以下四种主要功能：

- 识别功能。"品牌"本身就说明该品牌定义清楚、含义单一，便于消费者的识别。
- 信息功能。关于品牌的所有信息都以概要的形式出现，方便触发消费者的记忆。
- 安全功能。消费者购买熟悉品牌的产品，应该能给其带来更多的信心保证，保证给消费者提供他们所期待的某种利益。
- 附加价值。零售品牌就是一种资源，它能给零售业和消费者提供比一般产品更多的价值或利益。

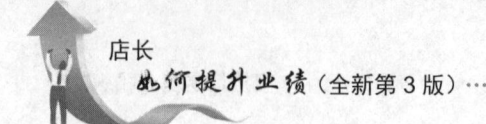

38.2 如何创建优秀的零售品牌

零售业要想创建自己的品牌，利用品牌开展商品促销活动，关键要做好以下几方面的事情。

1. 建立完善的商品供应链

开展品牌促销的零售业，一般都会在所销售的商品上面打上自己特有的标志。例如，英国的 Sainbury 公司所销售的一切商品都打上了 Sainbury 的标志，马狮百货公司所销售的一切商品都打上了 Marks & Spencer 的标志，Tesco 公司所销售的一切商品都打上了 Tesco 的标志。

虽然这些商品都来自不同的生产商，但是零售商都坚持使用自己的品牌，并利用自己强大的销售能力迫使这些生产供货商接受较低的产品定价。

尽管零售业自有品牌的商品价格比生产商产品的价格要低许多，但是其质量却丝毫没有任何降低，要保证这种自有品牌商品的优异质量，其前提就是建立完善的商品供应链，和自有品牌商品供货商建立良好的关系，和对方开展密切合作，迅速而又及时地为消费者提供各种商品。

零售业在建立完善的商品供应链时，需要对供货商进行全方位的调查，包括对方的生产规模、员工技能、生产环境等，并对供货商进行评价打分，和那些评价较高的供货商建立长期稳定的合作关系，而对那些评价较低的供货商则要提出生产要求，对不能满足要求的供货商必须果断地断绝和它们的业务往来，以保证供应的完整性和畅通性。

2. 提供一流的商品

零售业开展品牌促销的一个最重要的前提，就是保证向消费者提供质量一流的商品。和其他性质的企业一样，如果零售业提供给消费者的商品没有质量保证，那么即使商品的价格再低，人们也不会为了低价格而去购买劣质产品。

因此，为了进行自我监督，并且向消费者保证这种可靠的质量，零售业应该也有必要出台相应的措施，来坚定消费者对商品质量的信心。

Safeway 公司为了宣传其自有品牌的高质量标准，在店内外张贴各种海报，说明如果消费者对他们的品牌服饰不完全满意，他们可以提供退款和换货服务。

而 Sainbury 公司早在 1993 年就制订了一个严格的质量控制计划，对其分布在全世界范围的 2 500 多家自有品牌的供货商进行管理，计划甚至包括了员工的培训内容，通过这种方法大大加强了其自有品牌的质量。1997 年，Sainbury 公司开展了一项"更高质量、同样价格"的活动，向消费者宣传其商品质量提高、但价格仍旧保持不变的信息。

3. 建立自己的研究设计部门

这也是零售业保证向消费者提供高质量商品的重要措施。零售业的研究设计部门的主要责任有以下几个方面：

- 确定和评估自有品牌供货商的生产水平和生产能力；
- 负责确定零售业的商品研发工作，制定商品的质量标准；
- 和自有品牌供货商联合研制、开发新商品；
- 检查和测定自有品牌供货商所供应的商品的质量。

马狮百货公司雇用许多专业研究设计人员，仅仅在食品研究设计实验室工作的员工就有 200 多人，其中具有高级专业资格的工作人员就有 30 多人，他们不仅负责研究开发新食品种类，而且还参与供货商的生产过程，以保证食品的质量。此外，他们还负责检测其他供货商提供的食品质量。

通过这些专业研究设计人员，马狮百货公司确保了向消费者所提供的商品都是有绝对质量保证的，从而加强了消费者的信心，树立了自身良好的零售品牌形象。

4. 建立完善的信息反馈系统

这是零售业保证向消费者提供最新而又及时的商品的重要措施。开展品牌促销的零售业，除了要向消费者提供质量一流的商品以外，还应该对消费者的需求变化做出迅速反应，并不断变革其自有品牌计划，以抓住和利用市场机会，促进商品销售。

为此，就要建立完善的信息反馈系统。只有通过这种信息反馈系统，零售业

才能及时抓住消费者的最新需求趋势，推出符合消费者需求的商品。

  做得比较出色的有 Tesco 公司，这家公司在生产和销售 Tesco 无氯环保纸张的时候，就充分利用了自己的信息反馈系统，取得了非常满意的销售业绩。

  随着人们对环保的重视，越来越多的消费者开始对绿色产品深感兴趣。Tesco 公司发现，如果能够向人们提供具有环保功能的无氯纸，也许是一个非常好的市场机会。于是，Tesco 公司派出了由信息部门的员工组成的市场调研组，对消费者进行了调查，确定了不同的消费者群体，这些群体有：

- 非常关心环境保护，并积极提倡绿色产品的群体——"明确的绿色群体"；
- 比较关心环境保护，担心环境影响孩子成长安全的女性群体——"轻微的绿色群体"；
- 生活比较富有的、意识到环境问题，但又不能确定环境对其重要性的群体——"潜在的绿色群体"；
- 生活在乡村、喜欢田园生活，并渴望保护他们的生活方式的群体——"乡村的绿色群体"。

  调查研究表明，有超过半数以上的人愿意为购买环保产品支付更多的钱。于是，Tesco 公司开始在"Tesco 公司关心环境"的口号下推出了一系列自有品牌的绿色产品，第一个是无氯环保纸。为了寻找不使用氯进行漂白加工的纸浆工厂，Tesco 公司又通过自己的信息系统，还派出技术人员访问了欧洲的许多工厂，最后和瑞典的一家企业签订了纸浆原料供应合约。

  这种无氯环保纸推出来之后，立即受到广泛欢迎，许多消费者还来信或来电话询问他们是否真的没有用氯进行漂白。Tesco 公司为此特意将他们的市场调研情况以专题的形式在电视上公布出来，终于赢得了消费者的信赖。

  此后，Tesco 公司又推出了其他一系列环保产品，如无磷洗衣粉、婴儿尿布等，同样受到了消费者的热烈欢迎，成为市场上的畅销商品。

5. 强有力的广告宣传

  零售业开展品牌促销，还需要依靠强有力的品牌宣传，来向消费者传达其商品高质量的信息，强化其品牌特性。

在这类广告中，零售商可以开展多方面的宣传，例如：

- 向消费者展示商品的研制、开发过程及商品的生产细节，使消费者了解商品的详细情况。
- 向消费者介绍公司的内部组成，尤其是公司的研究设计部门的有关情况，如研究设计人员的学历、技术水准、获奖情况等，使消费者坚定购买信心。
- 向消费者介绍供货商的有关情况，如供货商的生产能力、技术水准等，当供货商获得某种质量体系认证时，更应该进行重点介绍。
- 向消费者介绍企业的各项服务措施，尽可能为消费者提供各种便利。

总之，零售业在向消费者广告宣传自己的品牌促销时，要设法加强自身品牌对消费者的吸引力，使他们成为企业的忠实顾客。

第 39 章

如何观察顾客

提升业绩技巧

在商店里对消费者进行观察及调查,研究顾客的举动、行走路线和购买的商品,了解商店的商品销售及消费者购买动向。

在日本的伊藤洋华堂商店里,经常可以看到一些年事已高的日本人,身穿西装,带着一群中方管理者在商店中来回巡视,一旦发现有问题就会在现场讲解,并用照相机、摄像机拍摄下来。日本人喜欢讲求细节,而日本的零售业更是将商店中的所有细节讲究到了极致。

与喜欢摆弄 IT 的美国零售同行不一样,日本零售业更相信自己的眼睛,强调现场第一、眼见为实。为了了解商店的商品销售及消费者购买动向,日本零售业独创了商店的消费者观察法,用于研究商店的顾客举动、行走路线、购买的商品。另外,对于顾客的问卷调查、顾客访谈也是日本零售业常用的方式。由于这些方法主要依靠调查人员在商店对于消费者进行观察及调查,因此称这种方法为商店顾客观察法。这种方式在日本非常普及,是其主要的购物行为及购物篮研究方法。

第 39 章 如何观察顾客

尽管商店顾客观察法看上去很"土",但是顾客在商店中的下意识动作可以揭示顾客的真实购买行为,这是任何时候都不能忽略的消费者行为研究方法。

利用商店顾客观察法,可以发现其他方法(如数据分析)无法发现的购物现象。

某个顾客出入商店的时间长达 15 分钟,一件商品也没有选购,这类顾客在 POS 机数据中一定是空白的。但是通过商店观察法,可以揭示这样的内容:11:45 一位男性顾客进入卖场,年龄约为 35 岁,身穿西装,走到了酒类柜台,拿起并端详了三瓶洋酒,看了其中两个价签;11:52 走到了保健品柜台,端详了五个商品,看了两个商品的价签,并询问了促销员一些问题;12:00 整离开卖场,什么也没有买。

这段描述包含了大量的顾客购物行为信息,顾客直接走到酒类柜台代表了一种购物信息,拿起并端详了几种洋酒代表顾客对此很感兴趣,顾客也对保健品很感兴趣。所有这些描述都表明了一个准备购买礼品的中等收入顾客,在商店没有合适的商品时遗憾离开。如果没有商店顾客观察法,则不会发现这样的顾客,也不会知道今后如何调整商品结构,应对类似顾客的消费需求。

要想了解顾客在商店的消费行为,可以采取商店顾客观察法,商店顾客观察法主要有以下几种做法。

1. 商店顾客全程跟踪法

这种方法要对进入商店的顾客(按照一定的比率抽样)进行全程跟踪,在跟踪过程中要记录顾客的年龄、性别、职业、衣着、购物路线、选取商品的过程、选取的商品、购物时间、心理变化等,在抽样样本达到一定数量后,进行购物篮及购物行为分析。这种方式效率不高,但观察顾客针对性强(如只观察 40 岁左右购买衬衫的男人),一个熟练的跟踪记录人员一天最多能跟踪 50 个顾客。

2. 收银柜台摄录像观察法

这种方法是指在收银柜台上面安装摄录机,在收款时对顾客进行观察,观察顾客的基本特征、购物篮构成。这种观察方法无须观察人员到现场,效率比较高,可以随机抽取、反复观察各种类型的顾客,这也是国外零售业常用的方法。在这种情况下,顾客往往不知道自己被观察,所有的动作、行为、举动都是自然的、

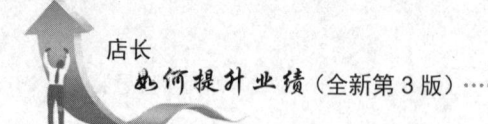

不经过掩饰的、发自内心的，从中可以发现顾客真实的行为特点。

3. 问卷调查法

目前比较常用的了解顾客行为的方法是问卷调查法。这种方法就是将一些设计好的问卷交给顾客，让顾客回答有关问题。看上去通过问卷可以得到最直接的第一手资料，但是这种调查会存在30%左右的误差。在面对调查者时，人类复杂的心理状态（如胆怯、虚荣、言不由衷），往往会使顾客的答案偏离事实。因此，事后必须按照经验值对于数据结果进行调整，否则调查会失去意义。

某商店为了了解商店的顾客情况，在商店的四个收银柜台上方安装了四个摄像头，摄像头对商店进行7×12小时的摄像记录，包括在收银柜台前每个顾客的性别、年龄、出现时间、购物篮商品、职业（根据服装、鞋子，将顾客分为路过的上班族、附近居民、写字楼白领等几个职业）等信息，这些录像数据为研究商店不同的顾客群体及消费特征提供了翔实的信息。

摄像头的安装使得原来懒散的营业员、收款员开始守规矩了，这是为什么？原来他们认为总部可以通过摄像头看到每个人的工作表现，因此每个人都会很认真地遵守商店的规章制度。商店安装摄像头居然起到了这样的作用，这是一开始谁也没有想到的。

第 40 章

日本便利店的相关性分析

> **提升业绩技巧**
>
> 便利店会将所有影响商品销售的关联因素，通过销售报表全部列出来，这些报表可以显示在 POS 机的屏幕上，供商店有关人员自主分析、参考。

在日本 7-11 便利店的分析中，重点是找出所有影响商品销售的关联关系。

40.1 便利店的客层分析

日本零售业并没有像美国同行那样普遍实行会员卡管理，没有实行会员卡的超市、便利店，要想了解顾客群体的基本状况，存在一定的难度。对此，日本 7-11 便利店采取了"客层分析"，即将顾客划分为不同的顾客群体，集中分析各个顾客群体的消费行为及消费习惯，从而制定不同的营销策略。

7-11 属于便利店业态，很多顾客都是流动顾客。而且 7-11 便利店销售的"主力商品"都是盒饭、面包、饭团、乳制品等保鲜期、保质期短的商品，随时了解顾客出现的时间，了解顾客的性别、年龄、职业、收入、购物消费行为，对于7-11便利店来说具有十分重要的意义。因此在没有实行会员卡的情况下，日本7-11便利店在POS按键上，加了一个"客层键"按钮进行客层分析数据采集。在商店进行收款时，将商品的条形码扫描完成后，收银员对顾客进行目测，然后通过"客层键"按钮，把每一个交款的顾客进行性别、年龄段、职业概要描述（学生、上班族、家庭主妇）、收入预测等特征快速地录入POS机中，这时收款机的银箱才可以打开，收银员才可以完成收款。通过这种方法，7-11便利店形成了完整的、含有顾客基本特征的购物篮信息。

尽管7-11便利店的购物篮信息无法描述出顾客详细的个体信息，但是按照顾客群体分析的要求，便利店的POS机数据可以清晰地揭示出购物者的年龄、性别、基本职业特征、收入预估等。通过这些信息，便利店已经明确了自己服务的到底是那些顾客群体，这些顾客群体的购物篮构成是什么，从而可以知道这些顾客群体到底需要什么。这就是日本7-11便利店的客层分析系统。通过这一分析系统，日本7-11便利店可以将顾客的深层消费心理及需求挖掘出来。

日本7-11便利店的客层分析以及在此基础上发展的购物篮分析在世界上是独一无二的。这一独特、简单而实用的分析系统，为日本7-11便利店获得了极大的竞争优势。

为了使数据更加及时、有效地传递，日本7-11采取了独特的每天传输3次商店数据的做法。这件事情看起来简单，实施起来难度很大。很多零售商店，每天一次的数据传输都难以保证，这里可以看到日本零售业工作的细致。

通过这一分析系统，日本7-11便利店可以清楚地知道，远离城乡的便利店应该多准备鲜奶、面包类的商品，旅游地区的便利店应该多准备日常用品类的商品。分析出商店的地理位置、群体构成不同，消费层次就会不同，商品结构及业务模式也会不同，这就是日本7-11便利店的智能数据分析系统的威力。

日本7-11便利店在客层分析及购物篮分析的基础上，十分注重商品的周转。为此便利店把商品销售的重点放在了熟食和半成品上面，如面包、糕点、盒饭等。这类商品购买率高、周转快，会形成一天三次的购买时段，这种商品就是日本7-11便利店所追求的，也就是日本7-11便利店的购物篮策略。

很多 7-11 便利店的主要顾客群体是未婚的年轻人，为此便利店积极为单身顾客开发了单身族用品，如饭团、具有个性的小物品等。

为了满足"从事计算机、软件开发等新兴 IT 行业的人员"经常加班、需要夜宵的习惯，便利店为此会在夜晚的时候加订零食、夜宵食品等商品。这也是便利店利用 POS 机购物篮信息，按照职业分类特征分析出的购物行为。

40.2 便利店的分析因素

日本 7-11 便利店会将所有影响商品销售的关联因素通过销售报表全部列出来，这些报表可以显示在 POS 机的屏幕上，供商店有关人员自主分析、参考。这些相关性分析报表主要有：

- 商品陈列特征因素。对于不同陈列方式的商品进行销售对比，便于找出最合适的商品陈列方式。
- 促销商品因素。对于促销商品的销售进行跟踪，寻找促销对于商品销售的影响。
- 商品不同包装因素。对于不同包装规格的商品进行销售对比。
- DM 宣传册商品销售状态分析。对于刊登 DM 广告的商品进行跟踪，用以分析 DM 广告的有效性。
- 陈列位置因素。按照商品在商店的不同布局位置，分析销售状况的变化，从而寻找最佳的商店布局。
- POP 商品销售分析报表。对于在卖场悬挂 POP 的商品销售状况进行跟踪分析，评估 POP 的张贴是否有效。
- 贩卖时间点报表。实际上就是"销售时段"报表，通过这个报表找出不同销售时段的顾客群体及消费者特征。
- 天气、温湿度报表。这是日本 7-11 便利店特有的，在其他地区的零售店很难看到如此重视天气及温度、湿度的情况。对于日本 7-11 这样的便利店，温度、湿度的变化会对商店的销售额形成重大的影响，因此便利店的销售报表中，会有温度、湿度对于商店销售量的对比分析。在找到温度、湿度对于商店的销售量、单品表现的影响规律后，日本 7-11 便利店甚至会花费

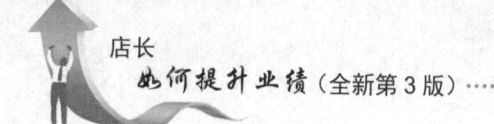

巨资预订 3 天的卫星云图，以提前掌握天气的变化情况，为商店的商品配送、商品上架提供科学的依据。可以说，将购物篮应用与天气变化建立联系，日本 7-11 便利店是第一家。

日本 7-11 便利店的购物篮分析公开数据介绍得比较少，现有资料主要谈的是便利店需要分析哪些商品顾客最有希望一起购买（商品相关性分析）。通过每天 3 次收集的购物篮信息，日本 7-11 便利店的购物篮分析主要包括如下内容：

- 分析顾客的购买习惯，主要是分析不同年龄、性别、职业、收入的顾客购买的商品、出现的时间、主要的购物习惯；
- 不同销售时段的各个顾客层面的销售特征；
- 特定顾客群体主要购买的商品清单（如男性顾客主要出现在晚上 7:00～9:00，他们购买的商品主要是盒饭，因此便利店可以在这个时间货架摆放盒饭）；
- 不同顾客群体的销售额及毛利贡献分析；
- 商品不同货位的销售对比分析（销售排行）；
- 根据购物篮，分析购物者在商店的路线图，评估商店的商品布局；
- 根据某类商品的顾客群体特征，分析该类顾客的商品偏好，为开发新品提供科学依据，如单身食品的开发，就是针对未婚的年轻人特地开发的；
- 分析商品购买的相关性，了解不同的商品在一起购买的概率支持度；
- 通过商品在购物篮中的相关性分析结果，制定向上销售及交叉销售的策略，从而达到挖掘顾客的购买力的目的。例如，日本 7-11 便利店与朝日啤酒公司、乐天公司联合开发的新感觉低酒精饮料"朝日冰冻鸡尾酒"，就是一个典型的利用购物篮分析，开发新的向上销售的产品的案例；
- 分析商品的活跃度（销售排行），以及这些活跃商品的关联商品是哪些商品；
- 将活跃度高的商品作为主商品，按照商品关联性的特征，商品的最佳结构，以及商品的最佳布局；
- 根据购物篮分析结果，对商店的 DM 宣传册投递准确性、POP 广告张贴的促销效果进行评估；
- 根据购物篮分析的结果，对商店的销售进行季、月预测。

上述购物篮分析结果，由日本 7-11 便利店的高级管理人员每周进行审查，根据上述分析结果，确定哪些商品应该上架，应该补充哪些品种，并对商店的商品结构、商品货架与陈列等具体工作提出建议。

日本 7-11 便利店的客层分析、购物篮分析已经运用到了相当高的水平，针对海量的 POS 数据，便利店于 2000 年开始在总部应用数据仓库系统。

派遣有经验的人员到商店观察，依然是客层分析、购物篮分析中极其重要的部分。只有通过这种方式才能发现很多问题、验证很多经营模式。

某地区的数据分析人员发现，某个商店出现大量不该在这个时间段出现的"学生族"顾客群体，为此管理人员专门到商店去调查，结果发现是收银员在偷懒。收银员在键入"客层键"时，为了图省事，对所有的顾客都按了同一个"学生客层"键，导致这个时段出现了大量"学生族"顾客群体。为此，总部人员对该收银员进行了教育，纠正了错误。

这个案例告诉我们，无论是客层分析还是购物篮分析，都要时刻与门店的实情相结合。

第41章

要把握顾客汰旧换新的换购时机

提升业绩技巧

了解顾客的动向，把握顾客汰旧换新的换购时机，才能促销成功。

将顾客视为回头客的理由之一在于，顾客有增购或汰旧换新的意愿。但并非所有的顾客都有这种意愿，而且揣测这种意愿会在何时产生并不容易，所以单是"守株待兔"是毫无用处的，努力才是一切先决的条件。那么你应该如何做呢？

在培养新顾客成为顾客的阶段，有一点要特别注意的是：判断具有购买权者。如果经济大权掌握在太太的手里，而你却屡次向丈夫进攻，真是徒然浪费时间而已。但是，在增购或汰旧换新时——尤其是增购，与其说是决定于具有购买权者，不如说是决定家庭全体成员的协议。

若以自用轿车为例，就很容易明白这个道理。以前是一家有一部自用轿车就很好了，甚至可说是奢侈。这种基准至今尚未改变，自用轿车仍是奢侈品，因此，一家之主的父亲认为，有一部车就很满足了。

可是若由家庭全体成员协议，这种观念就可能会动摇。因为儿子考取大学或

第41章 要把握顾客汰旧换新的换购时机

女儿取得驾驶执照,对一家之主的父亲来说只是小事,可是对当事人和其他家庭成员而言,却是一生罕有的大事,所以他们会想尽办法说服父亲:

"那所大学的学生大多开自用车上学。"

"我的朋友家里都买了车子给他。"

这种话虽然超越了父亲的经济状况,但却具有权威性:"我愿意打工赚取油费。""我的零用钱可以减半。"

父亲也知道这并非真心话,但是在少数对多数的情况下,其结果是可想而知的。这就是全家人的协议可以决定一切的原因。汰旧换新也是同样的情形。

顾客往往为了"这种车型已经落伍了"或"跑车型比较帅气"的理由而决定换新车。在顾客四周张开线网,就是为了把握住顾客全家人的动向。

不论冷气机或立体音响都是如此。有必要经常访问顾客并和其家人(当然包括具有决定购买权者)商谈,进行说服。而且这种方法并不限于对家庭,即使公司亦是如此。以复印机为例,探讨从业员工的意向(若是推销老手甚至可以做某种程度的诱导),可能会因而使他们增购新机种或汰旧换新。

不过你若认为只要有了全家人的协议,事情就算成功,那未免太短视了,因为做最后决定的还是具有决定购买权者。

要在多次的顾客访问中探索出换购、增购需求,而且要详细地记在顾客资料卡上。不单是记顾客的子女考进大学,而且要记清楚考进哪所大学?因为各校的学生嗜好、趣味都随各大学而有所不同。

机会总是稍纵即逝,那么应如何等待机会呢?

A. 顾客家族中有人结婚、生产、就业、入学等;公司有人事调动、事业扩张(伴随而来的是办事处的增设)之动态时。

B. 调查顾客汰旧换新的周期,适时抓住时机。

C. 邀请顾客参加新产品的展示会,或拿着新产品的目录去试探顾客的反应。有权决定购买者出现在展示会上;或带着目录访问顾客时,顾客提出种种问题,都是有希望购买的征兆。

D. 平常访问时,如果商品最新流行的样式、颜色或价钱成为话题,就是值得注意的现象。

E. 如果顾客对正在使用的商品(即使你交的货)有这类的抱怨:"用腻了!"

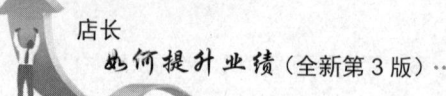

"样式已经落伍了！"这时就是你正式劝他汰旧换新的大好时机。

F. 顾客信赖你而暗示有增购或汰旧换新的意思时，千万不可忽视，否则顾客只好去找别的推销员，因为他虽是你的顾客，但对别的推销员而言，也是极有希望成为顾客。

在台湾市场所举办的促销活动中，"旧锅换彩色锅"是做得非常成功的一个实例。公司原希望在这个活动的举办时期，每月能销出2万个彩色锅，由于策略的把握正确，竟使得第一个月就销出6万个，比原定目标超出2倍之多。这样的成果实属可贵。

近年来，精致的玻璃台不断受到消费者的采用，美化了许多家庭的厨房和厨房中的一切用具。于是粗制的杯盘碗碟，逐步换成了精致的瓷器，或精致的玻璃器皿。连酱油瓶、色拉油瓶等，都不断地配合变新，确实增加了厨房美观。对于各种锅，消费者亦有意加以换新，而求美化，但又感到一时不易着手。

因为市场上虽然有若干厂牌推出各种美观的锅，但因为价偏高，有些产品都是进口货，一般消费者只能望锅兴叹。

理想牌首先开始上市销售。就质量而言，并不亚于进口货。就美观的程度而言，亦能赶得上进口货的九成以上，就售价而言，却只有进口货的一半。于是立即引起了若干消费者的兴趣，相继购买使用。

然而，这些消费者只是市场中的少数，只凭这些少数的消费者，绝无法维持生产。必须让消费者普遍使用，才能充分利用整套的生产设备，从事大量生产。产销数量多了，生产成本即可随之降低，售价亦可跟着减低，使消费者能普遍购用。

当然，上市初期，也产生消费者认为"定价高"的问题。厂家在自行生产制造之前，曾先向日本进口1万个彩色锅，在台湾试销。根据试销的经验，将产品的售价定为进口货的一半，以求扩大销售。可是通过市场调查研究，发现一般消费者之中有超过30%嫌贵而舍不得买。再有超过50%认为稍贵，徘徊在买与不买之间。

在此情况下，厂家先施展了第一阶段的广告策略，强调"漂亮，不贵"。

第41章 要把握顾客汰旧换新的换购时机

这阶段中的一部广告影片，选用电视女星张俐敏为广告演员，表现了逛商店时，看到橱窗里的彩色锅，显出感觉得很漂亮的表情，继而显示"这样漂亮的锅子恐怕很贵吧！我买不起"的表情，憾然地离开橱窗。忽又回头看到标价，高兴地叫出"小的才250元，不贵"等表情。这部广告慢慢地打开了。过了一阵，渐渐进入下半年的销售旺季（从8月到年底）。这时发现有不少消费者购买这种锅并非自用，而是当作礼品赠送亲友，借贺新婚之喜，或乔迁之喜等。

送礼，是一个为这种商品进一步打开销路的绝佳构想。由于这种商品的面积大，外形讨人喜欢，售价只是稍贵而已。但送礼的人会感到送得出手，而收礼的人亦感到礼品既美观又实用，形成消费者确有此需要。广告主及其广告代理者，遂施展第二阶段的广告策略，强调是"送礼的最佳礼品"，并且强调"送一个嫌少，最好送一套（四个或五个，规格各不相同）"。

这阶段的一部广告影片，亦拍摄的广告效果颇强。仍选用张俐敏为广告演员。内容表现了：有人放一个彩色锅在她面前，她以为是送给她的很高兴。但她私下认为"只送一个，真小气"。接着又有人放一套（五个）在她面前，她又以为是送给她的，兴奋非凡。不料旁白忽然说："对不起，这不是送给你的"，一面说，一面将她面前的一整套拿开，改移至观众。让张俐敏的娇脸蛋气得鼓鼓的，惹人发笑。最后的旁白说："送礼，请送整套理想牌彩色锅……"这部影片，生动有趣，将整套装的商品介绍得很清楚。的确能在中秋节到新年与春节这个期间，不断刺激消费者购买送礼用。销路又打开不少，平均每月能销出2万个。

春节以后，是市场各种商品一年一度的销售淡季。彩色锅的销数自然亦随之减少，仓库里堆积了许多存货。同时，厂家已在计划降低售价，以适应多数消费者需要，而准备扩大销售。这是觉察到以往几个月，在增加生产的情形下，成本已见减低。若减低售价来配合扩大销售，必能再进一步打开销路。

同时市场调查反应，一般消费者感到，如果售价能定为180元左右一个，则为消费大众所乐于接受。

当思考这个问题后，又得到市场调查人员带回来的一些意见。有的消费

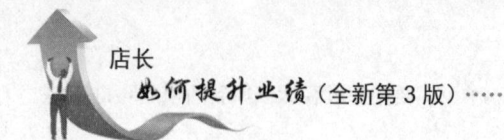

者说:"我要买,等到我现在的锅用坏了,我就买。"另有些消费者说:"我是想买,不过买了新的以后,家里那些旧锅怎么办?"这些意见显示,市场确实还可作进一步的打开,但需先解决"旧锅子"问题。

经过详细计算,并将一切"换"的技术详加安排,遂决定4~6月,举办"旧锅换彩色锅"三个月,并增加广告预算来推动这个活动。

根据上述决定,广告代理经营者为广告主设计与发刊的报纸广告,大标题是"旧锅不要丢,1个值50元",副题是"1个旧锅,换1个彩色锅"。画面的表现是一杆秤,正钩住一个旧锅的柄,在秤算斤两。下端则列着一排式样新颖鲜艳的彩色锅作对比。整个内容简洁有力,颇受消费者注目。

电视广告上,亦拍摄一部新片播映。内容是:先由一个演员扮成一个收旧货的,一只手拿着一杆秤,另一只手拿着一个旧锅说"真合算"。这部片子效果很强,打动了许多家庭主妇去换新。

起初,大家拿仍能用的旧锅去换新的。后来,大家又拿破的坏的旧锅去换新的。更由于家庭主妇们,相互间的口头介绍激起一阵阵的换锅热潮,因为大家都感到便宜了50元。

4月(第一个月)竟销售了6万个,5月(第二个月)又销售了6万个。6月(第三个月)广告主开始出口外销美国,不太鼓励国内市场换新声中,仍换销了接近3万个。三个月总结,销出接近15万个。超出了原定目标,成果甚佳。不但仓库存货销完,且又增加了生产,创造了一个成功的广告实例。

这个成功实例的创造过程,值得提供工商界与有志研讨广告企划者参考:

① 将新锅命名为"彩色锅",亦足以说明这是一种能够美化厨房用具和餐桌的漂亮的锅子,是每个家庭都能购用的。

② 上市之前,将销售网布置得很周全。例如,对于过去销售搪瓷杯盘锅碟的经销店,一律不纳入网内。因为搪瓷质料的杯盘锅碟,都属于是廉价的日用品,这类经销店的顾客,是习惯购买廉价品的。彩色锅售价较高,放在这类店中销售,反会被耽误了。故而另创造一条以五金行(销售小五金日常用品者)为主的销售网,再以厨具行、百货公司等为配合。这样的销售网布置得很正确,等于正确地把握住许多购买者。

③ 三个步骤的广告策略，对于打开市场，表现的是渐进方式，做得很稳。比一般采取猛进方式者，是逐步"从了解市场而打开市场"。这样做，能将失败的成分减至最低，成功的成分增高。"旧锅换彩色锅"的活动，更等于是在淡季中创造了旺销效果。当产销数量增加了，广告主有意因成本减低而降低售价。但是，这阶段应该注意的是售价只能"暗"降，不能"明"降。利用旧锅换彩色锅活动，等于暗中将售价打了八折，降低二成。这样还显得是为消费者着想。将消费者手中的所有舍不得丢掉的旧锅，找到一条废物利用的出路，让消费者产生了亲切感。

④ "送礼"与"旧锅换彩色锅"的广告将品牌的知名度打得很响亮。使得"理想牌"三个字和"彩色锅"名称紧紧连在一起，亦造成"彩色锅"名称像是理想牌专用的。市场同类产品之中，别的品牌倘若亦采用"彩色锅"名称，就似乎含有兼替理想牌做广告的成分。除非别的品牌，能以猛势的广告压倒理想牌的声势，才能够转变消费者心目中的印象。

⑤ 就广告费用而言，"旧锅换彩色锅"活动的广告费用，为4～6月，营业总额的6%，依新产品打开市场所需的广告预算而言，这个比例不算高。何况，其广告效果对进口货亦产生了阻碍作用。进口货的市场占有率，一年来已剧降到只占20%左右。

⑥ 销售主持人很懂得利用"将商品在各经销店作良好的陈列"的方式，从而吸引消费者购买。有不少消费者，是爱上了经销店内陈列品的引诱而购买的。注意：在各经销店，将商品陈列在明显位置，亦有益于提醒已有意购买的消费者，早日购买。"在经销店内作良好的陈列"，是不能忽视的一种广告策略。

第 42 章

卖场如何善用文化促销

提升业绩技巧

随着经济的进步，文化品位变成生活中不可少的部分；原先各种简单要求的促销方式，已经不能再吸引顾客的眼光，具有主题性的文化促销，受到顾客的欢迎。

随着经济的发展和时代的进步，文化愈来愈成为我们生活中一个不可缺少的部分，人们的文化品位也越来越高。由此，各种古板而简单的促销方式已经不能再吸引人们的目光，富含文化因素的、能满足经济发展和文化生活需要的文化促销开始活跃起来。

42.1 文化促销的新浪潮

在消费者越来越追求生活情趣的今天，文化已经成为日益受到关注的对象。

国外研究消费者行为的专家认为:"实际上所有的行为都可以用文化来加以描述。"因此,消费者购物行为本身就是一种文化,消费者也希望越来越多的零售业开展适合的文化促销,在购物的同时,还能够享受到文化陶冶的乐趣。

为了获得促销的成功,商家不仅要设法吸引消费者的注意力,而且还要使消费者的情绪受到感染,乃至对商品产生兴趣。因此,促销研究所关注的焦点之一就在于消费者更容易接受什么样的促销形式。

开展文化促销,需要商家仔细地进行观察、分析、调查、研究、推测以及创造,发掘、利用一切可以利用的文化因素;同时,还要求商家通过某种方式和手段,将体现在促销活动中的文化淋漓尽致地发挥出来。这样,消费者将会在文化的浓郁气氛中认同该零售企业,使消费者和企业取得一致。

只有这样,商家才能借助文化这块牌子来实现商品促销的目的,才可能通过促销来促进企业文化的发展。

事实上,文化促销的关键在于文化,"文化"与"促销"在文化促销中是矛盾而统一的两个方面。从文化的角度来看,它要创造一种被广大消费者所接受的价值观念和取向,因而在一定程度上同企业所追求的利润目标相排斥;从促销的角度来看,它同企业获得赢利的动机和行为相一致,在实现企业自身物质利益的基础上形成了社会效益。因此,只有将文化和促销有机地联系在一起,才能使促销活动发挥出独特的魅力。

42.2 文化促销应注意的地方

零售业取得文化促销成功的关键,在于对文化进行深入的剖析,并确定文化促销的主题,创造一种鲜明的企业文化。如果不能精心创造出文化主题,体现文化促销的新概念,文化促销就如同没有灵魂一样,难以吸引目标消费者。因此,当零售企业准备开展文化促销活动时,必须首先确定好文化的主题,以便使文化促销始终能够贯穿一条成功的主线。

要创造出能够打动消费者的文化促销主题,必须结合考虑企业自身条件。这也就是说,零售企业必须从自身的实力、定位、所处环境以及优势出发,同时需要分析文化的内涵,以及消费者的认知、感情、习惯和态度。

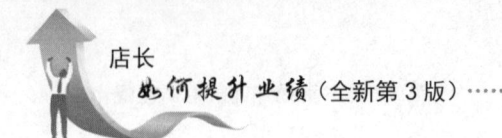

商家常常利用的文化促销有以下几种。

1. 入乡随俗策略

由于国家和地区的不同，在每个国家、地区进行文化促销时，要根据其文化差异选择适当的方式。这就是所谓的入乡随俗文化促销策略。

为此，在当地的零售业需要了解各地消费者的爱好，了解不同地域、不同国家的消费者所具有的不同的文化背景、习俗和宗教信仰，考虑到不同国家、地区消费者的需要，在方法、手段以及策略等方面进行调整，以适应各个国家、地区的传统习惯，以获得该国、该地区消费者的好感和认同，从而赢得市场占有率，促进自身的发展。

曾有日本商人准备在美国销售雨伞。他发现美国各大商店中出售的雨伞大都十分简单，没有什么图案和装饰，于是决定从日本运一批高级雨伞在美国销售。这种高级雨伞看上去的确十分精致，而且设计也很新颖，折叠后可以放在手提包里，使用非常灵活。可是，美国消费者居然并不领情，很少有人问津。

为什么美国人不喜欢这些高级雨伞呢？这位日本商人在调查后终于发现，美国人出门的时候不喜欢在身边带一把雨伞，只图雨伞的方便，而不计较外观的漂亮和质量的高低。

2. 避开消费禁忌

世界之大，无奇不有，各地区消费者的禁忌可以说是五花八门。零售业利用文化促销，就必须避开各种与文化有关的消费禁忌。

英国一家零售连锁公司在非洲某国开设了一家店铺之后，从英国本土采购了一批婴儿食品，其中有一种瓶装的婴儿奶粉，包装时将婴儿的图片印在瓶子的标签上，这使得这个国家的人惊恐不安，因为他们以为瓶子里装的就是婴儿。这就是一个文化禁忌的问题。如果商家了解了这一禁忌，就不会犯这样的错误。

3．融入本国文化特色

商品本身就是一种文化结晶，零售业在设法向该文化以外的消费者销售商品时，就必须有效地进行沟通。在文化促销中，使文化习惯发生转化是商家常常需要面对的问题。这时，商家就需要具备这样的能力，将融入本国文化特色的商品销售给目标消费者。

新加坡有一家商场曾采用哈巴狗促销的方式来重点推销英国货。该商场选用一只英国哈巴狗做吉祥物，同时在宣传海报上写道："一声吠出不列颠所有精华"。这一招使英国产品的生意在淡季里也保持了兴旺，获得了意想不到的成功。

4．符合当地法律

由于不同国家的法律规定有很大的差异，如科威特规定，进口冻鸭须出口国的伊斯兰教协会出具证书，以证明该冻鸭是按照伊斯兰教方法屠宰的；除此之外，食品的质量、净重、生产日期、保存方法和保存期等，都要逐一注明。

因此，零售业在国际市场开展业务、举办商品促销活动时，必须注意到各国法律的特点和不同之处，利用当地的文化风俗开展商品促销。

第 43 章

改变店铺商品的陈设方式

提升业绩技巧

改变店铺的陈设方式，就可以使销售额停滞不前的店，摇身一变成为商品畅销的店。

43.1 创意思考

常见许多店铺的经营者苦恼地说："别人的店有何优、缺点，往往一眼便能看出，但自己的店则不同，有时就算能察觉出需要改善的地方，也不知从何着手。"事实是否真是如此呢？

店铺主人在长年累月经营一家店时，会逐渐将一切都视为理所当然，以致慢慢丧失了创意思考的能力。

"B鞋店"是以 18～22 岁的少女为对象所开的女鞋店。以时段来分析销售额

第43章 改变店铺商品的陈设方式

时,发现销售额的70%都集中于傍晚。在傍晚的时段,平均每日可获得3万元左右的营业额,但店主的销售目标是每日五万元。虽然店主对于在傍晚时段卖出3万元极具信心,但其余时段仍令其极为困扰,不知怎样才能多卖出2万元的商品。

经过详细调查的结果,发现从早到晚都有不少顾客上门,且走过店门前的"流水式"顾客会因时段的关系而有极大的差异:上午走过店门前的顾客有70%是家庭主妇;午后,家庭主妇的人数减少,学生人数则增加,有时人数甚至多达70%。而傍晚的时段,则是以职业妇女占压倒性的多数。店主虽然也注意到这种情形,但始终未采取相应的对策。

观察中还发现,顾客并非仅从店门前经过,而是不断地进入店里浏览商品,同时很明显地都充满购买的意愿,即是以购物为目的而进入店中。

这家店由于所准备的商品并未周全的顾及各种层次的顾客,所以上午和中午的生意自然也就不好。

商店经营最重要的就是将顾客所需的商品准备齐全。这家鞋店店主虽然很清楚来光顾的家庭主妇需要何种款式的鞋,却并没有予以准备,以致尽管很多顾客上门,却因为买不到所需商品空手而归。在这种情况下,销售额当然不可能提升,其实经商和经营店铺都并不困难,难的是不明白"齐备商品"的道理。

目前,这家鞋店的店主经过反省和检讨,所准备的商品已能迎合前来光顾的客人。当然,这家店的主要消费群仍然是年轻人,但也配合因时段而变化的顾客层次,扩大了商品的种类。

自从该店准备了家庭主妇所需购买的商品后,销售情况改善了许多,令其十分满意。且该店其后所增添的商品款式也不致产生库存方面的困扰,因为这类商品与主要商品相比,进货量毕竟要少许多。

经营方式一旦改变,则过去店铺的封闭形象也就会随之改变,而成为气氛明朗活泼、广受欢迎的店铺,且各种创意也会自然而然地不断出现。

B鞋店最近又有了极富创意的改变,亦即在店门前布置了一辆新颖突出的车型商品展示框,并依不同时段改变陈列物品。

此商品展示柜的作用在于吸引从店前经过的顾客入店中,因此对从店前走过的客人而言,所陈列的商品必须是对其具有吸引力的商品方能奏效。

根据这种想法,B鞋店在上午家庭主妇较多的时段,就展示以家庭主妇为要

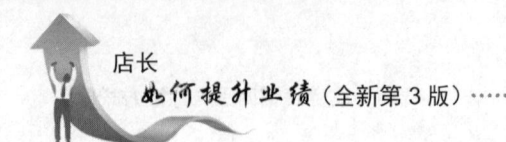

求对象的商品；午后则针对学生顾客展示商品；傍晚时则改变陈设，以年轻人所需之商品为主加以布置。换言之，也就是根据时段的不同来变更展示框中的商品。

结果顾客进店的比率果然大幅提高，当然营业额也因此有了理想中的突破。

43.2 如何使销售额增长

有一家"妇女服饰店"原本是以年轻人为销售对象的服饰专门店，但在某些时段也有许多预定消费群外的家庭主妇从店门前经过。这家服饰店为了争取家庭主妇进入店中光顾，就以时段为单位变更店内的陈列物，结果使整个店铺气象一新，形象完全改观。

他们的做法是批进比以往更多的服饰，这些服饰不仅适合于家庭主妇穿着，也适合年轻人穿着，所选服饰的款式、设计甚至完全一样，只是颜色不同而已。

这家店在家庭主妇最多的时段，以吊挂方式于店面前最显眼之处陈列颜色适合家庭主妇穿着的服饰，如此一来，这家店在该时段中就呈现出一种出售稳重、端庄服饰的气氛。

但到傍晚时，这家店则一变而为陈列颜色亮丽的服饰，因为这些服饰同样是吊挂于店前最显眼之处，于是，该服饰店在夜幕时便摇身成为以年轻人为商品要求对象的服饰专门店。

只要略为改变观念，就可以使销售额停滞不前的店摇身一变成为商品畅销店。

第44章

如何施展价格促销的魔法

提升业绩技巧

零售业欲搞好价格促销，必须先了解消费者的价格心理，再决定各种诱惑性的定价策略，有助于商品促销效果。

在价格促销过程中，商家不仅可以对商品进行低价格定价，以吸引那些讲求经济实惠的消费者；同时，商家也可以对商品进行高位定价，因为高价位可以带来一种优势，如树立品牌形象、吸引高收入阶层，尤其是可以在市场中最先建立高价位时，这种优势更加明显。

一些企业成功的秘诀在于抢先创建高价位的位置，并使消费者能够且乐于接受，否则高价位的作用只能是赶走潜在消费者。但这并不意味着采用低价就有利润，价格促销是一门深奥的学问。

44.1 了解消费者的价格心理

为了做好价格促销活动，零售业必须首先了解消费者的价格心理。这种心理研究有助于零售业对消费者进行有效的分类，增强商品促销的效果。因此，零售业有必要对商品，尤其是促销的商品按价格加以分类，以不同价格代表该商品的不同类别。例如，可以对商场销售的啤酒进行价格分类，分别为售价 2 元、5 元和 10 元，消费者就可以从中得出三种不同的信息，因为价格的分类在一定程度上就代表着相关的啤酒质量。

由于商品价格的不同，消费者的心理和行为反应也不同。商品价格与消费者购买心理之间存在着以下各种联系。

1. 习惯性心理反应

对于不同的商品，消费者对它的价格会有不同的习惯认识。例如，人们认为一般的生活食用品不应该很贵，如果贵了就不会去买；相反，人们觉得计算机的价格不应该很低，否则就会怀疑它的质量，也不会购买。

人们对商品价格的"习惯性"比较稳定，如果没有新价格产生，将一直沿袭下去。但是，如果有新的价格不断冲击，这种长期形成的习惯也最终也会发生变化，直到人们对旧价格的习惯性感受渐渐淡化、消失，对新的价格习惯起来。

2. 敏感性心理反应

消费者对商品价格变动的反应程度就是敏感性。研究表明，消费者对那些易损耗的日常生活用品的价格变动异常敏感，而对那些耐用消费品的价格变动则较迟钝。这是因为日用品是人们每时每刻都离不开的，而且需要经常不断地购买；而耐用品相对来说购买次数少，有的甚至几年、十几年乃至几十年才会买一次。

由此可见，购买频率的高低，是消费者对产品价格敏感与否的根本原因。

3. 感受性心理反应

消费者判断商品是否昂贵，并不是以商品的绝对价格为标准的。有的商品绝对价格相对高一些，他会觉得便宜；有的商品绝对价格相对低一些，他却会觉得贵。消费者这种对商品价格的感受程度，称为感受性。

消费者对商品价格高低的感觉，受到多种因素的影响，其中最主要的是消费者所接受的外界信息刺激。例如，同样价格的商品如果和高价格的商品摆放在一起，就会被认为"昂贵"；如果同低价格的商品摆放在一起，则被认为"便宜"。这种价格高低的不同感受，就是由刺激所造成的错觉引起的这种心理，在卖场的商品陈列有很重要的功能。

4．倾向性心理反应

消费者在购买商品时具有一定的倾向。一般来说，消费者的社会地位、经济收入、购买经验以及生活方式不同，对商品价格的倾向也不同。

通常，消费者对商品价格的选择倾向有两种，一种是倾向于选择高价产品，另一种则倾向于选择低价产品。购买高价商品的消费者多数收入比较高，而且怀有强烈的求名和显贵动机；而选择低价格商品的消费者大多经济状况一般，具有求实和求惠动机。

锐步运动鞋高价促销

锐步（REEBK）运动鞋作为世界上著名的体育运动产品，是第一个在印度开设专卖店的世界性运动鞋集团。但有谁知道，当初锐步鞋进入印度市场时，其价格之高超出了人们的想象呢？据报道，当时一双中档锐步鞋的价格竟然相当于一个低级公务员一个月的收入，或者农民一头牛的价格。

采取何种价格政策是锐步公司进入印度后遇到的最初挑战。当锐步公司1995年和印度当地的一个鞋业公司合资建厂时，印度还没有豪华运动鞋行业，当然也不会有价钱超过1 000卢比的运动鞋。

于是，进入印度以后，锐步公司的管理层很想知道，那些被媒体炒得很厉害，但外界又很少得到证实的印度3亿多的中产阶级消费者的能力到底有多大？锐步公司为是否要专门为印度推出一种价格低于1 000卢比的大众化运动鞋款型而经历了两年思考。最终锐步公司得出结论，尽管在印度的制作成本比较低廉，但是锐步运动鞋无法在低价格的情况下维持其品牌质量。

于是，锐步公司决定采取高定价的策略来维持自身的品牌形象。当这一策略被采纳之后，锐步公司向市场推出了价格高达2 000卢比的运动鞋。当这些鞋上市后，锐步公司的一位地区主管经过调查得知了一部分人的反应。

他说："我听到一位农民在印度的一家锐步专卖店里询问一双跑鞋的价格，这双鞋价值 2 500 卢比（58 美元）。那位农民的妻子说：'走吧。用这么多钱我们可以买一头牛了。'"

这位公司主管承认道："我们起初为自己的高价感到不安，但结果是这一价格给我们带来了好处。"他说："把即使最便宜的锐步鞋也定位在 2 000 卢比左右的价格，使锐步鞋有一种独一无二的质量，同时帮助锐步公司开拓了印度广阔的市场。"

例如，锐步公司限量出售的 3 000 双"电石型"锐步鞋，这种鞋的售价超过了 5 000 卢比，在印度等于一台冰箱的价钱。尽管如此，仅仅在四天之内，这种鞋却被抢购一空。

这位公司主管解释道："这正是我们高定价的原因所在。锐步作为世界知名品牌，价格低了消费者会认为不符合它的品牌。所以我们最终决定采取高定价策略，事实证明，这是一个英明的决策。"

现在，锐步鞋已经成为印度中产阶级年轻人热衷购买的时尚产品。锐步公司在印度市场还有一个惊人的发现：对世界名牌胃口很大的年轻人不仅仅局限在印度的几个大城市，即使印度的二流城市，其消费者的消费能力实际上比几个国际大都市还要高。

自从有了这一发现之后，锐步公司就更加坚定了决心。为了保护自己的品牌形象，锐步公司在印度专门致力于开设锐步专卖店，每一个专卖店都由个人进行特许经销。由于经营锐步公司的产品利润相当可观，因此申请加盟者非常之多。

据有关媒体报道，现在印度的锐步专卖店一年能够为锐步公司卖出去 30 万双运动鞋，占到了印度高级运动鞋市场的 60%，每年为锐步公司创造了数额巨大的利润。

44.2 价格促销的目标

零售业在确定商品价格以前，首先要做的工作就是确立商品定价的目标。一般来说，商品定价的目标有以下几个。

1. 提高市场占有率

有时，企业的定价目标不在于获得一时的利润，而是希望提高市场占有率。

提高市场占有率有助于降低成本，打击竞争对手，为将来的利润实现奠定坚实的基础。同时，市场占有率是企业经营状况和竞争实力的综合反映，显示了企业的市场地位。

因此，提高市场占有率通常是企业普遍采用的定价目标，零售业也不例外。例如，许多特价商店采取的就是这种策略，即采用低价格策略打入市场、扩大销路，同时与其他促销手段相配合，最终达到提高市场占有率的目的。

2. 追求利润最大化

盈利是企业生存和发展的先决条件。因此，争取最高利润，使企业得到迅速发展是不少企业追求的目标。为了追求利润最大化，零售业可以进行高位定价，但是这样做的前提是所销售的商品一定要质量过硬，而且商店要有良好的社会形象，在消费者的心目中具有较高的声誉。

但是，高位定价和追求利润最大化并不存在必然的联系，因为利润的多少取决于价格和销售量这两方面的因素。所以零售业在制定追求利润最大化经营目标时，要考虑价格对商品销售量可能产生抑制作用。

3. 实现投资收益率

投资收益率是企业在一定时期内所获得的投资回报与投资总额的比率，反映出企业的投资效益。在成本不变的条件下，价格的高低取决于企业规定的投资收益率的大小。因此，在这种定价目标下，投资收益率的确定与商品的价格水平直接相关。

因此，零售业需要限定投资收益率的最高水平，以避免过高的收益率使商品定价过高而抑制商品的销售量，从而影响投资收益率的实现。

4. 适应价格竞争

在激烈的市场竞争中，企业往往对竞争者的行为十分敏感。零售业在商品定价前，会仔细研究竞争对手的商品定价情况，然后有意识地利用各种价格策略去对付竞争者。例如，现在有许多零售业设有专门的抄价员，他们的工作主要是到其他商场将对方的商品价格抄写下来，作为本商场制定商品价格的依据。

一般来说，那些实力强大的零售企业常采用低于竞争对手的价格来排挤竞争者，提高自己的市场占有率。例如，家乐福的"天天低价格"竞争策略和沃尔玛"低价销售"原则；中小型零售企业则追随市场领导者的价格，或以略低于市场价格的方法进入市场；而某些拥有独特优势的零售企业则会采用明显高于竞争者的价格，由此提高企业的知名度，如一部分专卖店采取的就是这种定价策略。

5. 维持价格稳定

价格战是多数企业所不愿见到的，因为其最终结果通常令各企业元气大伤。出于保证会有正常经营利润的目的，大多数零售业都希望维持市场价格的相对稳定。

为了保护自己，那些在市场竞争中居于主导地位的零售企业会达成默契，保持商品价格的大体平衡，以消除可能引起的价格战。其他零售业则一般在价格上追随举足轻重的大商场，不轻易变动商品的价格。

44.3 价格促销的定价策略

对于消费者来说，商品价格的微小差异和变动都牵动他们的心。因此，零售业能否制定被消费者接受，并且符合其心理需要的商品价格，就成为零售业获得预期利润的重要因素。

零售业在开展价格促销时，经常采用以下几种商品定价策略。

1. 奇数定价策略

这是一种常见的定价策略，其实质就是给产品制定一个非整数的价格。例如，一张床的价格为 299 元，这就是采用了奇数定价法。通常，奇数价格能给消费者以价格便宜、定价准确的感觉。假如这张床的定价不是 299 元而是 300 元，其效果会有很大的不同。尽管两者只差 1 元钱，但在心理上的感觉却相差很多：一个是 200 多元，一个却要花 300 元整。

奇数定价策略的目的，主要是使消费者产生便宜的感觉，但并不意味着商品的价格就定得很低。例如，某种商品在考虑了成本等因素后应定为 250 元。如果利用奇数定价法，则既可以定为 249 元，也可以定为 251 元。这两种价格一个低于 250 元，另一个则高于 250 元，但效果是相同的，都会给人留下便宜、准确的印象。

2．整数定价策略

对某些消费者而言，"便宜"并不一定有吸引力，而"昂贵"对他们来说更具有魅力。这种现象在购买贵重商品时尤其突出。

例如，一位女士准备买一件价格在 1 000 元以上的大衣，而商场出售的是 880 元的，她就没有买。她为什么不买呢？因为她觉得这件大衣"太便宜"，质量肯定不如想象中的好。整数定价法就是根据消费者的这种心理来制定商品价格的。这种方法制定的价格都是整数，如 100 元、650 元、1 500 元等。

这样的商品定价会使人觉得商品的档次很高，能够满足消费者的显贵动机。同时，这种昂贵的价格也暗示着商品"质量上乘"或者"豪华气派"。因此，当消费者不太了解商品的性能或质量时，整数定价尤其会受到他们的青睐，因为消费者要确保买到的商品是高质量的。

3．声望定价法

在许多消费者眼里，名牌是一种符号，代表着商品用户的身份和社会地位，尤其是那些高收入阶层，更是要去豪华的大商场购买名牌商品来显示自己的社会地位，而在普通商店购买低价商品会使他们觉得有失身份。

因此，声望定价策略主要是利用消费者对优质名牌商品的崇拜心理和信任心理，为商品制定较高的价格。

4．撇脂定价策略

所谓"撇脂"，原意是撇取鲜牛奶表面上的一层奶油，这种定价策略一般用于新上市的商品。由于这时新商品还没有竞争者，也没有与之相比较的价格，而购买者又都是具有强烈的尝试新商品欲望的人，他们有着强烈的求奇、求新动机，一般不太注意产品的价格高低。

因此，商家可以把这种新商品的价格定得高一些，以便能够尽快地收回成本，获取高额的利润。以后如果出现了竞争者，为了在竞争中获胜，那时可以再逐渐降低价格。

撇脂定价策略主要是以收入较高、对价格不敏感或者具有求新、猎奇动机的

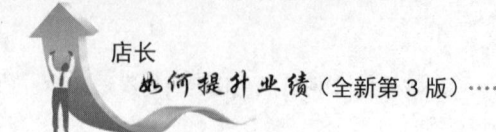

消费者作为促销对象的。

美国人雷诺于1888年发明了圆珠笔,一度成为风行世界的办公用品和便于个人携带的文具。这种笔的成本有多少,现在大家都很清楚。但是雷诺深谙经营之道,他利用消费者的求新心理,通过各种宣传,给圆珠笔披上了神秘的外衣,使它身价百倍。于是,雷诺以惊人的高价向全世界销售圆珠笔,立即发了大财。等到这种产品的神秘性不复存在时,其价格一落千丈,而此时雷诺早已经去经营新的产品了。

5. 渗透定价策略

渗透定价策略与撇脂定价策略正好相反,即新产品上市时,企业以微利、无利甚至亏损的低价格推向市场,当产品在市场上打开销路、站稳脚跟后,再逐步将价格提高到一定的水平。

渗透定价策略主要是利用消费者求廉、求实的心理,该策略是企业在市场竞争中制胜的重要手段。在新商品进入市场时,如果把价格定得低于竞争者,有助于刺激人们的需求,从而争取理想的市场占有率,尽早取得市场的支配地位,同时阻止竞争者进入市场。等到占据市场并且具有相当的威望后,再逐渐提高售价。

实际上,渗透定价策略是通过牺牲短期利润来取得市场占有率的,要求在得到利润之前先取得巨额销售量。这种方法的优点在于,低廉的价格使竞争者觉得无利可图,因此不会迅速进入市场。这样,企业就可以有效地阻止竞争者的攻击,在较长时间内保持较大的市场占有率。利用这个时机,企业还可以进一步控制市场,提高自己的市场竞争能力。

但是,这一定价策略也有缺点。如果商品的销售量达不到预期水平就会亏损,同时回收新商品成本的时间太长也不利于企业的资金周转。另外,"便宜没好货"的传统思维也容易使消费者怀疑新商品的质量和性能。尤其是当企业在后期调高价格时,可能会使消费者在心理上产生反感,甚至抵制购买该商品。

6. 习惯价格策略

这种定价策略就是要求商家按照消费者"习以为常"的价格来给商品定价。由于消费者经常使用、购买某些商品,对商品的功能、质量等方面的情况都有一定的了解，于是在长期的购买中形成了某种价格习惯。因此，商家要了解并顺应消费者的习惯定价，如果价格偏离了习惯价格，消费者就可能减少购买量。

7. 招徕定价策略

这种定价策略主要利用消费者的求廉、求实心理，有意使某种商品的价格接近成本，甚至低于成本，而其他竞争商品的价格适中或者比较高。一般来说，多数消费者对低于市场价格的商品都会感兴趣。招徕定价策略就是通过降低少数商品的价格，以吸引消费者登门购买，借此促销其他产品。

例如，很多商场都在节假日举办"优惠大酬宾"，这就属于招徕定价的做法。商家吸引顾客购买廉价商品的同时，也购买其他正常价格的商品，以增加商场的商品销售总额。

8. 心理定价策略

这种定价策略主要是利用消费者的心理意念，在制定商品价格时，在价格尾数用一个表示吉祥、喜庆的数字。

有些消费者购买商品时会追求吉利，讨个好兆头。利用这种消费心理，商家在商品定价时可以适当的应用。例如，许多地方认为6、8、9等是寓意好的数字，如"6"代表顺利，"8"意味着发财、发达，"888"就是"发发发"，而"168"即"一路发"。至于结婚用品的价格，多与"9"有关，为的是讨个"长长久久"、"天长地久"的吉庆兆头。

9. 消费者定价策略

这种定价策略是指商家对自己出售的商品不制定价格，而让顾客自行定价。

例如，有一家夫妻饭馆，该饭馆的菜单上所有的菜都不标价，而是让顾客自己定价格，自觉付钱。结果这一颇有特色的定价策略招来了不少喜欢好奇的顾客光顾，使饭馆的名气大增。

也许有人会问，如果有人存心少付钱怎么办？其实不用着急，这样的人毕竟只是少数，那些光顾者大多都有自尊心，一般不会做出不付钱、少付钱的事；相反，还有不少多付款以显阔绰的顾客。

通过这种定价促销方式，这家饭馆不仅提高了声誉，树立了自己的独特形象，而且还获得了较好的利益。

当然，使用这种定价方式具有一定的局限，必须根据消费者的文化素养、社会风气等综合考虑。

10．天天廉价策略

天天廉价策略是指经常的廉价促销。使用这种方式时，商家会以相对低廉的价格刺激消费者的需求，扩大商品的销售量。这种定价策略要求商品的价格水平低于市场的平均水平，降低售价与成本之间的差额，达到薄利多销的目的。

例如，世界 500 强企业的沃尔玛特百货公司，其销售的各种商品比别的商场都要便宜，这是企业一贯宣传的重点，因此深受消费者的欢迎。20 世纪 80 年代以来，沃尔玛特的连锁店不断增加，销售额不断上升，现在已经成为全球最大的零售企业。

第45章

塑造欢乐效果的卖场促销

提升业绩技巧

快餐连锁业雄霸世界的麦当劳,其经营技巧众多,成功的关键之处在于持续营造出欢乐效果的卖场促销活动。

麦当劳快餐连锁店现已遍布世界的每个角落,它不仅已有3万多个连锁店,并且正以每13.5小时增加一个分店的速度,占领世界快餐市场。

人们都不禁迷惑:麦当劳雄霸世界、在世界刮起龙卷风的真谛是什么?回答不一而足,有的说组织扩展手段的独到,有的说是商品质量有保证。然而,真正主要的原因也许是温情。

麦当劳快餐连锁店成功地赢得全世界孩子的喜爱,其秘诀不仅是汉堡包或炸薯条,更重要的是靠那门前端坐、滑稽可爱的麦当劳叔叔。有无数的孩子涌向麦当劳的原因是来寻找麦当劳叔叔的。

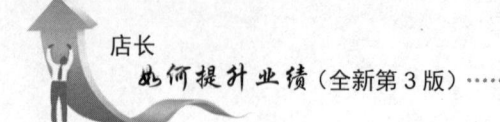

在孩子们的心目中，这里不仅仅是吃饭的地方，而且是充满了无限温情的娱乐场所，不仅在这里能吃到满意可口的食品，而且在这里还能玩到许多妙不可言的玩具。在节假日里，麦当劳连锁店还会为孩子们准备好各种各样的小礼品；生日里，麦当劳会给你献上快乐的祝福与和蔼可亲的麦当劳叔叔。

麦当劳带给孩子们无微不至的关怀、照顾和无限的欢乐。这一切，常常是事务繁多的父母很少或很难给他们的，麦当劳成为孩子们心目中的另一个家，一个有食物，有游戏，还有风趣、宽厚的麦当劳叔叔的特殊的家。

有人曾生动地表述道："只要我看见路旁的'M'标记，就开始分泌胃液了。"

黄色的"M"标记像影子一样遍布世界的每一个角落，无论年龄、性别、种族、肤色，麦当劳已成为挡不住的诱惑。在世界上，几乎每天都有 3 000 万人像潮水一样涌进麦当劳快餐店。

"M"是连锁店创始人名字的第一个字母，1962 年被用来作成金色拱门成为麦当劳快餐店的标记，从此之后，"M"就具有了特殊的意义而把温情带给快餐店的消费者。

最初麦当劳的广告主题，所表现的是产品和引用高科技、自动化的生产流程等，但好景不长，这种广告很快便被人们漠视。公司通过调查分析，终于发现仅靠机械化快节奏，以节省用餐时间，是无法永远吸引顾客的，而温情的传送、家庭气氛的酿造才是顾客永恒的需求。为此，麦当劳公司随之调整部署了广告战略：

在晚霞漫天之际，爸爸妈妈带上可爱的儿女，踏着轻快乐曲，步入麦当劳的拱门，服务人员热情周到地为之服务，一家子坐在带有金黄、橘红及红色交织的餐厅里，愉快地享受着可口的食品和一天里最美好的时光……

这便是麦当劳的典范广告，着力地渲染"在麦当劳，你可以享受到最美好的时光、最美味的食品"。

由于广告宣传成功自然地把"M"与家庭连接在一起，人们一看到"M"的标志，自然而然就想到电视广告中温馨的画面。有人是这样说的："看到'M'标志，就像久别家乡的人看到了故乡的标志，走进金色的拱门，就像走进久违的家门。"

现代社会中，生活节奏的加快，使人们迫切地渴望悠闲和轻松。麦当劳的天才广告设计家雷哈德将麦当劳塑造成为让人感到轻松并能消除紧张和疲劳的理想场所。在工作中他惊喜地发现，一个顾客很难分别每个汉堡包的好坏，所以他决定放弃用汉堡包的好味道来大力宣传，而是用麦当劳带给人休息和轻松为追求的主题，把麦当劳机械化、冷冰冰的形象换成暖洋洋、极具人情味的形象。

通过反复的研讨揣摩，他终于找到了满意的广告词："请进麦当劳歇一会儿吧！"一句话，给人以体贴和爱护，给人以温暖和慰藉。

第 46 章

要借用名人促销

提升业绩技巧

为增强顾客的信赖感,企业可善用人类服从权威的心理,借用名人来推动促销,以扬名策略带动有利的销售机会。

46.1 "借名钓利"促销的功能和特点

利用"借名钓利"开展促销,对于零售业具有多方面的作用,因为这一促销策略具有以下各项特点。

1. 增强消费者的信赖感

借名钓利的一个最大优点就是可以增强消费者的信赖感,为商品的畅销创造良好的条件,而且还可以帮助企业消除危机,并使消费者重新认同商场,踊跃购买商场的商品。

日本有一种名叫"香甜莓"的食品一直很畅销。1982年8月,日本的卫生部门突然宣布"香甜莓"因受污染而含有致癌物质。消息传开,消费者纷纷退货并要求赔偿,各大商场深受其害。

为了消除这次事件的不利影响,该公司除了召开记者招待会、公布调查结果及真实情况以外,还请有关的政府官员以及卫生、食品方面的专家学者对"香甜莓"发表了权威性意见。

同时,该公司还充分利用名人效应来进一步打消消费者的疑虑。当时,日本的相扑大赛即将开始,该公司就专门请了两位著名的相扑运动员,让他们在电视上与公众见面时,各自吃了一份香甜莓果酱。

人们看到这两位名人的行动,于是疑虑顿消。几天以后,"香甜莓"食品重新畅销日本市场。

2. 扩大影响面

只要我们打开电视机,到处都可以看到利用名人做宣传的广告。我们生活在一个名人点缀起来的社会:以名人命名的品牌、以名人为主角的广告、以名人开办的企业、以名人参加的促销活动等,名人使这个世界更加丰富多彩。

可以说无论是生产者还是消费者,在各种促销活动中总能看到名人的参与。无论是活动的电视广告,还是平面形式的招贴面,到处都闪现着名人的踪迹。利用名人做促销活动,其着眼点就在于利用名人效应,扩大商家的影响,使那些名人的崇拜者和追随者争相模仿名人,接受名人在广告中推荐的商品或商家。

有一家著名的商场开设了一个化妆品专柜,并由总经理亲自出面,请来在电影界著名的某位女演员,请她每个月到这家商场的化妆品专柜来一次,当场接受化妆师替她化妆。

由于这位女演员在电视中经常露面,而且她所演的电影深受广大观众喜爱,只要是看过她的电影的观众都会被她吸引。所以,平时只要看电视的人很容易就可以认出她来。

因此,当消费者前往这家商场购物的时候,只要这位女演员一到,人们只要经过这个化妆品专柜,就可以看到这位女演员。

受到这位女演员的影响,消费者都认为这家商场的化妆品专柜所销售的

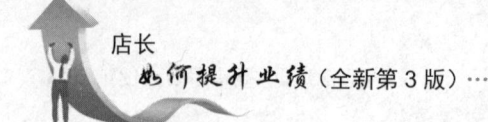

化妆品是非常优秀的产品。尤其是那些喜欢这位女演员的消费者,更是受到鼓舞,纷纷掏钱购买化妆品,使这家商场的化妆品专柜经营的非常成功。

3. 形式多样

以借名钓利的形式开展商品促销,还可有许多别的形式可以借用,如请名人做广告、参加著名的连锁商店、借用名牌商标等,都是有效的借名钓利促销形式。

46.2 "借名钓利"促销的种类

1. 借用名人做广告

这是"借名钓利"促销策略的最常见手段,也就是所谓的名人促销。

美国前总统克林顿刚上任的时候,就立即被精明的美国商人派上用场,用来为自己赚钱了。例如,有一家饭店的老板通过关系得到了克林顿夫妇最喜欢吃的食谱,同时还得知克林顿年轻时的绰号叫"威利滑头",以及克林顿的一些往事。

这家饭店的老板想到了一个非常能赚钱的主意。他首先将饭店的名称改为"威利饭店",并列出了一系列克林顿最喜欢吃的菜,并利用各种方式广为宣传。

在美国,总统是大多数人关注的目标。因此,这家饭店推出了克林顿的食谱之后,引起了人们的极大关注:总统最爱吃的菜是什么滋味?

许多人都抱着这样的疑问,想到这家饭店亲自尝一尝所谓的克林顿食谱。于是,许多人怀着极大的兴趣来到这家饭店,几乎都无一例外地点了克林顿总统最爱吃的菜。

为了营造一种更加逼真的环境,饭店的老板还在大厅内部最显眼的地方雕塑了克林顿和夫人、女儿一起吃饭的雕像,看上去栩栩如生。从外面经过的人猛一看上去,还真以为是总统一家人在里面吃饭呢。还有许多人正是见了这一雕塑之后,受到吸引才走进饭店吃饭的。当人们在饭店吃完饭以后,临走之前总忘不了要和"总统全家"拍照,做个留恋。

正是借助这种名人效应,这家饭店吸引了大量的顾客,成为利用名人促销的典范。

在中国也有一则事例值得经营者借鉴:

长城饭店是北京的一家著名饭店,在开业之前,长城饭店的总经理得知美国总统里根将要到中国访问的消息,他通过各种关系打听到了里根总统访华的大致日程安排,于是一个借助名人开展宣传促销的设想在他脑海中很快就形成了。

在里根总统访华之前,长城饭店的总经理向美国驻华大使馆的各级官员发出频频邀请,让他们到长城饭店赴宴,请他们对饭店的各项经营服务措施提出自己的意见,以帮助饭店提高服务质量,不断改进服务工作。

当美国驻华大使及其他官员对长城饭店的工作表示非常满意时,长城饭店的总经理就直接向他们提出了要求:希望里根总统访华时的告别宴会在长城饭店举行。

由于美国大使馆驻华官员对长城饭店的服务质量已经有了相当的了解,于是双方经过反复磋商,最后达成了协议,决定将里根总统访华的告别宴会安排在长城饭店举行。

1984年4月28日,也就是美国总统里根访华的最后一天,里根总统在北京长城饭店举行了告别宴会。于是,来自世界各地的500多名记者发出的关于里根总统访华告别宴会的新闻报道中,都无一例外地写到了宴会举行的地点——北京长城饭店。

里根总统选择了长城饭店作为告别宴会的举办地,立即使长城饭店声名鹊起,成为世界闻名的饭店。此后,当其他国家元首访华时,他们也都纷纷选择长城饭店作为举行宴会的场地。从此,长城饭店真正成为世界各国元首访问中国时钟情的选择。

2. 借用名牌企业名号

借用著名企业名号开展促销的前提,就是被借用的企业必须在消费者心目中具有极高的地位。因为这种企业长期辛辛苦苦积聚起来的信用,以及其稳固的事业基础已经牢牢地植根于广大消费者的心目中,因而所显示的威力是初创企业所

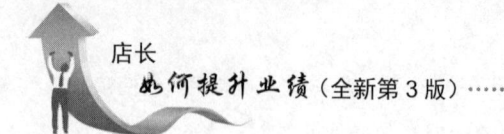

无法相比的。

如果能够借助这些著名企业的名号来开展经营业务，比企业自己费尽千辛万苦创建自有品牌更加省时，也更加方便。

对于零售业来说，借助著名企业的名号（或商号）开展经营活动，也需要注意寻找在消费者心目中具有一定地位的商业企业，借助它们已有的影响来加强对消费者的吸引力。

有一家经营时装的商店位于繁华的商业区，但是由于人们对它不太熟悉，因此不论经营者用什么方法进行宣传，就是吸引不了顾客上门。这时，有人给时装店的经理出了一个主意，建议他加入一家著名的服装连锁公司，借助这家服装连锁公司的名气来开展经营。

于是，在经过一番考察之后，这家时装店的经理接受了这一建议，并且和那家服装连锁公司的总经理进行了洽谈，最后双方达成协议：时装店每年交给服装连锁公司5万元的品牌特许使用费，服装连锁公司则负责时装店的员工培训、店面设计、服装采购等一系列问题。

当这家时装店改换门庭之后，情况立即有了很大的改观。原来每天不到1000元的收入，现在一下上升到了五六千元，结果一年下来，时装店除掉交给服装连锁公司的5万元的特许使用费之外，销售额比以前增加了5倍。

这家时装店利用的正是借名钓利的促销策略。它选择了同行业的服装连锁公司作为自己的加盟总公司，有效地借助了服装连锁公司在消费者心目中的声望和地位，吸引它的忠实消费者，有效地促进了服装的销售。

3. 以退为进的借势扬名策略

这种策略就是企业在没有实力和竞争对手开展正面竞争时，为了保存实力、待机破敌而采取的一种有计划的促销策略。

采取这种促销策略时，要求企业的促销策划人员必须具备敏锐的眼光和灵敏的思维，抓住适当的时机或进或退，在这种迂回曲折的过程中壮大自己的实力，最终实现自身发展的目标。

第46章　要借用名人促销

成立于1954年的美国约翰逊制造公司，最初的投入资金还不到500美元。当时它只有一间简单的工厂和一台搅拌机，员工除了乔治·约翰逊本人以外，就只有一个工人。它所生产的产品是一种水粉护肤霜，和当时美国最大的化妆品公司——福勒公司相比，这种产品既没有名气，也没有众多的消费者，因此刚开张的头几个月，就积压了有限的资金，使公司几乎喘不过气来。

于是，乔治·约翰逊开始转变思路，决定避免和福勒公司进行正面竞争，而是出人意料地在广告中宣传福勒公司的化妆品，当然广告中同时还介绍自己公司的产品。这样一来，约翰逊制造公司的产品也就被介绍给了消费者。

乔治·约翰逊在广告中宣称："福勒公司是化妆品行业的金字招牌，您买它的产品真有眼光！不过，当您用了它的化妆品之后，如果再涂上一层约翰逊公司生产的水粉护肤霜的话，您将会收到意想不到的奇妙效果。"

尽管乔治·约翰逊的朋友们都不赞同他的这一做法，但是他并没有改变自己的想法，认为自己最终一定可以取代福勒公司，成为美国化妆品行业的龙头老大。事实的结果证明了乔治·约翰逊的远见，因为许多消费者确实通过这种广告了解了约翰逊公司的产品，他们都忍不住买来这种产品试用，效果令他们非常满意。

于是，约翰逊公司的产品名声上扬，公司的地位也迅速上升。最后，约翰逊公司逐渐成为美国黑人化妆品的最大生产厂家，将福勒公司挤出了黑人的化妆台。

在这里，约翰逊公司所利用的正是一种借名钓利的促销策略，它借的是福勒公司的名，钓的却是自己的利。

第47章

设法开发独特商品

提升业绩技巧

商店应设法提供独特商品,扩大自己的商圈,获利自然就会提高。

对于商店而言,最重要的莫过于拥有属于自己的独特商品,尤其这种商品是划时代或备受瞩目的商品,则更能助其迅速地扩大商圈。

此外,有独特商品的店铺,其店中其他商品的销售量亦会因而大为提高。例如,某食品店若能提供当场示范的菜肴供顾客品尝,就能显现出该店特色,而获利自然就会相对提高。

商店只要能略微花费心思,亦可能开发出独特的商品。

1. 发挥技术,开发独特商品

Y鞋店是一家以自由车选手为销售对象的鞋店,但仅靠这类商品是无法使销售额提升的,因此这项弱点便成为该店亟待突破的课题。

此外,Y鞋店所在的位置并非是销售条件优越的商圈,于是该店便为了吸引商圈外的顾客而开始推销手工制造的鞋。他们在生产这类鞋时都尽量发挥独特的技术，如配合顾客不同的需要而设计制造各种不同的鞋，或替尺寸特别大的人制作特大号鞋，以及制造其他鞋店所买不到的商品等。Y鞋店以这种方式来表现自己商品的特殊性，结果连手工制的鞋类以外的商品也连带受到正面影响，销售额比前一年成长了34%以上。

S钟表宝饰店也发挥了其制造钟表宝饰的独特技术，销售手工制的装饰品，同时应顾客需要设计与制造独特的商品，并打出"只属于你的独特手制装饰品"的招牌，成功地从商圈外招来许多顾客。

由上可知，一家店只要有真实的工夫和技术，就应将技术充分地发挥出来，以便使自己的店富有独特的个性，而为顾客提供不同的需求。

2．批入商品后应再加工

批入商品后不能就直接标价出售，而应稍微加工，唯有如此，才能开发出属于自己的独特商品。

虽然把所有进货的商品都重新加工是非常费时麻烦的，但畅销的主力商品则有必要经过这一流程。因为经过加工后的商品，往往能赋予店铺特色，相对地便提高了对顾客的吸引力。

例如，某运动鞋店开发出一种很独特的鞋带，并于出售运动鞋时附送此鞋带作为更换之用，结果经由顾客们的义务宣传，这家运动鞋店已拥有相当多的客人，此乃借由开发独特商品而成功的例子。

假使所开设的为布料店，则类似"代客修改衣服"的服务也具有像独特商品般的意义。这时也必须以"只属于你一个人的商品"为号召，且修改衣服的服务最好不要仅止于旧衣服，即使是新衣，只要顾客确实有需要，也应提供免费服务，这是一种获取顾客好感的方法。

例如，顾客找到了自己喜欢的颜色、质料及款式的上衣，但唯一不满意之处是上衣没有肩垫，这时店家就应该主动提出可为其代装肩垫，如此顾客必定十分满意地购买。

此外，店家也可以替顾客在洋装的胸襟部位别上可爱的饰品。总之，只要顾客喜欢，就应该尽量地给予免费服务。

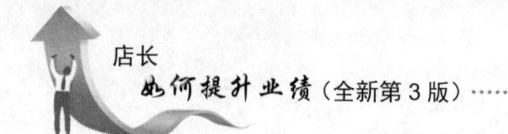

店铺的销售绝不能采取强压销售的路线，而应该因应顾客琐碎的需要，同时也必须提供顾客有关商品上的信息，唯有诚意地为顾客着想，方能获得广大顾客的认同和支持。

3. 开发独特的礼品

最能表现零售店特色的便是赠送顾客独特的礼品，尤其在未来的商场独特礼品需要有愈来愈大的倾向下，身为专门店经营者，更应特别努力构思和开发这类独特的礼品，以吸引顾客前来购买。

店家赠送的礼品应能强调是"送的人"亲自挑选的，亦即可令对方感受到送者的诚意与热忱，因此礼品最好是手工制成，应避免随处可见的现成品。

另外，礼品的式样、实用性、外观等都应花时间与智慧去构思，同时需考虑所赠礼品的适当与否。

目前虽有许多专门出售礼品的商品，但不能从这类店铺买回礼品后便直接赠送顾客，礼品必须先予加工，以便能借礼品表达出赠送者的感谢之情。

经营者必须了解，赠送礼品其实是为顾客服务的一环。开发礼品时应注意以下事项：

- 应配合顾客购买商品的预算而准备；
- 送赠品时应有适当的礼貌，且需具备有关赠品的常识，以充分应付顾客的咨询；
- 应以精美包装提高赠品的价值感。

第 48 章

用服务礼仪打动顾客的心

提升业绩技巧

卖场要打动顾客的心,最易着手的工作是善用服务,其中尤以"服务员仪表得体""待客姿势正确""动作迅速敏捷""用礼貌来打动消费者",最为有效。

1. 待客姿势

顾客每走进一家商场时,感受到的第一印象便是商场的服务态度。因此服务员的待客姿势,决定着顾客对商场的第一印象。我们常听到顾客抱怨:"看到那些服务员一点儿姿势都没有,心里就不舒服!"这说明顾客非常注重服务员的站立姿势。所以,在零售业的服务促销礼仪中,服务员的站姿必须纳入服务规范。

服务员正确的待客姿势如下:

- 在能环视到自己职责的范围内,站在距离柜台一个拳头间隔的地方,双手自然叠放在柜台上,或在前交叉。

- 双腿端正站立，彬彬有礼，既不能摆出一副懒散的面孔，眼睛直勾勾地盯着顾客，更不能私下闲谈，或躲在一边化妆、看杂志。
- 当柜台前面没有顾客时，服务员要经常进行商品清点、整理、补充，准备再次销售；或者整理发票和处理简单事务。即便没有顾客，服务员的心中也要想着顾客，提醒自己是否有顾客来，一旦顾客来到柜台前，就应该立即停下手中的活，准备接待顾客。

根据上述方法，商店应按照店内面积，规定每个服务员负责的场所和范围，以及制定服务员工作守则。

2. 仪表得体

服务员的恰当仪表也会给顾客带来良好的"第一印象"。服务员应该仪表得体，"仪表"通常指一个人的服装、卫生和化妆；"得体"就是指整洁、大方、和谐。

要求服务员仪表得体，首先就要求服装整洁、大方、合身。其次是对洗头、刮脸及衣服的洗涤、熨烫的要求。

另外，对于女性服务员来说，化妆应该谨慎，不要和顾客争相媲美，因为某些女性顾客有排斥同性化妆和修饰的心理，所以需要加倍注意。在这方面，化妆应注意和服饰保持和谐，切忌浓妆艳抹。一般来说，女服务员最好化淡妆，这样不但避免了喧宾夺主之嫌，而且显得自然、大方。对于顾客来说，服务员的风度、修养，要比起漂亮更加重要。

3. 动作迅速敏捷

除了站姿和仪表之外，服务员的待客"形象"应当首推迅速和敏捷。这就要求服务员敏捷地为顾客进行商品介绍，包装商品时尽量不让顾客等待。服务员良好的接待形象，可以在潜移默化中赢得顾客的回头率。

迅速敏捷还包括在节假日繁忙时期接待顾客的高效率。所谓高效率，并不是指一个人同时接待好几位顾客，或者迅速"打发"顾客，俗话说"一手抓不住两条鱼"，同时接待两位、三位以及更多的顾客，可能产生一种危险，就是所有的顾客都不满意。

试想一下，一个正在接待一位顾客的服务员，一边为这位顾客介绍商品，一边从柜台里为另一位顾客取商品，视线又不时地转向其他顾客，他还能认真地回答顾客的提问，了解顾客的需要吗？顾客对这样"应付"式的服务会满意吗？

因此，不论服务员多么忙，接待顾客的原则应该是一对一。但有时在不得已的情况下，也可能一个人同时接待几位顾客，这就要求服务员按顺序把主要精力放在接待第一位顾客上，而对后面的顾客报以微笑，稳定他们的情绪。

这里"按顺序"尤其重要，否则顾客就会产生一种"不被放在心里"的感觉，于是服务员也会因此而失去前面的顾客。真正意义上的高效率接待，既要诚心接待每一位顾客，又要缩短接待的时间，也就是兼顾"质量"和"数量"。

在接待前面顾客的空隙，服务员可以和后面的顾客打招呼，而且仅限于向顾客取出商品，进行简单的介绍。这时，舍不得拿出商品让顾客看，或催促顾客的行为都是不正确的。

4．用语言来打动消费者

服务员不仅要以微笑接待顾客，在口头上的言语，更不应该失去应有的礼仪。

在工作用语方面，也应该有所规范，除了"您好""谢谢""对不起"之外，也可以适当用一些传统的礼貌用语，如"久违了""劳驾""请您包涵""请您指教""欢迎光临"等，这样就可以显示服务员的修养和水平。但是在运用这些传统的礼貌用语时，应注意不同的顾客和不同的环境。

在行为方面，服务员应该努力做到"诚于内而形于外"，要时常把自己摆在顾客的位置，处处为顾客着想，真正树立"顾客永远是对的"观念。

如果有微笑和礼仪作为基础，便可以创造出商店自然和谐的环境。顾客在这样的环境中最容易产生积极的情感，商店的促销活动能够获得成功，销售额的随之增长也就是不言而喻的，正好应了"和气生财"这句古老的谚语。

第 49 章

加强在卖场推荐商品的技巧

提升业绩技巧

成功的销售人员在卖场推销商品时,当顾客接近后,要捉住难得的服务机会,有技巧地向顾客介绍商品、成交商品。

在卖场要推荐商品获得顾客的喜欢,达到推销成功,有两个重要步骤,第一步是"接近顾客的服务技巧",第二步是"推荐商品的技巧"。

49.1 接近顾客的服务技巧

在商品促销过程中,服务员接近顾客,并向顾客问候,只是开展商品促销的第一步。正因为如此,所以适当接近顾客,对于服务员来说就显得尤为重要,因为如果搞得不好,就可能做不成生意。

服务员接近顾客的成功秘诀,就在于看穿顾客的心理,开口和他们打招呼时要恰当而得体，做到不早不晚，不失偏颇。

据一些女性消费者反映，如今很多人逛街都只喜欢观看商店的橱窗，而不敢走进商店里面仔细挑选，因为她们担心服务员过于"热情"，会使自己的心理产生不安，甚至产生尴尬。

事实上，服务员接近顾客最忌讳的不外乎两种情况：

第一种是顾客刚一进商店的时候，服务员就像贴身膏药一样跟随顾客，不让顾客有一点自由参观、选购的机会，结果这种过于热情的表现使顾客"受宠若惊"，希望赶紧离开这家商店，最终吓跑了顾客。

第二种是服务员在顾客刚进商店的时候，就开始打量顾客的穿戴，以貌取人。当他们认为对方是一位比较有钱的消费者时，这才热情接待；一旦他们认为对方没有购买的意图时，就爱理不理，冷若冰霜，或者干脆任由顾客自己在商店内随便溜达，也不上前与顾客打招呼。

对服务员来说，适时巧妙地接近顾客应抓住以下几种机会。

1. 顾客匆匆走进商店的时候

如果顾客匆匆走进商店，就开始东张西望，仿佛在寻找什么似的，这一定是顾客要购买什么商品而正在寻找。这时，服务员应该主动接近顾客，并热情地向顾客打招呼。

例如，可以这样问顾客："请问你需要什么东西？""需要我帮忙吗？"

如果顾客真的找不到自己需要购买的商品，见到服务员如此热情，他一定会乐意回答，希望服务员能给他提供帮助。因此，抓住这类顾客的时机必须越快越好。

2. 顾客驻足观看的时候

一般来说，当顾客看到有趣的东西，或者他们打算购买的商品时，都会不知不觉地停下来仔细观察。

在商店中我们常常可以发现这样的情况：某一位女性顾客看到一个漂亮的提包，或者看到了一件粉红色的大衣，停下来仔细打量，或者打开包来看看里面的结构或大衣的料子，而且看得非常入迷。这时，这位女性顾客的行为完全是一种潜意识的行为，表示她对这件商品发生了浓厚的兴趣，并且打算购买。

富有经验的服务员，应该随时关注这位女性顾客的心理和动作，利用她驻足

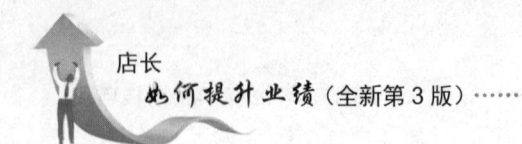

观看的时机,巧妙地接近,向对方介绍商品的性能和特点,最终达成交易。

3. 顾客出神地观察商品时

一般来说,顾客长时间观看一件商品,并且看得出神时,这正是接近顾客的大好时机。

因为顾客如果对该商品不需要或者没有任何兴趣的话,他决不会出现这种态度。而这种态度也正好说明顾客对商品的质量、性能并不十分了解,需要服务员为他进行详细的解说,这也就是说顾客此时正好需要服务员的帮助。

如果顾客的目光游移不定、到处打量时,这时服务员不应该接近顾客;只有当顾客仔细观察一件商品时,才是接近顾客的最佳时机。

此外,有些顾客的触觉向来非常灵敏,尤其是某些女性顾客更是如此。一旦他们走进商场,对某件商品产生兴趣,并且有意购买时,就会仔细观察商品,同时用手触摸商品。这时候正是服务员上前和顾客打招呼,向他们介绍商品的最好时机。

4. 顾客和服务员的目光相遇时

有时顾客和服务员的视线会偶然碰上,这时有些顾客也许会低下头,但是大多数服务员会微笑着和顾客打招呼,因为将目光移开的动作对顾客来说是非常不礼貌的。

遇到这种情况时,服务员应该借此机会立刻和顾客打招呼,而且态度要非常真诚,同时脸上露出灿烂的微笑,向顾客表示欢迎。

当顾客对众多商品加以比较时,或者当顾客非常想买某件商品却又拿不定主意的时候,就会将几种商品放在一起加以比较。这是顾客拿不定主意、心理矛盾的反映,这时服务员应该尽快接近顾客,向顾客介绍商品的性能特点,并适时推荐适合顾客需求的商品。

49.2 推荐商品的技巧

掌握"接近顾客"的机会后,下一步就是要推荐商品。

对服务员来说,顾客决定购买的时刻正是买卖成交的关键时期。这时服务员

第49章 加强在卖场推荐商品的技巧

要从中周旋，向顾客推荐合适的商品，促使顾客做出购买决策。

有一位顾客特意为母亲买一件生日礼物，看中了一块深红色的地毯，但又觉得价格有些贵，正在犹豫不决的时候，站在一旁的服务员看在眼里，笑眯眯地上前和这位顾客打招呼说："先生，孝心无价！你母亲的七十大寿，一生中只有一次，送上高级的礼品才不会后悔！"

服务员这几句细心体贴的话，使这位顾客心中暖融融的，当即就决定购买自己看中的地毯，并非常感谢服务员的推荐。

服务员捕捉顾客决定购买的时机，有以下几种情况：

- 顾客从不同的方面将所有问题都问完了的时候，就是顾客决定购买的关键时刻；
- 当顾客处于买与不买的犹豫状态时，服务员应该适时主动出击，促使顾客做出购买决定；
- 几位顾客对某件商品的看法一致时，说明顾客对于购买已经心无疑虑；
- 顾客重复相同的提问、打听的时候，就是顾客决定购买的表现。

由此可知，所谓的时机，并非见了顾客心动就向顾客推荐，而是要等到顾客对商品欣赏鉴定之后，考虑比较成熟的时候再加推荐；否则，就会令顾客产生逆反心理，或者产生被喧宾夺主的感觉，而对服务员不加理睬，扬长而去。

此外，服务员的推荐一定要大方得体，而不能强行推荐。有一位服务员这样来解释自己接近顾客的经验。他说：每当我看到顾客摸着商品爱不释手的时候，就一边整理周围的商品，一边走近顾客，不使顾客意识到自己在一点一点接近他。当我距离顾客3米左右的时候，然后装作若无其事地和顾客打招呼说："您看这件衣服的颜色不错吧？"或者直截了当地告诉顾客商品的特点，抓住顾客的心理。

向顾客推荐商品时，除了行动要求自然得体之外，服务员还应该话语得当。

女性顾客由于具有丰富的想象力，通过商品可以产生各种各样的遐想。她们往往会联想到自己已经身历其境，并且正陶醉在使用某种商品的乐趣中。如果不了解其中奥秘的服务员，此时突然问这位女性顾客："请问你要哪一种？"这种突然的询问，无疑会大煞风景，使得欣然陶醉于梦幻中的女性，又被拉回到现实中

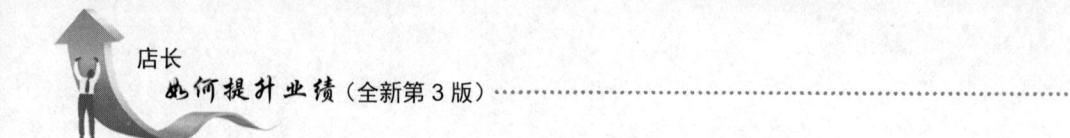

来了。由于美梦已经破灭，这位女性顾客的失望是显而易见，她可能恼怒、不满，乃至遗憾而走，这样的损失是令人叹息的。

如果换成一位比较了解女性顾客心理的服务员，则一定会使用那些可以助长女性顾客发挥其联想的话题进行促销。例如：

- 这衣服的颜色有一种说不出的和谐！
- 这件衣服的设计实在太美了！

使用诸如此类赞美的话，向顾客进行推荐，就一定会收到迥然不同的效果，使对方欣然接受服务员推荐的商品，满意购货。

第 50 章

有效回答顾客的疑问

提升业绩技巧

顾客在购买商品时的心理,对于自己想买的商品会带有某些疑问或异议,成功的销售人员,要在此关键时刻,巧妙地让顾客打消这些疑虑。

根据对顾客购买商品时心理的分析,多数顾客对于自己想购买的商品,在某种程度上都抱有疑问和异议。例如:
- 这种款式适合我吗?
- 价格是不是太高了?
- 质量是否有保证?
- 质地会不会很结实?
- 颜色好不好?

如何巧妙地让顾客打消这些顾虑,是服务员的职责。

顾客疑问并不是因为顾客对商店的服务和商品质量不满而产生的,事实上,顾客只有对这家商场具有一定的信任度,才会向它提出疑问,否则就会一走了之,

让服务员根本摸不到头脑。

顾客的疑问、抱怨一般由以下几种原因引起：
- 由于商品质量不良引起的顾客抱怨；
- 由于服务员的服务方式不当引起的顾客抱怨。

为了有效地预防顾客的抱怨，商场可以采取多种多样的促销方式，例如：
- 出售质量合格的商品；
- 加强商场内部的环境和设施建设；
- 采购的商品质量要过关；
- 为顾客提供良好的服务。

其中为顾客提供良好的服务是非常关键的一种方式，在某些情况下，优秀的服务可以弥补由于商品质量不合格的原因引起的顾客抱怨。

为了有效地处理顾客的疑虑，服务员在接待顾客时，必须做到循循善诱。所谓循循善诱，就是指引进诱导的意思。循循善诱要求服务员能够根据顾客的爱好、兴趣和消费水平，有针对性地向顾客介绍商品的各种特点，并由此及彼步步深入，形成"卖者循循善诱于前，买者孜孜求索于后"的和谐局面。而这种和谐局面的形成，是以服务员熟记有关商品的性能、保养和使用方法等商品知识为基础的。

"诱导"作为激发顾客购买欲望的一个重要方面，应该贯穿于商品交易的全过程。诱导不是欺骗顾客，而是使顾客把心中的疑虑说出来，由服务员加以解答，而且越是顾客疑虑的地方，越是要加以诱导，使顾客能由表及里地去认识商品，从而放心大胆地购买商品。

同时，服务员在解答顾客疑虑时，还应该注意以下几点原则：
- 正面负责的态度；
- 真正关心顾客的问题；
- 立刻采取行动解决顾客的抱怨；
- 切忌说某些不应该说的话；
- 集中精力，耐心而仔细地倾听顾客的意见；
- 如果有必要的话，重复顾客的话，使顾客知道自己已经完全听懂了他的意思；
- 热情地向顾客询问有关情况，将顾客的意见重新组合和整理，然后向顾客进行解释；

- 通过道歉和赔偿，使顾客解除抱怨心理，重新赢得顾客。

总之，服务员对顾客的所有疑问、异议，都要迅速做出反应，而不能无动于衷。服务员即使想反驳顾客的疑问和异议，也要注意间接进行，避免针锋相对，或者发生争吵。

第51章

商品陈列应有季节性变化

提升业绩技巧

商品陈列贩卖应有季节性的变化，因为即使再好的产品，若与季节需求不同，必然就会滞销。

天气对于商品陈列的影响非常大，因为即使再好的产品，若与季节所需不同，必然就会滞销。所以每逢换季期间，很多大小百货商品总要削价促销，让消费大众捡个便宜货，否则便只有闲置仓库了。

有些经营者常常深为季节所苦，如专门卖冷气机的商人，若是天气不够炎热，以致销售无门，难免忧心忡忡，期望气温赶快上升，才有助于营业额的爬升。至于火锅餐厅却适得其反，假如天气不算严寒，围炉大吃火锅的兴致必然相对减低，因此店里的生意也就门可罗雀。可见各行各业的经营成绩，必与天气、时令密不可分，以下列举几种配合季节性的促销方式。

第51章　商品陈列应有季节性变化

通常气温的变化总会大大地改变季节性商品的销售状况，然而就长期的观点来看，首先应该知道地区性温度变化情形。例如，冬天最寒冷的时段为何？气温几度？夏季最为酷热的气温多少？当在何时？另外，对于当地的降雨和阴晴状况，也要深入的剖析，全盘了解天气的长期概况。

台湾中、南部地区气候温和，天气也较稳定，终年少见霜雪，因此御寒之类的产品较不畅销，反观北部地区则因夏、冬温差甚大，冬季气温经常在15℃上下，所以一些御寒的衣物则较为畅销。

如果经营者不了解消费者的潜在需要，也没有根据天气的变化改变商品的陈列，则将丧失适时促销的良机。

服饰公司的商品是显示季节性商品最敏感的行业之一。例如，初春来临之前，专柜里的衬衫应将纽扣打开，微微露出领口，表示天气即将转变，春天的脚步也快近了，而时髦的春装也等着大家来选购。

某些食品超级市场，也会在换季时进行一番必要的改变，如商品展示柜里可因气温变化放置合时宜的食品。

还有一些咖啡馆和餐厅，也会根据天气的变化，随时提供温度合适的饮料，甚至在装潢和服务生的制服上，亦能费心加以变革。日本一家啤酒店，为了做到啤酒温度的调适，在店内设置一台可显示数据的电子POP，以便告知现在的啤酒温度。此外，奥地利由于天气较寒冷，啤酒屋内也会设置一池热水，客人可将装满啤酒的杯子放于其中，温热杯中的啤酒。由此看出，只要经营者细心经营店铺，皆能使顾客有宾至如归之感。

因此，促销策略是否成功，不一定会因温度变化而有影响，应根据地区性的天气情况，好好加以利用发挥，才是上上之策。

商店经营者每逢雨季就望天兴叹，因为下雨天大家不喜欢出门，很多生意都会受到影响，以致蒙受严重的损失。然而日本却有一家鞋店，非但不受雨天的影响，反而生意一片兴隆，毫不逊于晴天的业绩，原因在于该店实施了无往不利的"雨天对策"。以下就是几种常见的方法。

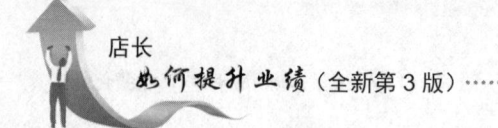

1. 雨天攻势不减

一家位于闹区的餐厅，常因雨季而使得顾客锐减，亦即造成门可罗雀的冷清气氛。经营者痛定思痛之余，决心加以改革，于是构想出一种招待顾客的方式。只要雨天来临，老板就会亲自坐镇店中，殷勤款待每一位冒雨上门的客人。由于服务非常周到，深受好评，而该店的业绩也能扶摇直上，与晴天的销售额并驾齐驱，成功地做好雨季的促销攻势，而且攻势凌厉。

2. 雨天商品应搭配展示

即使下雨天，店铺内的布置和场地也要保持舒适、干爽的感觉。例如，在雨具的专卖店内，不妨设置一个清新、雅致的空间，陈列各种美观实用的商品，同时把五彩缤纷的雨衣、雨帽、雨伞和雨鞋等，适当地搭配成组，不仅可使店面充满生气，也能吸引顾客的注意。

3. 骤雨时应销售雨伞

夏季经常在午后突来一场倾盆大雨，令人来不及防范。类似这种突如其来的阵雨，很多店铺都以移动式的展示架一字排开，推出各式各样的花雨伞。有时每下一阵大雨，都会立刻畅销，业绩迅速上扬。

4. 利用雨季做售后服务

有些店铺为了应付因雨季而来的清淡生意，便改做售后服务，这种积极、有效的促销方式，可以争取顾客的好感，建立店铺的形象。

5. 雨季的折扣促销战术

另外，还有一种彻底可行的办法就是在雨天时进行打折促销，因为在折扣的利诱下，很多消费者还是会冒雨出门逛街，抢购所需的物品。而且这种方式若能固定下来，即使雨季生意也不会受到影响。

6. 店铺要保持干爽

相信大家在雨天逛街时，最讨厌的就是泥泞不堪的路面以及室内的一股湿气。鉴于此，店铺之内的装潢和场地尤其需要特别的维护。例如，在店铺外设置安插雨伞的铁架，同时调整室内的冷气机，减少湿气等。此外，展示柜的玻璃若有污渍，也要随时拭净，保持清爽和干净。总之，必须比平常更加认真地整理店铺内外环境，才能吸引顾客上门，不致因雨而受到影响。

以上都是常见的雨天促销策略，只要运用得当，不难找出可行的方式。对于天气的变化所提供的商业战略，有赖权宜的处理。例如，日本一家时装店总在春天来临时播放黄莺的啼声，通过广播传到店铺内外，同时在专柜中摆设春天的小花和野草等，引人进入初春的遐思，十分赏心悦目，颇受大众的喜爱。

商品的季节性与促销方式非常重要，只有善加利用，才能唤起消费者的消费意识，缔造更好的业绩。

第 52 章

妥善处理顾客冲突

提升业绩技巧

卖场有时会与顾客发生冲突,处理这类冲突的方法,首先是冷静正确地对待顾客的批评,其次是真诚地向顾客道歉,最后才是提出解决问题的办法。

52.1 如何缩短与顾客间的距离

卖场的贩卖人员、服务人员,要达到销售或服务顾客的目标,首要任务是必须缩短与顾客间的距离,其中,最有效的软性服务是"耐心倾听""赢得顾客信任"。

1. 耐心倾听

一般来说,生意场上的人,外向型性格的人居多,而在外向型性格的人中,绝大多数的人都"喜欢说而不喜欢听"。这是他们的性格特征之一,但这种性格特征若放在销售员的身上,可就成了他们工作中的一个弱点。显然,他们的这种性格将会与顾客发生冲突。为了企业的利益,为了顾客的利益,也为了自己的利益,销售员必须明白这样一个道理,即每个人都喜欢自己的话有人听,特别是认真耐心地、仔细地听。别人能认真仔细地听他讲话,这就证明他自身的价值得到了别人的承认,受到了别人的尊重。反过来说,人们又总是愿意与尊重自己,肯听自己讲话的、平易近人的人往来。掌握了这一点,让顾客畅所欲言,不论顾客说的是称赞、说明、抱怨、驳斥、警告、责难还是咒骂,都要仔细倾听,并给予适当反应,借以表示关心与重视,如此销售员就能获得顾客的好感与善意的回报。

从表面上看,"销售员被动地听,顾客主动地说"似乎本末倒置,似乎顾客掌握着主动,掌握着绝对优势,而销售员好像处于不利的地位。其实不然,听者反而较说者有利。有数据表明,说者说话的速度只及听者思考速度的1/4,因此,听者有充裕的时间对顾客所讲的内容进行剖析,以便设想出巧妙的应对之策。所以,认真地听顾客讲话的销售员,尽管表面上处于劣势,其实处于一个很有利的位置上。

"倾听顾客讲话"是一句销售员终身受用不尽的忠告。在倾听时,销售员要把握以下几点:

- 排除干扰,集中注意力,用心去听;
- 适时发问,帮助顾客理出头绪;
- 从谈话中了解顾客的意见与需求。

2. 赢得顾客信任

销售员在做销售陈述时,让顾客对销售员有信心是至关重要的一点。销售员可以采用多种手段来建立顾客的信任。

① 诚实。尽管销售员必须向潜在顾客陈述所提供的产品能带给顾客的利益,但注意千万不要夸大其词。言过其实往往最容易失去顾客的信任,顾客会因一两句不诚实的话而拒绝整个生意。

② 不批评自己的企业。如果销售员对自己企业的产品、服务、管理、政策等有意见,千万不要透露给顾客。因为连你都有意见,顾客又怎么可能会预订呢?

③ 保证。如果销售员提供了比别处更好的保证,一定要向顾客指出并强调,

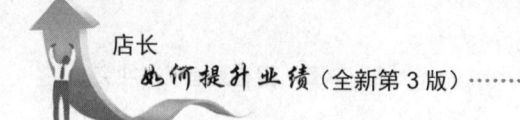

保证可使顾客在预订时免除后顾之忧,大胆预订。

④ 证词。如果有一些已经买过产品并感到满意的顾客表达了他们的心情,这些对于你的销售陈述非常有益。知道有许多其他顾客对产品满意,会增强潜在顾客预订产品的信心和决心。

总之,销售员在与顾客交谈时,态度要诚实,语气要诚恳,才能赢得顾客的信任,并留住顾客。

52.2 妥善处理冲突

在商品交易中,服务员和顾客有时难免会发生冲突。这或许是因为服务员态度恶劣,或许是因为顾客抱怨或没有达到退货的目的而恼羞成怒。

实际上,冲突的理由一般都非常微小,只要有任何一方稍稍做出让步就足以解决问题。但因为某一方憋着一口气,而往往使得小事变成大事,从而产生冲突。

每当这种时候,一般都是由卖场、商店的负责人出面调停。往往有一些不善于仲裁,或缺少服务观念的调停人,他们在调停进行顺利的时候还能够控制局面,一旦发现无法控制时,就很容易站到服务员一边来和顾客争吵,于是冲突就不可避免地发生了。

如果商店经常出现这种局面,可以说是商店的灾难,服务员万万不可掉以轻心,而是应该牢记"顾客永远是对的"这至理名言。

52.3 正确对待顾客的批评

不论是零售业的经营者还是服务员,都应该认识到顾客的批评,意味着商店在经营管理方面存在弱点。因此,需要从思想认识上善意地看待顾客的批评意见,因为没有比批评更能使人获得收益的了,只有积极正视批评和意见,服务员才会成熟,商店才会顾客盈门。

服务员应该在"妥协"的基础上采取"妥协"的姿态,并且不失礼貌地要求顾客提出批评。

在顾客提出批评的过程中，服务员应该让顾客敞开胸怀尽情"倾诉"，而不能中途打断顾客的话，否则顾客只会更加冲动。

当顾客说完自己内心的抱怨之后，服务员再阐明自己的立场。每个人都有"宣泄"的心理，只有吐出心中的不快，才能保持心理平衡。

52.4　真诚向顾客道歉

如果顾客要求服务员进行解释时，服务员就应该予以解释，而不能单纯地只为自己辩解。

服务员应该明白，当自己能及时主动地承担过失时，只要是通情达理的顾客，大多不会再抓住不放。而且在服务员的提示下，顾客也会反躬自省，甚至还会反过来向服务员道歉。

对于商家来说，当局面达到不可收拾的时候，要求服务员利用道歉来及时挽回商店的声誉，这不是比分清"是非过错"更重要吗？如果不能这样看待问题，"顾客永远是对的"岂不成了一句空话？

52.5　提出解决问题的方法

在发生冲突时，冲突双方都会把调停人当作公正的化身。因此，由第三者出面调停解决矛盾冲突，会更有利于息事宁人。

不管具体情况如何，充当调停角色的商店负责人（或商店其他管理人员）一开始就要非常明确自己的地位，首先要表示出对顾客的礼貌、尊敬和歉意，对顾客的"失态"要抱克制和冷静的态度。

调停者千万别"过于认真，得理不让人"，更不必去追究争吵双方的过错。要记住，每个人在感情冲动时往往会失去客观感、公正感和自省感。调停者并不是法官，要力求辨别是非曲直。只要能够将事情化解，不因为冲突而影响商店的信誉，商家吃点儿亏也不要紧。

调停者这时候唯一要做的事情就是"息事宁人"，向顾客提出某种建议，把对

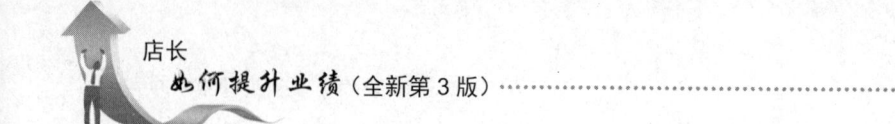

方的思路叉开；或者设法将顾客请到休息室去谈话；或定下一个顾客能够接受的合理方法。总之，使顾客尽快平静下来，再积极、真诚地解决问题。

52.6 杜绝再发生类似状况

处理完冲突之后，事情还没有结束，商店应该多找原因，不断反省，以杜绝今后再发生类似的情况。商店负责人必须彻底了解"冲突"的原委，听取服务员的认真解释，如果确实是属于经营管理方面的问题，则应该调整相应的管理和制度措施；如果确实是属于服务质量方面的问题，则应再对服务员进行教育和处理；同时管理者自己应该做出检讨总结，这样才会使"冲突"得到圆满解决。

美泰百货公司的服务攻心策略

美泰百货公司是美国一家百货公司，尽管在同行业中它还不怎么起眼，但是在竞争非常激烈的美国零售行业中，美泰百货公司却凭着独具匠心的顾客服务措施，赢得了顾客的信任，成为一家回头客不断的零售企业。

我们可能都有过这样的切身体会，国内外一般较大的商场，都设有问询处，但是，许多问询处都免不了有摆设之嫌，因为它们根本就起不到什么作用。但是，美泰百货公司却不是这样。

顾客只要一走进美泰百货公司，就可以看到设在商场底层中心位置的问询处。它的四周都设有醒目的标牌，工作人员总是由笑脸状态、业务精通的年轻小姐充当。她们的主要任务，就是要让所有进入商店的顾客高兴而来，满意而归。

这些服务员小姐总是会热情而耐心地向顾客介绍商场的布局，指引顾客到他们想去的柜台，有时候还充当顾客的购物参谋。如果商品一时脱销，她们还能准确地说出销售此类商品的附近的商店，并建议顾客前去购买。如果短时间内市场没有，她们就彬彬有礼地向顾客道歉，并请顾客留下联系方法，向有关部门督促进货。一旦有货，她们就打电话通知顾客，或者送货上门。

美泰百货公司的总经理认为，美泰的问询处必须具备这些职能：顾客走进商场，都将得到满足；美泰公司不敢夸口销售世界上所有的商品以满足顾客的需要，但是公司可以做到用一流的服务来迎接顾客的需要；少数顾客暂时不能得到物质上的满足，他们至少也要让顾客得到精神上的满足。

同时，公司的问询处每天还要为公司提供大量可贵的商品供求信息，把一批顾客介绍给其他商家，既让顾客满足了需要，又得到了竞争对手的好感，这正体现了美泰百货公司的经营作风。

美泰百货公司的作风就是以顾客为中心。《哈佛商业杂志》曾发表了一份研究报告指出："再次光临的顾客可以为公司带来25%~85%的利润，吸引他们再次光临的因素中，首先是服务质量的好坏，其次是商品本身的质量，最后才是价格。"

美泰百货公司这样关心顾客的需求，因此甚至有顾客称他们在了解顾客和提供优质服务的过程中，带有某种程度的狂热。这种狂热使得他们所提供的服务有时候甚至超过了顾客的期待，并由此赢得了大量的回头客，也使得公司的销售业绩节节攀升，出尽了风头。

第53章

通过报表分析，提升业绩

提升业绩技巧

报表能够系统地反映卖场经营运作中存在的问题，有助于卖场决策层进行决策和卖场管理。通过对销售日报、销售周报、销售月报表的分析运用，掌握最新的销售动态。

严格的报表制度可对作业人员产生束缚力，督促他们克服惰性，使之工作有目标、有计划、有规则；严格的报表制度也有利于卖场加强对各类数据的管理，能够系统地、直观地反映卖场经营运作中存在的问题，有助于卖场决策层进行科学的决策和卖场管理。

在整理报表时，应保持信息报表的迅速性，失去时效的报表数据也将失去市场的先机。为了得到充分的市场信息，完成一笔交易的同时，应及时将销售数据正确且快速地输入营业店的计算机中，或填好报表寄送数据处理中心。

① 日报表必须在当天营业结束前半个小时完成，并发至总部（在零售公司规定的时间内可用传真的方式）；在制作报表时间段内的销售划到第二天的报表中，

并于第二天营业时间开始的一个小时内传真到代理商处，由代理商统计汇总制作销售日报表并于当天传真到总公司。

② 周销售报表、周销售分析表必须在当周的最后一天营业结束后制作完成，并于第二个营业周的星期一的上午传真到总公司；月销售报表、月销售分析表等必须在当月的最后一天营业结束后制作完成，并于第二个营业月的第一天传真到总公司。

要使销售数据充分发挥其实用的功能，事先就得做好完善的销售管理系统规划，一般管理的分类如下：

- 依时间分为日报、月报、季报、年报；
- 依通路性质分为自营店、加盟店、专柜。

53.1 通过店铺数据管理，可提高运营效率

A 公司是某市主要大型连锁超市公司之一，下属 20 个店铺，店铺面积 1 000～3 000m^2 不等，分布在该市市区和下属各镇。A 公司有一个大约 8 000m^2 的配送中心和 500m^2 的总部办公室，年营业额近 3 亿元。A 公司连锁经营，统一管理，统一采购，由配送中心统一配送的商品约占 80% 的比例。

A 公司管理人员的学历水平不算很高，但很好学，工作起来雷厉风行，富有团队精神，公司员工非常刻苦勤奋。

A 公司现有计算机管理系统已使用三年，具备前台收银、店铺管理、配送中心管理和总部管理的网络管理功能，但系统运作状况一直不好，A 公司和系统供货商互有抱怨。A 公司系统的主要使用人员，如采购、店长等对系统很不信任，认为系统经常出错，功能不全，更没有办法相信计算机中的数据。A 公司的管理人员说："他们当时说，用上系统之后就什么都知道，结果我们用几年，仍然是什么都不知道。" A 公司的系统供货商是一家国内较大型的专业零售软件公司，国内也有许多用户在使用该软件，其系统相对比较成熟。

后来，A 公司董事会为了提高管理规范化水平，聘请独立管理顾问程先生以该公司副总经理的身份主持工作。通过一段时间的分析论证，程先生认为没有高质量的数据信息作为支撑是不可能达到规范化管理要求的，于是数据化管理就被

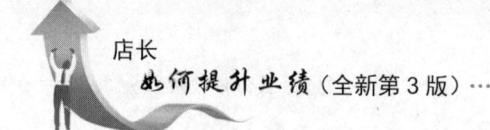

确定为提升A公司管理的突破口，并将随后的工作分为两大阶段进行——数据清洗和整理，数据化管理工作的展开。

当系统数据质量足以支撑管理要求时，程先生以目标管理的方式，引导店铺将系统数据大量应用于一些店铺关键管理问题的解决，数据化管理工作逐步展开。

程先生在和店铺中高层管理人员多次反复讨论筛选之后，确定了一些店铺多年遗留的老大难问题，并以此为阶段性的管理目标，限期解决。这些问题包括：

① 历年积压的滞销商品太多；

② 店铺对75%的商品到货率很不满意；

③ 没有一项总体控制指标来反映采购人员是否在争取最低进价及其成效；

④ 无法掌握每个供货商的销售和毛利情况；

⑤ 重点商品没有明确划分，也得不到重点管理；

⑥ 系统中的毛利率长期不准，导致无法向相关业务部门、店铺下达利润目标和其他经营指针；

⑦ 新商品的引进没有评价依据。

针对这些核心管理问题，程先生组织设计了一套管理报表，报表按照不同的管理职位（如部门经理、采购员、店长等）和天、周、月的类别划分，本着20/80法则，将每个管理职位常用报表数量确定在6～8张以内。

KPI指针和报表设计出来之后先由计算机部试用两周，然后对其中的数据指针含义、准确性和重要性等进行深入分析，最后确定。KPI指针和报表定稿后，A公司又对每一个使用者再次进行培训，详细讲解各种指针和报表的含义，强调这些数据都是现实经营水平反映，各管理人员有责任改善这些指标。

通过KPI指针和报表，管理人员发现许多难以置信的问题。例如，三个月内无销售的单品竟达1 000多种；实际到货率只有75%左右；一年累计采购金额不超过10万元的供货商竟有近百个等。

经过半年左右集中清理，上述管理问题得到明显改善，历年积压商品全部得到清理，新的滞销商品能够及时发现和处理，不再过多地占用货架和资金；店铺商品到货率平均达到85%，重点商品到货率保持在95%以上……根据业务需要，运用进价指数的新指标，衡量总体商品采购进价下降幅度，结果整体采购进价降低了0.3%；对所有供货商进行了合理调整，供货商数量由800多个缩减到500多个；确定了重点商品的范围，对大约 1 000 种商品实行采购、配送、店铺销售的全过程重点管理，重点商品销量提高约 10%；系统的毛利率、毛利润等数据可以直接提供给财务部使用，实现财务数据的无缝链接，并可以对店铺和采购部门下达毛利指标；对新商品引进制定了规范管理体系。

通过近一年的数据化管理工作的开展，A 公司的多数管理人员都意识到了系统数据的应用价值，学会了运用系统数据帮助自己开展工作，减少了部门和人员之间的扯皮推诿，为 A 公司内部精细化管理（如促销管理、商品 ABC 管理、商品结构调整和全员绩效管理等）奠定了基础。

53.2 店铺销售日报表

销售日报是每日销售活动的第一手资料，各营业店当天销售的情况都显示在该记录中，这是最快也是最直接提供给配送中心补货的参考数据。分析日报表的目的如下：

① 终端店铺个人销售跟踪依据；
② 各主要店铺的销售表现及产品类别销售结构分析的依据；
③ 用于价格带、连单率、坪效、人效的计算和分析；
④ 与去年同期销售进行比较；
⑤ 竞争品的同日销售状况分析与比较。

店铺销售日报表应该显示的信息包括单品销售信息及排名、店铺成员销售信息、当天客流情况、竞争品信息、库存信息、其他补充信息和个人销售信息几大部分内容。报表栏目不是固定的，在每部分内容中经营者可根据实际需要来设置细分内容。表 53-1 所示的内容可供经营者借鉴使用。

表 53-1 日报项目

日报表栏目	包含的内容
单品销售信息	商品名称、商品编号、商品数量、颜色、价格、折扣、实绩、陈列区域等
销售状况	当日销售信息、目标达标率、当周累计信息、去年同期比、去年同期累计
来客状况分析	光顾人数、购物人数

续表

日报表栏目	包含的内容
竞争品信息	品牌名称、上市新产品、销售额、去年同期比
库存信息	昨日库存、今日调入、今日调出、退货
其他补充信息	如当日发生的突发事件、顾客投诉处理等信息
个人目标完成情况	店铺中每个销售人员的目标及达成情况

分析日报表的目的：

① 终端店铺个人销售跟踪表；

② 各主要店铺的销售表现及产品类别销售结构分析；

③ 价格带、连单率、坪效、人效；

④ 与去年同期销售进行比较；

⑤ 竞争品的同日销售状况。

53.3 店铺销售周报表

店铺销售周报表是反映店铺一周的销售信息的报表，因此内容需要加以归纳和分析。销售周报表的作用如下：

① 周区域性各主要店铺的销售表现及产品类别销售结构分析依据；

② 用于进行新上货品不到一周的销售分析及市场回馈；

③ 各主要色系的销售趋势分析依据；

④ 用于价格带、连单率、坪效、人效的计算和分析；

⑤ 与去年同期销售进行比较；

⑥ 竞争品的同周销售状况分析与比较；

⑦ 前十名是否加单，后十名是否需要调整打折，滞销原因。

店铺周销售报表的具体项目如表53-2所示。

表 53-2　周报项目

周报表栏目	包含的内容
周销售信息	周目标预算、实绩、目标达标率、去年同期比、去年环比
本月累计	月预算、实绩、达标率、去年同期比、去年环比
竞争品信息	竞争品牌名称、实绩、去年同期比、去年环比
本周概况	问题与成绩
重点报告内容	顾客、竞争品、商品、卖场、畅销品、滞销品的情况
下周对策	商品对策、销售对策、陈列对策

53.4　店铺销售月报表

店铺销售月报表是反映店铺一个月的销售信息的报表，具体项目如表 53-3 所示。

表 53-3　月报项目

月报表栏目	包含的内容
进销存统计	每月的销售实绩、原价销售、原价进货、原价库存
计划执行状况	各指标如销售实绩、原价销售、进货、库存等的预算、实绩及达标率
顾客购买数据分析	来店人数、购买人数、购买率、客单价、坪效的分析
本月概况	对于成绩及问题的分析
重点报告内容	顾客、竞争品、商品、卖场、畅销品、滞销品的情况
下月对策	商品对策、销售对策、陈列对策

通过每月销售目标与每月实际销售达成（实际销售＝销售额－退换货或者其他）对比（达标率是多少），找出达标率低或没有完成销售目标的原因，必须在下个月进行改正；找出达标率非常高或超额完成销售目标的原因，之后在销售工作中不断地复制及改进。

销售月报表的作用如下：

① 思考预算计划不修正，是否可以良性推进；

② 需要明确下个月的工作内容是什么（应该强化的商品、应该处理的商品等）；

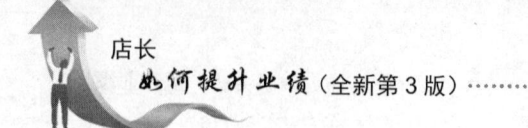

③ 用于价格带、连单率、坪效、人效的计算和分析；

④ 月区域性各主要店铺的销售表现及产品类别销售结构分析依据；

⑤ 用于进行新上货品一月内的销售分析与市场回馈；

⑥ 用于进行季节店铺销售变化及产品类别销售结构分析；

⑦ 各主要色系的销售趋势分析依据；

⑧ 与上一年同期销售进行比较；

⑨ 用于进行竞争品销售跟踪分析。

通过月销售报表可以清晰地了解以下内容。

1. 全面了解进货情况

通过某月或者截至某日的各货品（品规）进货结构，可以全面了解该顾客总体进货是否合理，是否存在过度回款现象（通常所说的压货），同时可全面了解各货品之间的进货是否合理，是否与公司的重点货品培育目标一致，是否存在个别货品回款异常现象。

2. 全面了解销售情况

通过每月销售情况，可以全面了解公司的每月销售总体情况及各货品销售结构以及在某阶段时期内的销售增长率、环比增长率等，从而发现有望实现销售增长的品种。

通过销售回款比可以及时发现销售失衡的品种，为寻找原因、采取有效措施争取最佳时机。

3. 全面了解库存情况

通过对库存结构的分析，可以发现现有库存总额以及库存结构是否合理，通过库存销售比可以判断是否超过安全库存。如果库存过大，那么过大的原因何在，是否与分销受阻、竞争品有关。

有利于销售主管及时采取措施，加大分销力度，降低库存，避免库存货品因过了期而产生退货风险。对低于安全库存的产品，要加大供货管理力度，避免发生断货现象。

当然，要使此表更有效地达到上述目的，除了上下高度重视并设计合理完善的上报及回馈流程外，还应注意以下关键事项：

首先，必须确保报表数据的真实性。如果信息数据失真，那么将失去它存在的意义，甚至会使销售主管做出错误或者与事实完全相反的判断，进而做出错误的营销决策。因此，业务人员必须本着实事求是的工作态度，如实填报。

其次，制作此表并加以分析如同收藏古董，贵在坚持。坚持越久，作用越大，因此切不可半途而废。一般来说，实施此表的上报初期，业务人员操作不熟练，认为填写报表太麻烦而且难度较大。对此，店铺管理者要有心理准备，不断地督促，坚定信心，坚持不懈。

最后，如能借助一些管理软件，则可以提高数据处理速度及分析水平。如果再结合网络技术实施信息共享的话，则无异于锦上添花，从而使销售月报表产生最大的作用。

第54章

强化商品陈列，吸引年轻顾客光顾

提升业绩技巧

强化商品陈列，可促使新顾客、已不再光顾的年轻顾客又重新光临。

竞争激烈的商圈与地方性的小商圈中，有许多店铺都有固定顾客愈来愈少的倾向，尤其是一些消耗品类的专门店，其年轻顾客，特别是女性顾客的减少，往往会直接影响到销售额。因此，如何挽回年轻顾客，便是这类店铺当前最重要的课题。

N鞋店是店铺面积约 $50m^2$ 的一家店，最近该店正为过去的主要顾客 18～24 岁的年轻人前往光顾的比率突然急速减少而大伤脑筋。

N鞋店所在地的X城市，居民人数约2万人。鞋店查阅了调查资料后惊讶地发现，原来购买鞋子的顾客竟有80%以上都流出至X市以外的地方。这表示该市的年轻人几乎都在X市以外的店铺购买，而位于此城市中的几家鞋店不过是在互相竞争剩余的顾客而已，这就难怪销售额迟迟无法增加，且反而有每况愈下的趋势了。于是N鞋店便检讨过去的经营方式，最后为使商圈内的年轻顾客再度光临，便采用了使用邮寄广告方式的新战略，期借以扳回劣势。

由于 N 鞋店过去并不重视顾客名单，所以收录的名册仅有 400 名左右的客人。于是这家店就以半年后要拥有 1 000 名顾客为目标，展开了"每月争取 200 名顾客"的活动。半年后，N 鞋店终于拥有收录了 1 000 多名顾客名单的册簿，因而便顺利地展开了邮寄广告战。

首先为了出清夏季商品，实施了"酬宾大减价"活动，结果许多最近几乎都已不再光顾的年轻顾客又重新光临，同时有许多新顾客上门。

此外，该店也继续执行对年轻顾客极富吸引力的促销计划，成功地使许多旧顾客恢复光顾。

总而言之，如果想招来年轻客人，就绝不能坐着空等待，唯有积极主动地采取策略方能奏效。

想招来年轻顾客，则在商品方面，除了主力商品之外，还需准备一些相关商品。这种做法往往能吸引年轻顾客，效果良好。

采取这种方法时，最重要的是应利用一些能衬托主力商品的相关商品，且需注意相关商品无论如何只能居于配角地位，绝不可为提高销售额而将重心置于相关商品上，因为这是非常不明智的做法。

增列相关商品的项目时，应注意以下几点：

① 选择毛利率高的商品；

② 应控制在总库存量的 10%～20%；

③ 应选择能吸引顾客的商品；

④ 应为话题性的商品；

⑤ 考虑商品的生命周期是在引进期或成长期；

⑥ 不能仅作为展示，而应视为正式的商品。

M 钟表店位于 A 市，这家店的年轻客人非常之少，前往光顾的几乎都是中老年人，但这并不表示此商圈内没有年轻顾客。后来这家店由于在准备商品方面打破了过去的既有观念，故也成功地吸引了大量的年轻顾客。

该店过去曾让店员参加包装技术的学习，以便当客人要将所购之商品当作礼物送人时，店员能做出令顾客满意的精美包装。因此该店店员的包装技术极佳，并普遍获得顾客的赞美，有时甚至连商圈外的客人也会专程前往该店，请求店员

作特殊的包装。于是，M 钟表店的店主便想到发挥自家店的长处。

该店的面积约有 100m^2，但就仅出售钟表宝石而言，这样的场地太大，所以店主便在店前的阶梯下辟出 16m^2 左右的空间，作为包装礼品的专柜。

礼品约有 130 种，此外还陈列着包装所需要的各种式样、五彩缤纷的丝带、包装盒、包装纸等，使整个专柜显得亮丽活泼，一改以往店面僵硬死板的形象，因此也吸引了不少年轻顾客前往光顾。

此外，店员还免费教授客人自己学包装技术。为了现场教学，该店也准备了一些桌子和椅子。如果顾客购买该店的商品，则该店就免费提供客人喜欢的丝带、包装纸，并且做最好的包装服务。

结果通过客人们的义务宣传，该店的业绩大为提高。这是在固有的基础上利用自身的长处，而产生相乘效果的最佳范例，颇值得效仿。

许多客人将并非于该店所购买的，而是在别处购买的商品拿到该店去请求包装，也有一些客人是自备包装材料前往该店请教店员包装的方法。结果这家店的销售成绩若以数字来表示，则其毛利率高达 45%，而每名顾客的平均购买单价则为 800 元。

自从实施新的经营方式以后，年轻顾客便经常大批光顾，使这家店变得朝气蓬勃。而最重要的是，店员们由于可发挥自己的专长，以至于教导顾客手艺，除了可获得成就感之外，也产生了高度的工作意愿。

当然，作为本业的钟表和宝石等饰品也从过去的滞销状况一改为畅销，成长率比前一年提升了 25% 左右，该店的业绩也因此呈现一片蒸蒸日上的情景。

归纳该店成功的因素，有以下几项：

① 了解自己店铺的长处并加以发挥。

② 为招徕年轻顾客而将相关商品作为正式商品出售。

③ 以指导顾客包装技术的方式，加强与顾客之间的人际关系，从而使顾客固定化，并使店员产生高度的工作意愿，相对提高工作绩效。

④ 将楼梯下的一小部分空间用作招徕顾客的场地。

第 55 章

店铺招牌可创造出商店个性

提升业绩技巧

店铺招牌可营造商店个性，拉近与顾客之间的距离，并借此提升商店业绩。

1. 户外招牌可吸引顾客

随着店铺经营的多样化和个性化的趋向，店铺经营者越来越重视建立自己的店铺形象。至于提高店铺知名度的方法，其中之一就是在路边设置大型的广告牌，或者竖立闪亮的霓虹灯招牌，吸引大家的注意。

制作户外的招牌，最好事先能与附近的商店、道路等景观配合一致，以免设置不当，干扰道路驾驶人的行车安全，造成意外事故。基于种种顾虑，户外招生的设置，不宜过分铺陈，只要达到目标醒目即可。

以美国都市郊外的广告牌为例，格外注意驾驶人的行车安全，在每个十字路口或停车场出入口处，几乎都会竖立大型的指示牌，高度约达 15m，随时提醒驾

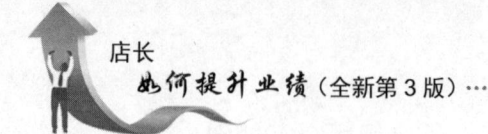

驶入前面有哪些特殊路况和商店。

其实这些大型的指示牌,都是购物中心、平价商店、超级市场等店铺细心设计而成,广告牌的画面大同小异,形成规格化的形式。

有些店铺善于利用道具来做广告。例如,某家海湾餐厅在其木制的建筑物屋顶上安装了一艘真实的帆船竟与周遭的景观非常调和,毫无唐突之感,甚受消费者的好评。

还有一家专营自行车的老店,特意将一辆有古董身价的脚踏车,吊挂在店铺外的墙壁上,供来往的路人围观,成为饶富趣味的户外招牌。总而言之,户外招牌不必要求整齐、划一,而应尽量建立个性化的形象。至于上面所说的实例,不外乎强调店铺经营者必须善有巧思,设置风格独特的店铺形象。

除了到处可见的户外招牌之外,很多店铺也会悬挂该店的旗帜,名为店旗。换句话说,只要在店铺外面或高处加挂整齐的旗帜,使之迎风飘动,也是很好的广告方式之一。因为一片鲜明的旗海,容易使人留下极为深刻的印象。有时还可将店旗与国旗配合插挂,作为该店忠诚爱国、诚实信用的象征,容易争取顾客的好感,不失为一种颇具创意的户外广告方式。

2. 如何使店铺标志更加醒目

如果想要吸引更多顾客的注意,应把店铺标志设在建筑物的屋顶上或挂在外墙上,可使来往的行人一目了然,留下深刻的印象。

长久以来,欧美各国都以大型的标志作为店铺的象征,日本则对垂帘式的广告牌有所偏好,商业街上到处可见。据说,中世纪的欧洲在印刷术尚未发达之前,各国文盲的比率偏高,于是习惯采用标志或图画,提供顾客视觉上的暗示,因此店铺的象征皆以图案式为主。

这种传统持续至今,很多欧美式的餐厅、快餐店或购物中心,仍以店铺外面的大型道具,作为说明店铺经营内容的方式,且收效颇大。

此外,美国各地还有不少的店铺,利用"壁画式的标志"来建立店铺形象,格外引人注目。这些壁画的题材种类非常之多,从商业性的广告到艺术性的广告牌皆包含其中,而且不乏大师级的经典之作。路人可以一边观赏壁画,一边留意店铺名称,很快就留下难忘的印象。再则利用壁画来布置店铺,也是经济实惠的

妙方之 。例如，在完全密不透风的墙壁上画上明亮、自然的窗口，远看以假为真，近观就会使人会心一笑，佩服壁画画家们的神来之笔，当然吸引了顾客赞赏的目光。

类似这种壁画的设计，还可以在行道树较少的路上，在购物街或停车场的外侧墙壁上面，画些与实物甚为接近的树木、小岛、花草等，使得整条街道充满绿意盎然，街容亦能焕然一新。

旧金山郊外的奥克兰城内，有加州大学柏克利校区（UCB）的所在地。该校南门前端为有名的电报街（Telegraph Street），其实这条街道只不过是学生购物地带，然而街上两旁的商店外墙，却有很多壁画和商店标志，吸引路人的注意。其中，最显眼的是一家墙上画满壁画、不见该店招牌的墨西哥餐厅。

在这座餐厅长达15m的餐厅外墙上，画满墨西哥风俗的壁画，大大提高了视觉上的享受。虽然该店并未设置其他的招牌或广告牌，但壁画本身早已成为该店标志，成为附近最有名的"壁画餐厅"。

总而言之，建立店铺独有的形象，增设显眼的户外招牌，不仅能提供顾客视觉上的享受，也能改善街容景观，进而达到广告宣传的目的。

3．有招客能力的店铺招牌

以美国为例，很多购物中心、食品店或汉堡店，为了强调店铺的个性，无不处心积虑建立独特的形象。例如，在店铺入口处设置大型的人物或动物塑像，同时播放轻松、愉悦的广告音乐，以制造欢乐的气氛。这些巧妙的店面设计，极容易获得顾客的喜爱。

华盛顿以北70km处的巴尔的摩市，人口约有80万。此地有一家名叫"港区"的购物中心，是利用港口仓库改建而成，开幕以来，颇受当地消费者的欢迎。

该店设于港口附近，店前陈列着一艘古老的帆船，成为这家购物中心的独特商标。由于设计颇富匠意，顾客亦可自由上船参观，自然而然成为该店招徕顾客时最有力的促销武器。

洛杉矶一家"莫耳古城"专门出售20世纪初期的商品，颇具独特的复古式格调该店针对顾客的需要，于入口处摆设一辆陈旧的电车，作为店铺的标志，给人留下深刻的印象。在于店铺内的陈设，也巧意加以布置。例如，安置旋转木马等

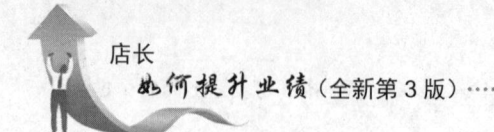

设施招来不少顾客前来观看。

归纳以上所言，我们可以知道，美国有不少的店铺标志，往往喜欢利用大型的道具刻意制作该店的象征，以建立独具一格的店铺个性，借此也能拉近与顾客的距离，给人留下深刻的印象。

4. 以专卖店的标志来创造个性

并非仅在美国的购物中心才有个性化的店铺，日本也有许多颇具风格的店铺设计，相当引人侧目。

日本品川区的"T茶叶、海苔店"，在店前设置一具偶像，深受当地民众的注意。这具偶像高约一公尺，造型与该店的老板一模一样。所谓造型相同，并非依靠人物的真实面貌加以塑造，而是做成一个漫画般的人像，放在店前和蔼可亲地与路人打招呼，成为有趣的广告道具，发挥了宣传的功效。

由于T店的自我促销方式非常成功，店名立刻不胫而走，附近大街小巷的民众，人人皆知。通过这种提高知名度的宣传攻势，该店建立了独特的店铺形象，使店名牢牢地留在顾客的脑海中。

此外，利用某些废弃的物品做成道具，也是生意人的噱头之一。日本国铁会将不能使用的货车拍卖给民间经营者，结果促成许多店铺建立了独特的形象设计。例如，有一家啤酒屋经营者利用购得的旧货车加以改装，使其摇身一变，变为外观显眼、内部豪华的车厢啤酒屋，引来不少好奇的顾客前往捧场，而使店铺一夕成名，经常高朋满座，生意兴隆。类似这种独具一格的店铺形象，只要经营者多动脑筋，就不难出奇制胜，招徕更多的顾客。

第56章

善用橱窗设计加以促销

> **提升业绩技巧**
>
> 橱窗设计可以引起顾客注意，提升商品质量感，引导消费，美化商店，刺激顾客的购买欲，故要注意橱窗陈列对象、陈列主题、动态设计、灯光照明。

橱窗是商店的对外窗口，又是商店商品经营的演示台，它集中了商场中最敏感的商品信息。如果能够充分利用好橱窗的展示作用，对于现场展示促销活动就会产生极好的效果。

在现实中有些商场忽视了橱窗的作用，认为橱窗是可有可无的，或者不知道如何利用橱窗的展示功能，或者在设计橱窗时观念陈旧，体现不出艺术美，达不到展示促销的效果。

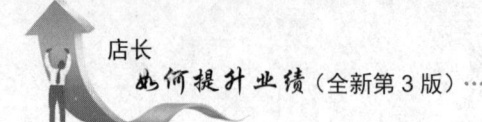

56.1 橱窗设计的功能

1. 引起行人的注意

一个设计新颖、构思独特、独具匠心的橱窗设计，会很容易引起行人的注意，成为商场很好的宣传媒介。当人们路过商场的时候，就会仔细打量一下，在脑海中留下一定的印象，从而起到一种广告宣传的作用。

2. 展示商品

商场可以将促销商品或最新的商品或独具特色的商品摆放在橱窗中，向人们展示商品的性能、价格，吸引人们的注意。

3. 刺激顾客的购买欲望

橱窗展示不仅可以让人们知道商品的性能、价格等有关情况，有时还能吸引潜在消费者走进商场参观。有的甚至会有当即购买、立竿见影的促销作用。

56.2 橱窗设计的注意重点

由于橱窗有以上多方面的功能，因此在举行现场展示促销活动时，主办者应当充分利用好橱窗的宣传展示功能，设计出能够吸引消费者的橱窗。

1. 选定陈列的对象

对于商店来说，现场展示促销商品可能不是一种，这时就需要有重点地选择适合陈列的促销商品，最大限度地发挥橱窗对消费者的吸引力。例如，商场进行促销的主打商品、货源充足的商品、商场积压严重的商品、服务和消费趋势的流行时尚商品，都可以是重点陈列的对象。

2. 确定陈列的主题

在进行橱窗设计时，需要巧妙地确立陈列的主题，利用各种陈列方法和手段，如对称均衡、重复均衡、大小对比、虚实对比的方法，勾勒出层次分明、均匀和谐、错落有致的商品陈列。

3. 灯光照明强弱适宜

橱窗的灯光应照在重点商品上，灯光与商品、橱窗的色彩应该相和谐，灯光的强度要依据白天和黑夜、所陈列商品的色彩来确定，既要有足够的亮度，又不能过于刺眼。

4. 适当运用动态设计

现在非常流行的 POP 灯光广告，可以用于橱窗设计中，以动态的手法来刺激人们的视觉神经，将顾客的视线引向橱窗。在采用 POP 灯光广告时，可以用画面变换的方法、旋转运动的方法、闪亮发光的方法来制造动感，吸引人们的注意力。

56.3 商品陈列方面的要求

商品陈列是现场展示促销活动的重要宣传手段，通过商品陈列可以向广大消费者传达商品信息，引导消费者参观、选购商品。

成功的商品陈列，对于现场展示促销来说具有意想不到的功用。

1. 引导消费，扩大销售

通过商品陈列，可以及时有效地向消费者宣传、介绍促销商品，加深消费者对促销商品的印象，培养新的消费需求和消费观念，由此引导消费者，提高和扩大商品的销售额与销售利润。

2. 提高促销效率

整齐美观、丰富多彩的商品陈列不仅使顾客享受到了美感，而且可以通过不同的商品价格进行比较，从而大大减轻服务员的工作压力，提高为顾客服务的效率。

3. 美化店容店貌

商品陈列并不是一种简单的商品摆设，而是一种具有艺术感染力和想象力的复杂工作。成功巧妙的商品摆设，不仅可以给促销商品增添美感，还可以美化店容店貌，体现促销现场整体设计效果，反映销售商的整体经营水平。

在陈列促销商品时，具体要做到以下几方面的要求。

① 方便易选。促销商品尽可能放在让顾客伸手可及的地方，而不要放到比较

偏僻、顾客不容易拿到的地方。

② 丰富充实。促销商品陈列既不能堆积如山，也不能空荡无物，而是要体现出丰富充实的感觉，让顾客产生购买的欲望。

③ 醒目易看。这一要求与方便易选相同，就是要使顾客易于辨认，醒目美观。例如，要明码标价，摆放位置合理，让顾客的目光能够看到，必要的时候还可以附加文字说明，让顾客对商品有一个更加深入的了解。

④ 简洁美观，富有艺术性。促销商品的陈列还应该以简洁的形式和新颖的格调、和谐的色彩搭配来突出商品形象，体现促销商品陈列的艺术性，给顾客留下深刻的印象，让他们产生购买的冲动。

⑤ 广告宣传作用。商品的陈列具有直接促销的特征，所以经营者必须深入研究，尽量与顾客消费心理相结合，设计出最能吸引顾客的商品陈列方案，起到广告宣传的效果。

⑥ 符合顾客消费心理。不同顾客在购物时会有不同的心理，但是几乎所有的顾客都对商家不友好的态度会非常反感。因此，在促销商品陈列时，"偷一罚十""不买勿摸"等具有警告性的提示牌，最好不要出现在商品旁边，这样会使那些打算购买的顾客产生反感心理，从而失去顾客。

56.4 商品展示促销的新方式

根据专家对研究发现，卖场用于商品促销的最经常使用、最有效及最新商品的展示方式，主要有以下几种。

1. 墙上海报展示

墙上海报主要张贴在零售商场的商品促销现场。根据海报设计、制作的目的不同，以及表现形态的差异，这类海报又可以分为以下几种情况。

① 引导性海报：主要用来指导顾客，说明促销商品所在的位置，方便顾客选购商品。

② 说明性海报：主要用来说明促销商品的功能、特征和价格，突出和竞争商品的不同之处，吸引顾客购买。

③ 装饰性海报：这是零售商场为了塑造整体气氛，利用海报来装饰销售现场，

烘托出一种人气高涨的环境，吸引潜在顾客。

墙上海报的制作简单，费用不高，对于所有的零售企业来说，都是一种可以优先考虑的商品展示方式。

2．货架两端展示

这种商品展示方式主要是利用陈列货架两端靠近人行通道，容易引起人们的注意力来展示商品。

在货架两端陈列、展示商品，并不是说货架的所有部位都适合商品展示，而是要在最容易吸引人们目光的部位陈列和展示商品。

根据人体工学的研究结果可知，位于货架 80～130cm 部位的商品最容易引起人们的注意力；其次是位于货架 40～80cm 的部位和 130～170cm 的部位；最不容易引起人们注意力的部位是货架的顶端和货架的底部，因此这两个部位一般用于存放备用商品，或者陈列、展示体积较大的商品。

3．落地式展示

这种商品陈列方式是随地陈列，不受体积大小的限制，有时候还可以设计成不同的形状，如比塞塔式、圆柱式、圆锥体、立方体等，容易吸引人们的注意力，扩大和顾客的接触面，提高销售水平。

但是，这种陈列方式会占用较大的空间，这对于寸土寸金的零售商场来说，显然要仔细筹划。没有经过规划的落地式商品陈列，不仅会浪费空间，同时还会有碍观瞻，不利于整体销售。

4．货架布置物展示

在促销商品的展示货架上，做一些特殊的布置物，如标明商品的促销价格、详细说明促销商品的性能和特点，用这些带有提示性的布置物来提醒消费者，刺激他们的购买欲望，增加销售额。

5．空中悬挂式展示

充分利用高空的优势，将促销商品的实物或模型，或将各种促销商品的说明性文字悬挂起来，使消费者在众多商品之中，一下就能看到促销的商品，刺激他们的购买欲望。

第 57 章

加强三种销售服务

提升业绩技巧

"服务促销"是新的经营手法，做好"服务促销三部曲"（售前服务、售中服务、售后服务），既能提升企业业绩，又让顾客满意、放心。

57.1 售前服务未雨绸缪

对于零售业的店铺促销来说，要进行服务促销，就有售前服务、售中服务、售后服务三个方面，我们通常称之为"服务促销三部曲"。

所谓售前服务，就是开始营业前的准备工作。零售业的许多服务项目顾客购买商品过程开始之前，就需要进行精心的设计和安排。

广义的售前服务几乎包括了除售中服务、售后服务以外的所有商品经营工作。从服务的角度来说，售前服务是一种以交流信息、沟通感情、改善态度为中心的工作，必须全面仔细、准确实际。售前服务是零售企业赢得消费者良好第一印象的活动，所以服务员提供服务时应当热情主动，诚实耐心，富有人情味。

美国旧金山有一家食品超市，商店门面装饰得相当漂亮，入口处有许多小推车，以供顾客使用。顾客推着小车，通过自动感应门，进入售货大厅，一进门就能看到有许多台计算器。顾客只需根据自己的需要，如一顿晚餐、四个人的分量、主副食搭配等，分别按向有关键钮，显示屏上就会列出一组组的菜单。每组菜单中都列有蔬菜、肉类禽蛋、酒类、饮料、甜点、果品以及各种调味品等。每一品名下还注明了在售货厅中陈列的位置，如第几通道、第几货架及序号，屏幕显示缓慢，使顾客有充分的时间来考虑选择。计算器旁边还备有纸、笔，以供顾客记录有关数据。

由于商品陈列与菜单上的商品顺序一致，顾客只需依据指示灯线路取货，就不会走冤枉路。商店在编制各种菜单的程序之前，都要经过周密的调查研究，并根据各阶层顾客的收入水平、爱好、风俗习惯，照顾到各类需求编列菜单，它既能为顾客当好参谋，使顾客买到自己喜欢的菜肴，又吸引了许多顾客成为商店的常客。

这家食品超市正是依靠这种细心体贴的服务，吸引了许许多多顾客前来购物，一些平时工作繁忙的上班族甚至不怕路远，从几十英里之外驾车到这里购物，成为这家食品超市的忠诚顾客。

事实上，如果零售业能够做好售前服务工作，就可以做到未雨绸缪，节约经营成本，减少不必要的损失。这正如生产产品一样，如果一次就把产品设计、生产好，就可以省掉重做和废料的成本。

"10-100-1 000"规则就说明了这种成本的节约。这就是说，如果企业的质量管理人员对出厂前的产品进行检验，一旦发现问题，只需要花10美元就可以解决这个问题；如果这个次品送到中间商手中再退回来维修，这时解决问题的费用将是上一次的10倍，也就是100美元；要是这种次品被顾客买到，引起顾客的投诉或者退货，甚至使顾客提出索赔，这么一来，企业纠正过错的费用至少是 1 000 美元，或者说是早期发现错误成本的 100 倍。从中不难看出，把钱花在预防和监

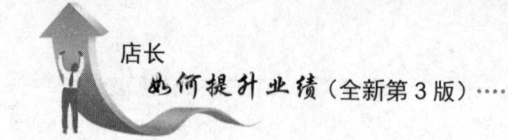

控上是很有必要的。

同样的道理，零售企业如果能够提供优质的顾客服务，也可以省掉事后弥补的成本。这种成本虽然还没有确切的方法可以衡量，但是根据粗略的估算，争取一位新顾客所投入的营销成本大约是留住老顾客所需成本的3~5倍；忠诚的顾客提供给零售企业3倍的回报，他们会主动再来购买，从而使得在他们身上投入的营销和销售成本比招徕新顾客所投入的成本要低得多；而且只要企业坚持为顾客提供高质量的服务，忠诚顾客的购买量也会比其他顾客要多。

因此，优质的售前服务不仅能够减少不必要的损失，还可以达到促进和提升企业形象的目的，而且可以使顾客更加满意，能够吸引新顾客，留住老顾客，培养忠诚顾客，使他们成为企业未来销售收入的主要来源。由于获得这些顾客的成本非常低，也就必然会使零售企业在经营业绩上领先于竞争者。

57.2 售中服务让顾客称心

售中服务又称为销售服务，是指买卖过程中直接或间接为销售活动提供的各种服务。

现代商业销售服务观点的重要内容之一，就是把商品销售过程看作既满足顾客购买欲望的服务行为，又不断满足消费者心理需要的服务行为。

售中服务有时候甚至被零售企业的经理们视为商业竞争的有效手段。日本一家商店的经理曾经说："如果一个雇员在销售过程中没有能够体现出优质的服务业绩，那么他给商店带来的损失就不仅仅是一笔未能做成的买卖，而是损害了商店的信誉。这样做，企业丧失的利润可能微不足道，但是这样做的后果将是企业丧失竞争能力，这简直是令人不能容忍的。"

零售业的经营者应该充分重视对售中服务过程的研究，将售中服务当成一个大有潜力的管理课题，常抓不懈，向服务要市场，向服务要效益。

有一位中年男士准备为家中购买新的沙发。一天，他正在读报纸时，看到了一条某家具公司的广告，而且正是销售沙发的消息，沙发的档次、款式、价格都很符合他的需要。他又看了看具体的图片介绍，知道有多种颜色可以供选择，大小也很合适，于是他和妻子商量了一下，立即给这家家具公司打了电话。

在电话中，这位男士问道："您好，我看到了你们公司在报纸上登的广告，请问广告中的沙发还有吗？"对方回答说："当然有。"这位男士非常高兴，又问道："还有那种乳白色的，而且是 60 英寸的沙发吗？"对方又回答说："还有一些。"

这位男士高兴极了，又继续问道："你们公司离我家不远，你们能不能给我送上门？""当然可以。请问您家住在什么地方？"这位男士告诉了对方自己家的住址，然后准备跟对方订货。

这时，他突然又想到一个问题，于是问对方说："你们公司收不收旧沙发？我家的旧沙发可以处理给你们吗？"

可是对方回答说："对不起，我们不收旧沙发。"

"为什么不收？"

对方回答说："收旧沙发不属于我们公司业务范围之内的事情。"

对方的这种回答却使得他觉得非常别扭，于是他立即打消了在这家公司订货的念头。他又继续翻阅手中的报纸，在后面的广告栏中又找到了一条家具公司的广告，也是销售沙发的。

他又给对方打了电话，询问了沙发的有关情况，觉得比较满意。最后，他又问对方是否回收旧沙发，对方回答说："当然回收。"

这一回答令他非常满意，他当即就决定购买这家公司的沙发。第二天，这家家具公司就将新的沙发送到这位男士家中，并运走了旧沙发。

零售业的售中服务，就是要让顾客在购买商品的时候，除了让顾客满意之外，还应该让顾客买得称心，真正为顾客着想，使顾客觉得商店确实在考虑他们的利益，从而乐意接受商店的服务，将口袋里的钞票掏给你。

57.3 售后服务让顾客放心

售后服务是为已经购买商品的顾客提供各项服务。传统的营销观点一般是把

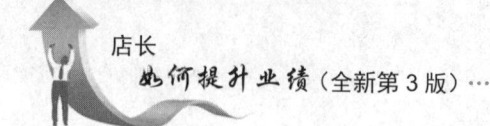

成交商品的阶段作为销售服务活动的终结，然而在新产品剧增，商品性能日益复杂，商业竞争日渐激烈的今天，商品到达顾客手中，进入消费者领域之后，商店还必须继续为顾客提供一定的服务，这就是售后服务。

售后服务可以有效地沟通和顾客的感情，获得顾客宝贵的意见，以顾客的亲身感受来扩大企业的影响。它最能体现商店对顾客利益的关心，从而为企业树立富有人情味的良好形象。

售后服务作为一种服务方式，内容极其广泛。如果说售中服务是为了让顾客买得称心，那么售后服务就是为了让顾客用得放心。

售后服务大体上有两个方面：一是帮助解决如搬运大件商品之类常常使顾客感到为难的问题，商店代为办理，为顾客提供购物方便；二是通过保修、提供咨询指导等服务，使顾客树立安全感和信任感。这样，就可以巩固已经争取到的顾客，促使他们连续购买，同时还可以通过这些顾客进行间接的宣传，影响、争取到更多的新顾客。

1. 商品的退换服务

一个有自信心的商店，一定要做到使顾客购买商品后感到满意。除了食品、药品等特殊商品外，如果顾客买东西后，又觉得不太合适，只要没有损坏，商店就应该高高兴兴地给顾客退换。如果的确属于质量问题，商店还应当向顾客道歉。

有一位留学生在国外一家商店买了一块手表，戴了两年出了一点儿毛病。他拿着手表到商店里去，请商店帮助修理一下，结果服务员检查之后说是手表质量的毛病，一定要坚持给这位留学生换一块新手表。

这种做法看起来是商店吃了亏，但顾客一定会被商店的做法所感动，甚至会到处为该商店做免费宣传，有利于提高该商店的声誉。

2. 商品的修理服务

修理服务对零售业而言有三种含义：
- 对于本商店出售的商品的保修业务；
- 对于非保修范围内的顾客用品的修理；
- 对于顾客准备购买的商品，由于其中某一个可以改变的部分不符合自己的需要而要求的修改服务。

这三种修理业务都有利于商店的业务开展。保修业务是商店对所出售商品的质量保证，除了及时为顾客提供修理服务之外，还必须查明原因，一方面向顾客交代清楚，另一方面登记入网，作为制定商品质量或销售工作质量标准的依据。

对于非保修范围的顾客用品，商店也要尽可能地帮助修理，这样可以提高商店的声誉，吸引顾客，因为顾客找上门来修理，是对商店的信任。

售后服务即商品销售后为顾客所提供的服务，除了一般性的所谓送货上门服务以及退换和修理服务之外，最主要的就是获悉顾客对商品使用后的感受意见。为了吸引顾客再次光临，对于这一反应必须有深入的了解，以便为顾客提供更进一步的服务。

第 58 章

营造卖场良好的形象

提升业绩技巧

商店形象良好，可提高商店的知名度与美誉度，吸引顾客前来购买；还可提高竞争能力，强化商店竞争；更可吸引人才，激励员工。

58.1 良好的形象是吸引顾客的磁石

为了吸引顾客，商店必须树立一个良好的形象。

1. 商店形象造就了零售商生存和发展的基础

顾客是零售商赖以生存和发展的基础。在当今买方市场的条件下，顾客对在哪家商店购买商品，实现需求，拥有自由的权利。商店形象如同一只无形的手，把顾客招集而来，推之而去。良好的商店形象，会把顾客聚集店中而生意兴隆；而不好的商店形象，则会使顾客拒而远之，门庭冷落，难以维持经营。

2. 商店形象可提高零售商的竞争能力

在现实中，形象好的零售商竞争能力都很强。零售市场的竞争，是零售商之间在市场中通过各种活动相互争夺购买者。而购买者愿意到哪家购买是非强制的，取决于零售商的吸引力。好的商店形象会产生对顾客强烈的吸引力，得到更多的消费者惠顾。

3. 商店形象可提高零售商的知名度与美誉度

商店形象好会引起社会各界的注意，吸引新机构的重视，并给予传播，也会在来过商店的消费者中形成口碑，从而扩大商店的辐射范围，增强消费者的信任与支持。

4. 商店形象是零售商的无形资源

作为资源，商店形象与零售商的其他资源一样，经过投入会带来一定量的收益。不同的是商店形象作为无形资源，它带来的收益是难以估算的。尽管现今有了对名牌的价格估算，但对店牌估价尚属未见。商店形象的资源效应是它对顾客的吸引力，交易范围的扩展，建立分号而省去的创业投入以及时间等的价值量，往往给零售商带来意想不到的效果。

5. 商店形象提供与其他经营相关的部门合作、发展的机会

零售商有着良好的形象会引起制造商、经销商，以及同行业中其他零售商的注意。一些有创意、有前途的工商企业会主动寻求合作，共同发展，还会得到供货者、金融机构、工商管理机构等的信任、帮助和支持等，使自己与同行业其他零售商相比有更多的经营机会、较低的风险。

6. 商店形象能够吸引人才，激励员工

零售商有良好的形象，会吸引优秀人才成为企业的员工；也使员工产生自豪感，并竭诚工作，创造更优秀的经营绩效。

良好的商店形象不是自然形成的。它是零售商精心设计的产物，并且经过多年的贯彻，得到消费者的承认才形成的。

商店树立起良好形象不是一朝一夕之功，在这方面要多下工夫，努力树立起商店的形象，增强顾客的信任与支持。

58.2 卖场形象策划

经营者在对企业形象进行策划时，要避免以下几点。

① 表达不准确。定位或表达不准确，在实际工作中起不到指导、规范作用。

② 千篇一律。虽说企业经营有诸多共性，但企业的精神口号是强调个性的。因为理念识别的关键是要具有识别性，而识别性来自于个性。像"消费者就是上帝"这样的口号虽是真理，但到处可见，也就失去了对企业的识别性。

③ 空洞无物。如"争创一流"，此口号使人很难理解出到底传达了什么内容。

④ 不切实际。一些企业似乎觉得口号越响，口气越大越能体现其精神，如"实现销售额一年翻一番，十年赶上沃尔玛百货店"，结果不仅难以激发员工的积极性，相反会给人夜郎自大的感觉，效果适得其反。

⑤ 随意变更。企业的精神口号是企业价值观的表现，而企业价值观一经形成，是具有相对稳定性的。因此，企业的精神口号也应保持一定的持续性，不能随意变更。只有保持相对稳定性，才能使其逐渐转化为员工的信念，从而在企业内部、企业外部产生持久、深刻的印象，并树立良好的企业形象。当然，这里所说的持续性，并不意味着一成不变。实际上，企业精神口号是稳定性与发展性的统一，因为稳定才是发展的前提和基础。

经营者在对企业形象策划时，应将企业经营信条、经营方针、策略等特色汇集一体，融会贯通，运用最精练的语言，以口语或标语的形式表达出来。

58.3 全聚德烤鸭店的成功经营策略

全聚德烤鸭店导入 CI 策划，从事企业特许经营主要是依赖总部的声誉和经营管理技术来进行的。为了提高企业的整体形象，扩大企业声誉，全聚德集团全面导入 CI 策划，制定了集团宗旨、发展目标、经营方针和行为规范，并设计出全聚德商标、标徽、卡通形象、标准字、标准色和标准广告用语等，并以规范的组合方式使用于连锁经营企业的商品、服务、广告、印刷品、办公用品、名片、建筑物、交通工具、服装等。经过一段时间的实施，全聚德终于树立了独具特色、统一的企业形象，为特许经营打下了一定基础。

尽管全聚德在社会享有盛誉，如果没有量化分析，也会给特许权的转让和特许费的确定带来困难。集团公司委托评估公司对"全聚德"牌号进行了无形资产的评估，确定该集团拥有的"全聚德"牌号1994年1月1日的社会品牌资产值为2.694 6亿元。

实行标准化管理是连锁经营的重要特征。集团公司对全聚德传统烤鸭和烹饪技术以及管理模式进行了高度提炼和总结，并上升到数据化、科学化、标准化，制定了质量标准、服务规范、操作规程、制作技术、食品配方等，在此基础上正式推出了《全聚德特许经营管理手册》（以下简称《手册》）。《手册》是全聚德特许经营管理的基本文件，明确规定了全聚德特许连锁企业要达到质量标准统一、服务规范统一、企业标识统一、建筑装饰风格统一、餐具用具统一、员工着装统一的"六统一"规范标准。《手册》也是对使用全聚德商标的加盟店进行管理、检查、督导、考核的依据。推出《手册》之后，公司即向所有连锁店进行了贯彻落实工作，并依据《手册》规定的内容实施全面管理。

为了使《手册》一丝不苟地执行，公司建立了督导制度。对连锁分店实施督导管理，是实施连锁经营的一个极为有效的方法，也是国际连锁企业成功的经验之一。集团公司于1995年初组织了以专家技术人员和管理人员组成的督导小组，对国内的50多家分店进行了第一次督导和技术指导。督导内容包括《手册》所规定的其他应统一的内容。在检查过程中，对分店的实际问题进行了现场技术指导，对几家不符合条件的分店摘掉了"全聚德"商号，同时，还对厨师和服务员进行了技术考核、技术认证和菜品质量鉴定工作。这次督导对进一步规范经营和管理起到了很好的作用。在总结督导检查的经验基础上，集团公司还将进一步完善督导内容和方法，建立区域管理和日常管理相结合的管理模式，强化管理，保证连锁经营的健康发展。

此外，公司也开始实行"秘密顾客"检查制度。公司从社会上选聘有关专业人士，经过培训后，以真实顾客的身份，对各分店进行定期和不定期的检查。对各分店的菜质量量、服务质量和管理水平等方面的情况掌握得更加真实准确，对出现的问题及时采取措施解决，加大了公司对各分店的管理力度。

为了确保特许经营计划的顺利实施，科研、配送、培训等各项配套设施必须相应跟上，集团公司又着重抓了以下几方面的工作。

1. 积极开发新品种、新技术

在探索全聚德烤鸭正餐连锁经营的同时，公司又吸取国外快餐业连锁经营的成功经验，适应人们生活需求和饮食市场的变化，进一步开发全聚德快餐系列。除在北京繁华的前门大街开设了全聚德示范店，专门经营系列烤鸭套餐、冷菜、面食等10余个品种之外，又加快研制全聚德快餐新品种。经过两次鉴定，确定了3个系列近10个品种，并开始向市场试销，形成全聚德传统宴席和现代快餐两种经营方式并存、互相依托、共同发展的新格局。

公司还积极研制新技术，不断改进，提高产品质量。在先期完成并获国家专利的不锈钢快装式烤鸭炉的基础上，又完成了复合式鸭炉、燃气式烤鸭炉及烤鸭保鲜技术科研项目，并且已在连锁企业中推广，同时，全聚德专用面酱和速溶鸭汤粉的研制工作也取得了进展。

2. 抓紧配套供应中心建设

在原料供应及配送上，集团公司狠抓了几方面措施：

- 加快建立食品加工基地，生产全聚德烤鸭、菜品、饼、面酱等半成品和小包装食品；
- 采取合作联营、定点生产等方式，建立养鸭基地、专用饮料基地、专用设备生产基地等；
- 加快做好配送工作，集团配送中心将逐步建立企业订货、定点生产、统一结算的运作体系。

3. 建立培训中心，规范培训工作

要实施大规模的连锁经营，企业的产品、服务、形象等各方面实现整齐划一，对员工的培训就显得格外重要。为此，集团公司投资建设了集团培训中心，承担集团的各种综合培训、专业培训和电教培训。同时，公司的统一培训教材《全聚德特许经营管理专业培训教材》正式出版。随着上述工作紧锣密鼓地进行，公司开始全方位地向外拓展连锁业务，相继在重点省会城市和旅游热点地区开办分店。同时，他们积极开拓海外市场，首先委托中国国际贸易促进会在世界35个国家和

地区进行了"全聚德"国际商标的注册工作，确保有效地维护公司商标在国际市场的合法权益。然后，他们在美国洛杉矶、关岛、得克萨斯、休斯敦等地建立了6家海外企业，希望通过这些分店，总结经验，探索出一套中国餐饮业进行国际市场的途径和方法。

第59章

入店的瞬间印象良好

提升业绩技巧

顾客进入商店的瞬间就能感受到的气氛，决定了商店的兴衰。

当顾客进入商店的瞬间，感受到的印象与气氛，即决定了其对商店的印象。商店的"良好气氛=良好印象"，而此第一印象必须建立在顾客对商店所认知的"感情印象"之上。自认为很好，却不知顾客的看法如何，若缺乏客观的检讨，则无法真正贯彻"顾客至上"的服务。

招待、表情、仪容、言辞与态度是提供良好印象的五大要素，这些要素的彼此关系依"乘法模式"表示，即招待、表情、仪容、言辞都完美无缺。但若态度不好，是零点，则彼此相乘的结果则为零分。

正确掌握提供良好印象的五大要素，以此作为让顾客觉得"感觉真好"的先决条件。

从顾客进入商店至离开之前，有许多提供良好印象的注意事项。

第59章　入店的瞬间印象良好

1. 准备

以"顾客的观点"检核卖场、仪表等一切是否周全？准备完成迎接顾客的态势。

以"顾客的观点"含有两种意义：一种以顾客的心情；另一种则以顾客站立的位置，确认"是否为清洁漂亮的商店"。

一天最少以顾客身份检核三次——如灯泡断线、商店内是否有纸箱等商品以外的东西、包装台上是否零乱等。整齐清洁的维持，不论是何行业，都是销售的关键。

2. 发现并迎接顾客

首先建立动感的商店，当顾客发现销售人员静默站立着注视自己时，则需要有足够的勇气才敢进入店内，故应建立顾客容易进入的空间。

先下手为强的招待和回音式的发声，是迎接顾客时不可或缺的要素。明朗活泼的商店是顾客希望进入的商店，若入店的第一印象不清爽，则将留下厌恶的形象。据说，动物初生首次睁开眼睛观看外界，即能辨认自己的双亲，这种现象称为刻印现象，故以刻印现象对待顾客极为重要。

大声明朗爽快地说"欢迎光临"，表示感谢的心情。

以清晰明朗的声音传达，就是对工作伙伴的一种"顾客来了，准备好了吗"的意图。一人的发声持续逐次以回音式方法招待，就可使商店产生活泼的气氛。若店员的耳语多、没有应对顾客意识、延迟发现顾客等，都是使顾客感到寂寞的因素。

3. 应对

爽快的语言能留给顾客良好印象，并带来安全感，故最好的回答就是"是的"。

若遇到店员本身不知的事，要以"是的，我请店长来确认"来应对。即使顾客认为无奈，也不会产生不快感。此外，活泼地回答"谢谢您"亦能表现对顾客感谢的喜悦。

明确表达意思，不仅活用在销售现场，更是提供好印象的要素。

4. 等待

迅速地应对，不使顾客等待。但若"善用等待"，也是使顾客产生好感的要素，

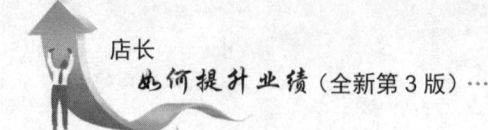

如以"请稍候"和微笑等加以应对。

若等待的时间稍长，则店员应了解等待者心情的变化，以2分10秒为原则（人类默默无语等待超过2分20秒时，则其情绪将产生不安—焦急—发怒这些变化），否则有很大的差距。故等待时间长时必须事先告知状况，并且不要吝惜地说"对不起，久等了，是否能再稍候5分钟"，有礼貌地对应。

5. 交货

良好的感受表现在购物后，销售商品的瞬间即转身与邻近销售人员交谈，将使以往满分的应对变成零分。售后的余音、说声"谢谢您"直到最后都应注视着顾客；离店时全体店员同声说"谢谢光临"，这种商店必使顾客喜欢再来，故销售活动从最初至最后，都不能疏忽任何细节。

6. 了解顾客的心声

"谦虚"是培育人才或企业最重要的态度，故为排除"不谦虚"，应经常保持倾听顾客心声的姿态。某些企业灵活应用"加油卡片"，于现场阶段积极地每日倾听顾客的心声。公司一年应有两次，在这期间努力寻求顾客的"建议"。若只在店面放置问卷调查卡，即无法真正地了解顾客的意思。

7. 活泼愉快的销售工作

感受良好的重点，多数是最大的销售力，即现场第一线活泼快乐的销售工作。

笑容是最大的服务，若不自然、勉强地装出笑容，则会立即传达给顾客；衷心快乐地从事销售工作，其技术自然会学好。

每个人发挥100%的能力，再互助合作以正确的团队精神迈向"全国最快乐购物的商店"的目标。

使顾客能快乐舒适的商店，对在此工作的人员也是良好的商店。

第60章

重视顾客才会产生利润

提升业绩技巧

"顾客就是上帝",企业唯有将顾客当作上帝来看待,才能产生利润。树立以"顾客为中心"的经营理念,做好顾客管理、顾客服务,才能成为市场赢家。

"顾客就是上帝",这是许多商家都明白的道理。然而,如何将顾客真正当作上帝来看待,却不是每个商家都能够真正领悟其中的奥妙的。

保护"上帝"的利益,就是要求零售业真正树立"以顾客为中心"的经营理念,实现从传统的"以商品为中心"的经营思想向新型的"以顾客为中心"的经营思想的转变。其实质就是要求零售业把自己的兴衰存亡置于消费者的主宰之下,带领自己的企业围绕消费者的需求而动,让消费者引导市场,成为市场的主人。

60.1 重视顾客才能有利润

如果零售业只是将消费者当作盈利的对象，根本不顾及消费者的利益，让消费者对你产生怀疑，那么很明显，最终的受害者将是零售业自身。

假如你是个消费者，你和家人在星期天去某家商场购物。这时，商场正在搞促销，规定只要顾客购物满 200 元就可以返回 60 元的购物券。于是，你和家人进去参观选购。

可是，当你交款并领到一张购物券之后，再将选好的其他商品带到交款台前时，这时服务员告诉你，你的购物券只能在指定的商品中选购，这时你一定会觉得这是商场在戏弄你，从而会产生一种上当受骗的感觉。当你下一次遇到类似的促销时，也许再也不会动心了。

其实，在一些营销理念十分发达的国家，商家早已将消费者置于"上帝"的位置。例如，在美国经过长期的经营实践，美国企业早就有了深切体会——营销活动的本质在于"经营"消费者。

为什么这样说？因为从形式上来看，任何企业的经营活动当然要同政府、社会打交道；但是，从更深的层次来看，决定产品价值及生命的是消费者。试想一下，如果没有消费者，产品又如何销售出去？如果离开了消费者，产品也就不是真正的商品，企业就没有办法获得相应的利润。

根据市场营销学的权威理论，零售业在进行促销时，以顾客为中心，保护"上帝"的利益，是由以下因素决定的：对于零售企业及其他任何企业来说，顾客就是企业的"衣食父母"，是企业的真正利润来源。谁否认这一点，或违背这一规律，谁就会在市场竞争中遭遇失败，根本无从获利。

在法国化妆业领域具有举足轻重地位的企业家义夫·罗歇尔有非常成功的举措。据统计，罗歇尔拥有 800 万名忠实的女性顾客，在他分布于世界各地的 900 多家化妆品商店中，经营着 400 多种化妆和美容产品，每年的利润以亿计算。

罗歇尔的这些成功，就来自他的"创造顾客"的经营思想。罗歇尔每年都要向他的顾客投寄 8 000 多万封信件，在每封信件中都有他自己的照片和亲笔签名。也许，有人会认为这只不过是一般商业往来信件，如果这样理解那就大错特错了。事实上，这些信件就如同写给自己的亲密朋友一样，内容十分亲切，使收到信件的人看了都会觉得是自己的老朋友寄来的信，而会大受感动。

在这些信件中，罗歇尔会像老朋友似的给自己的顾客提出一些中肯的建议，如"有节制的生活比化妆更重要""美容霜并不是万能的"等，从这些信里面绝对看不出有任何推销化妆品的意思。

通过这种坚持不懈的努力，罗歇尔建立了一大批忠诚的女性顾客。现在，罗歇尔的计算机里已经储存了几千万封各种各样的来信，而且建立了 1 000 多万名女顾客的档案。每当有顾客生日来临的时候，罗歇尔便会亲自为她寄出新产品的样品和祝贺卡片，向顾客表示祝贺。

这种一心为顾客着想、维护顾客利益的优质服务，为罗歇尔换来了丰硕的成果。他每天接受邮购而发出的邮包，就多达数万件，而且这一数字还在日益增加。

在一般情况下，人们总认为购买化妆品和美容品必须请教美容师，但是罗歇尔却从中得到启示，认为女性顾客之所以要请教美容师，是因为她们渴望得到真正的美容指导。于是，罗歇尔便以自己多年来的从业经验和切身体会，写了一本《美容大全》。

这本书出版之后，立即受到女性顾客的欢迎，罗歇尔本人也很快成为广大女性顾客心目中的"美容导师"。一时间他的名声大振，甚至还有许多慕名的女顾客给他寄来支票，要求罗歇尔为自己进行美容指导，并替她们购买适合自己的化妆品和美容品。

正是通过这种不断努力"创造顾客"的经营思想，使罗歇尔赢得了大量的女性顾客的欢迎。一旦他们成为罗歇尔的顾客之后，就很少有人会离开他，而成为罗歇尔的忠实顾客。

60.2 做好顾客管理

顾客是"衣食父母",没有顾客就没有销售,也就没有盈利,门店也就失去了存在的意义;顾客对象的有效把握及扩大,是门店成长及发展的基本重点。

1. 明确顾客管理的主要内容

第一,顾客来自何处。要分析顾客来自地区的户数、人数、家庭规模结构、收入水平、性别、年龄、消费爱好等市场因素,据此提供给顾客满意的商品或服务,所以对顾客的调查,是商店对人的管理的重要事项。

第二,顾客需要什么。顾客对商场的需要是经常变化的,在收入水平不断提高和消费者个性增强的情况下,这种变化的速度在增强。因此,店长要经常组织对顾客需要什么的调查,虚心听取顾客对商场的商品服务的要求和意见。例如,在各居民点设立顾客意见和要求箱,或用问卷调查等方法来获知顾客的真实需要,建立与顾客之间的良好沟通。

2. 建立顾客档案

为了掌握顾客活动管理的重要数据,与顾客建立长久关系,顾客档案的建立是商店必行的日常作业。通常包括以下事项:

(1)顾客档案的管理形式

由于顾客的数量较多,而且顾客档案包含较多的收录项目,因此现代连锁商店对于顾客档案的管理与分析,必须使用先进的POS系统,不然问题就会接踵而来。若顾客档案未整理好,要对顾客做仔细的分析是相当困难的,更不说如何服务于目标顾客了。

(2)顾客档案的登录项目

顾客档案的登录项目,应尽量精简为宜,应该以"何时、谁、买什么"为事实的基础,将顾客的姓名、地址、电话号码、惠购品(主要惠顾本店何种商品)、采购时间五项加以登记,职业、家庭成分、年龄等项目可另行登录。

(3)如何请顾客填写收录项目

建立顾客档案时,怎样要求顾客填写一直是个问题。为解决此问题,可记录项目限制于姓名、地址、电话号码三项就可以,而采购时间和惠购品由顾客口授,工作人员来填写。同时诚恳地向顾客说明"是为了通知顾客本店举行的特惠促销活动,或由本店寄送免费券、折扣券及厂商的新商品介绍用的"就可以。

(4)一年一次定期核对

一年一次向登记于顾客档案的顾客寄送本店的问卷调查表,征求顾客的意见。该表设有住址变更记录栏,以这样的方法定期把握顾客的移动情况。还可采用凭填好的问卷调查表领取精美小礼品的方式,以保证能基本收回问卷调查表,以此重新确认顾客档案。

(5)建立顾客管理制度

在建立顾客档案的基础上,要进一步建立完善的管理制度,其目的是确立顾客的重点需求和重点顾客,以便及时进行商品和服务的调整,并把重点顾客转变成稳定的顾客群。现代零售业的一个显著特点就是科学地管理顾客,要充分运用POS系统所提供的各种信息,通过IC卡、会员卡等现代化工具进行管理。

第61章

全体店员都加强服务

提升业绩技巧

将顾客由一般顾客提升至忠实顾客，有赖全体店员加强服务，如推行"一人记忆百人"运动来汇集顾客和"一人一日三封信"运动等做法。

1. 推行"一人记忆百人"运动来汇集顾客

经常以"欢迎光临"或"谢谢光临"等言辞亲切对待的商店，虽拥有很好的应对，久之亦会成为寂寞的商店。

在不了解顾客身份的陌生阶段，应从一般顾客开始了解其姓名、面貌，熟悉顾客，了解其住址、偏好及能够彼此幽默的顾客——友好顾客。虽偶在竞争商店出现，也爱用本店商品的顾客——忠实顾客，将一位顾客由一般顾客提升至忠实顾客，此过程需要依赖彼此的"亲密度"，也是生意兴隆的重点，而此一连串的过程可使顾客固定化，称为塑造顾客。

若一般顾客有 2 万元的价值，则熟悉的老顾客就有 20 万元、忠实顾客就有

2 000万元的价值。

首先要熟记顾客姓名。若无法区别经常前来或初次前来的顾客，则第一阶段就不及格。对顾客意识太薄，即没有养成以"眼睛待客"的态度，观察顾客的眼睛（微笑）、掌握整体面貌的印象、经常脱口而说"非常感谢光临"，就是从记忆顾客的容貌开始的。

记住容貌后，寻找机会认识姓名，可利用信用卡、顾客名簿、VIP卡等，使容貌和姓名一致。

某些商店在最初阶段，彻底将VIP卡上的姓名、住址记入，而在接收VIP卡时说"××小姐，谢谢光临"，归还时再说一次，借以彻底记忆和称呼顾客姓名。

当顾客被称呼××小姐时，会产生"我是本店的顾客"的意识，也可说产生了"自己商店"的意识。

首先以记忆100位顾客的容貌与其姓名为目标，将此工作视为"运动"，由全体店员实施，对顾客产生温暖作用。

店员记忆顾客的姓名，也使顾客记住自己，借以增进亲切感。同时，应珍惜此间自然的会话，如"今天天气很好""早安"等，加上一句亲切的问候语，能使顾客感到高兴。

促销活动的传单可使顾客认为"××小姐特意寄来的"而备感亲近，如此才能达到效果。若不仅有印刷的文字，再加上亲笔写一句"您好吗"的亲切表现，会使顾客感动万分。

不要让一位顾客变成默默无名的顾客，每月应努力累积记忆顾客，以增加本商店的熟悉顾客。

2. "一人一日三封信"运动

收到熟悉顾客寄来的信函是一件非常高兴的事，除新商品或促销活动传单外，由店员附带亲笔"您好吗？很久没给您写信了……或昨天向我们购物很多，真感谢您"等，这种商店会使顾客感到高兴；亲笔写私人信函给顾客，若一日无法写三封，则一日写一封也很好。

经常有顾客在收到店员寄来的信函后，回信说："我非常高兴，谢谢！"

第62章

提高服务可争取顾客的信赖

提升业绩技巧

无论店铺经营者如何努力,若服务质量始终没有提高,顾客终将离你而去。

1. 服务质量会影响生意的好坏

在这个竞争的时代,光靠店铺的格调来争取顾客是不够的。因为生意的好坏仍然取决于顾客的喜恶,所以,即使店铺的商品可以不断推陈出新,但是从另外一个角度来看,只要别家商店也能在产品的技术上进行突破、跟进,势必立刻形成市场的激烈竞争。至于店铺能否争取顾客的支持,则有待进一步的探讨。

因此,当商品的竞争进入循环比赛的时候,会使同样的店铺如雨后春笋般地林立,且让顾客觉得,反正到哪一家买都是一样的。于是决定光顾某家店铺的理由,也只有一个——又近又方便。

在顾客的要求之下,假如经营者想使自己的店铺一枝独秀,业绩领先,最有效的办法就是造成同行的差异化；而造成差异化的关键，不外乎是店面的装潢、商品的包装，以及服务质量等。

就服务质量来说，主要在于如何抓住顾客的心理，提供适时、完善的服务，因此，在服务的态度和项目上，应该事先规划出来，并且加以系统化。

以零售店为例，经销送货服务与商品的售后服务，对于店铺的差异化影响极大。借着以上两种经营，当可看出店铺的服务质量好坏。

经营之道的不二法门，就是切实抓住顾客的心理，并且保持诚恳的热忱服务。即使服务的对象只有少数几人，或者交易金额只是屈屈小数，然而经营者的待客热情也不可稍减，甚或不屑一顾，以免招来顾客的不满。

2．如何提高服务以造成差异化

店铺应该提高服务质量，以造成同行之间的差异化，争取顾客的支持。那么如何提高服务？其具体做法，则因各行各业有所不同。

M超大型级市场是以电话订购送货而起家的。该店的送货服务采取科学化的管理方式，以便提高工作效率。其实施办法是将150种左右的商品事先印制成一张项目单，然后分送各家各户，顾客即可利用电话直接订货。此外，项目单上的商品都按季节来变换，而且这些商品只限于购买率高的应季产品。

原则上，只要店铺收到订货的通知，可于两天之内送货到家。不过，为了提高服务的效率，M超市通常可接受上午的订单，即在当天下午立刻送达，服务亲切又便捷，普受顾客的好评。

另外，"亚光电器行"的服务方式也非常积极。该店以半径500m的范围为服务商圈，商圈之内的固定性顾客，都可以享受到购买电器产品之后的"定期检查服务"。这项服务按月实施，对于每户家庭的电器进行免费检查和维修。

买方必须把检查日期、维修电器名称、付费款项等资料，详细地填在询问卡里，做成受检的记录。除此之外，该店还会提供顾客一些正确的电器使用方法等。

类似这种锲而不舍的售后服务，当然容易赢得顾客的信赖，进而成为固定性的老主顾。同时，要主动争取顾客，以其服务良好的金字招牌，促销商品，从而

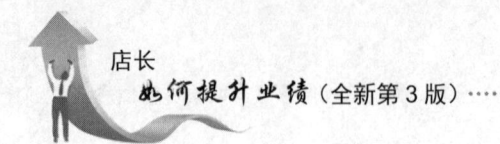

使业绩蒸蒸日上。

此外,还有一种新兴行业的出现相当引人注意,这就是日渐普遍的二手货服务业。顾名思义,该行业的服务项目是将顾客委托销售的商品陈列展示,然后抽取出售价格的两成作为佣金。

目前,有些二手货服务业也将经营范围加以扩大。除了服务顾客之外,也帮忙公司或厂商处理库存货物,因而业绩直线上升。

出售二手货的经营方式,通常把顾客委托的物品陈列一个月。若商品无法卖出,则应减价陈列一个月;若仍卖不出去,就把物品交还原主。

由上可知,服务质量的提升也有赖于店铺与顾客的依存关系。针对商品服务时代的来临,店铺经营者应该不断加强服务,制造同行之间的差异化,争取固定的顾客。

第63章

追踪顾客案例介绍

提升业绩技巧

店员应对顾客的日常生活进行追踪，开拓新顾客，拉住老顾客，是店员日常活动的重点。

对顾客的追踪是以数据卡为依据进行的。以住址为例，若只是在顾客的屁股后面跑，那么推销业绩必会逐渐下降，这是显而易见的。

顾客的追踪应编排在促销员的日常生活中，因此，顾客的住址必须非常正确。例如，在某一天的预定行动地区中，会顺路经过顾客A和顾客B之处，则可将其访问编入当日的行程中。但若顾客A在几个月前已迁居，而你的数据卡上并未记载，结果白跑一趟，反而浪费时间。为防止这种徒劳无功的情形发生，必须建立完整的住址记录。

但若因顺路的理由而常常去拜访也无意义，只是惹人厌烦罢了，因此访问的日期和时间也应有正确的记录。

以上就是要求建立完整的顾客数据卡的理由，我们可根据资料卡进行直接访

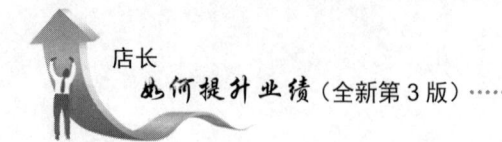

问、书信访问或电话访问。

1. 直接访问

推销员本身要访问顾客,而不是派代表访问。最低限度三个月访问一次。

可以借这个访问来确认已交商品的使用情形、催收货款、拜托顾客介绍新顾客,也可以顺便推销相关的商品。

"推销开始于贸然的访问。"话虽如此,但不论是多么老练的推销员,贸然访问总是较费心神。如果和被访问的顾客间彼此相互了解,则访问时心情会较轻松。但访问时要留意和顾客间的人际关系(不可因过度的亲密而变成随便不客气的态度),并尝试积极性的访问。

2. 书信访问

这是以亲笔信和邮寄广告印刷物为中心的访问,还包括对顾客家族婚丧喜庆的贺电与贺卡以及时节性问候。

3. 电话访问

以直接访问一次、电话访问两次的比例来进行推销,比较有效果。电话访问时要注意时间不可过长(3 分钟最理想),因为时间太长可能使顾客认为:"打电话给我固然好,不过这人实在是话太多了!"这样反而招致顾客的反感。

第 1 次访问——直接访问。此次访问仅限于交货及对货款交讫的答谢,至于确认货品使用情形(顾客有无抱怨)或拜托对方介绍新顾客,则为期尚早。但如顾客本身积极主动地提出,那么你要乐意接受。

第 2 次访问——电话访问。在直接访问后第 20～30 天内进行较为恰当,目的在于确认商品的使用情形。在这次的访问中也许有被要求直接访问的可能,其原因或许是顾客对商品有所抱怨,但也可能是顾客要介绍新顾客给你。

第 3 次访问——书信访问期间,访问函必须亲笔书写,范围限于简单的问候及对商品使用情形的再确认;同时不要忘记在信中顺便请求对方介绍新顾客。至于介绍新产品的广告当然可附在同一信封内邮寄,但必须顾虑到因而使顾客的注意力转移集中在广告印刷品上的可能。

第 4 次访问——此时可以变更"直接访问—电话访问—书信的访问"的顺序,因为重复这种一成不变的模式,容易使顾客摸清你的底牌,被顾客推测出:"差不

第 63 章　追踪顾客案例介绍

多快打电话来了。""这次的信会写些什么呢？"所以，这绝非上策。

但如果是非常期待你访问的顾客，则另当别论。通常这类顾客会主动表示，如打电话催你直接访问。

这次的访问约在交货后四个月，可以采取试探性的直接访问。这时你要有将其当作可能成为顾客的正确观念，而后回想从贸然访问，发掘可能成为的顾客……一直到培养其成为自己顾客的过程。在访问时准备一些适当的纪念品作为礼物。这个访问的目的是集中于——对方有无介绍新顾客的可能性？对相关产品是否感到需要？

第 5～10 次的访问——诚如前述，"直接—电话—书信"的访问模式易感厌倦，因此在行动上须稍加变化：

如果是书信访问，则可改送展览会的邀请函；或从出差地邮寄土特产。如果是直接访问，则可轻描淡写地告诉顾客："因为到这附近来，所以顺路来拜访你。改天再长谈。"不要让顾客认为你是专门来访并打算长谈的。

第 5～10 次访问期间，可能有需要寄贺卡或时节性问候信的时候，虽然麻烦一点，但是一定要亲笔书写。假如顾客很多，非印刷不可时，纸要印上"恭贺新禧·××××年元旦·住址·姓名"，然后再颇具巧思地亲笔附上一句，如"少爷今年该毕业了吧"。

第 11 次以后的访问期间——如以一个月访问一次计算，第 11 次以后的访问大约是从交货后的一年开始。此时要详细查询"顾客＝可能成为的顾客"的可能性；顾客周围有多少潜在需要；是否已到增购或汰旧换新的时候，而后考虑改变追踪办法。

第 64 章

捉住回头客的技术

提升业绩技巧

RFM 分析模型利用顾客过去的购物消费数据，研究顾客的购物行为，并对顾客的购买行为进行量化分析，适用于各个行业，全面地对顾客的价值进行衡量。

回头客可帮助商店在较少花费的前提下，获得稳定的收益，尤其是"会员卡"顾客，而对于回头客的价值，则要采取 RFM 分析法。

64.1 RFM 分析

RFM 分析是分析顾客最近购买日期（Recency，R）、平均购买频率（Frequency，F）及购买金额（Monetary，M）三个分析数据项目，从而全面地对顾客的价值进行衡量。

当今零售业最重要的资源并不是商品，而是商店拥有的顾客群体，因此零售业必须对顾客群体的消费行为、贡献度进行详尽的分析，而 RFM 分析模型就是近年最常用、最有效的分析方法之一。

RFM 分析模型是利用顾客过去的购物篮消费数据，研究顾客的购物行为，并对顾客的购买行为进行量化分析的数学分析模型。RFM 模型将顾客的价值进行量化描述及评分，使顾客的消费行为有了一个科学的、可以数字化的分析方式。

由于 RFM 分析模型的分析对象是顾客历次购物的购物篮，而不是具体的商品，因此 RFM 分析模型也是购物篮分析的一个重要组成部分，只是分析及解决问题的侧重点不同。RFM 分析模型最早出现在 1989 年，由美国学者 Stone 提出，并对 R、F、M 三个维度的计算方式、权重模式进行了精确的定义，从理论上使之成为一种顾客价值分析模型。尽管 RFM 分析模型在近年的营销类书籍中不断被提及，但是 RFM 分析模型并不是一种新概念。美国研究学者 Hughes 在 1996 年的文章中提出，RFM 分析模型在 DM（Direct Marketing）直销行业已经运用了 30 年之久，但是只有在商用 PC 及关系型数据库等技术逐渐成熟，并大面积普及后，RFM 分析模型在 1990 年后才被广泛用于零售业态。RFM 模型经常被各类零售业运用于顾客的忠实度、顾客价值分析，成为零售行业数据分析的重要组成部分。

RFM 分析模型具有应用于各个行业的特点，计算过程简单，演算方法易懂。对于营销界、零售行业的人士来说，在不需要专业分析软件的情况下，借助一些简单的办公软件，也可以进行顾客的 RFM 分析，因此该分析模型受到零售业界的欢迎，并且得到了广泛的应用。

64.2 RFM 分析的具体含义

1. 最近购买日期（R）

最近购买日期是衡量顾客最近一次购买日期距离现在的天数，天数越小，说明顾客购买商品的时间距离现在越近，也说明顾客的再次购买可能性会越大，顾客的忠诚度可能越高。如果顾客的最近购买日期出现了较大的变化（如由 10 天变

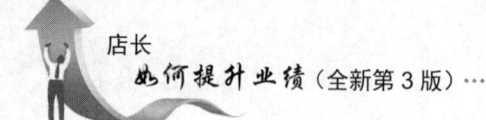

为 20 天），则说明可能出现顾客流失。对于每个具体行业甚至具体商品，导致的最近一次购买日期都会不同。例如，日用品最近一次购买的平均天数可能是 20 天，而宠物行业的宠物食品最近一次购买的平均天数可能是 7 天，最近一次购买日期应该与 F（平均购买频率）相互配合分析，才可以真实体现顾客的购买行为。

2．平均购买频度率（F）

平均购买频率指的是顾客在一定的期间内（如半年）购买商品的次数，次数越高，即频率越高，购买频率越高，说明顾客的忠诚度越高。对于每个行业、商品，顾客的平均购买频度是不同的，各个行业要根据销售商品的特性，计算出顾客对于主要商品的购买频率，并以此作为商品促销的依据。在顾客的平均购买频率出现偏差时，积极与顾客沟通，进行商品促销，确保顾客不会流失。

3．购买金额（M）

购买金额指的是顾客在特定时间内（如半年）购买商品的金额。可以从顾客的消费情况，衡量顾客对于零售业的价值，并作为区分顾客的主要标准。

64.3 商店 RFM 案例剖析

1．看看宠物店都有哪些回头客——某宠物用品商店的 M 值（顾客贡献度）分析

某宠物用品商店为了了解不同顾客群体的贡献度，对该商店的顾客群体按照消费金额的十等分法进行了 RFM 分析。

该报表为某宠物直销商店顾客销售 RFM 顾客消费金额十等分分析报表（见表 64-1），十等分区间按照顾客的消费金额进行区分。这里要特别注意的是，在进行十等分区间区分时，没有必要一定机械地将顾客的消费金额强制平均分割。

在本案例中，顾客的消费金额的区间最低为 9 元，最高为 1 300 元。如果按照十等分强制区分，会出现 0～120 元、120～240 元、240～360 元这样的顾客消费金额分隔区间，这样的金额区间不利于理解，也不具有代表性，因此在这里根据该商店的要求，将十等分的区间划分为如下间隔。

表64-1　某宠物用品商店的顾客消费金额十等分分析报告

顾客编号	顾客人数	消费金额（元）	消费所占比例（%）	平均消费金额（元）	销售毛利额（元）	平均毛利率（%）
1	11	13 265.00	8	1 205.90	388 520	23.9
2	23	17 491.40	11.72	760.49	4 953.15	29.55
3	46	22 613.90	15.15	491.60	632 722	28.6
4	41	13 912.65	9.32	229.33	4 089.75	29.39
5	94	22 956.50	15.38	233.21	6 555.20	28.72
6	90	11 179.58	7.49	12 421	4 478.82	29.05
8	175	21 280.35	14.26	121.60	5 928.33	28.07
9	264	18 466.30	12.37	69.94	6 192.98	33.96
10	145	3 569.50	2.39	24.62	1 201.17	26.37
合计	894	149 214.43	100	166.90	43 622.08	2923

- 顾客编号1：1 000元以上
- 顾客编号2：800～1 000元
- 顾客编号3：500～800元
- 顾客编号4：400～500元
- 顾客编号5：300～400元
- 顾客编号6：200～300元
- 顾客编号7：150～200元
- 顾客编号8：100～150元
- 顾客编号9：50～100元
- 顾客编号10：0～50元

这样的顾客消费间隔划分可能被数据分析学术界所轻视，被认为杂乱无章，但是即使这样，顾客依然集中在0～50元、50～100元、100～150元的几个区间。在这些区域的顾客分隔并不明显，但是也要强于机械地将数据平均区分的模式，便于具体分析工作，因此成为主要的分析区间划分方法。

从表64-1中可以看到，销售贡献最好的顾客群体为"顾客编号5"，其次是"顾客编号3"的顾客群体，这两个顾客群体贡献了30.53%的销售额；销售毛利贡献度最好的顾客群体依次为顾客编号 5、3、9 三个顾客群体；毛利率最高的顾客群体为"顾客编号 9"。通过报表可以发现，尽管"顾客编号 1"的顾客群体给人印象深刻，但是这类顾客只是少数，对于"顾客编号 10"的顾客，尽管数量比较庞大，但是销售贡献比较低，应该鼓励这些顾客提升消费层次，减少此类顾客数量。

各个顾客群体的商品毛利率均保持了较高的水平，说明商品品类及组合效果非常出色。在具体的促销及营销过程中，应该鼓励不同顾客群体实现向上顾客等级升级，这样商店的整体效益都会提升。

2. 3～4 天还是 7～8 天的购买周期——某宠物商店的最近购买日期 RFM 分析

某宠物用品商店为了解顾客的购买行为及顾客忠诚度，对该商店的部分顾客群体按照 R 值（最近购买日期）进行了十等分法 RFM 分析。

该商店各类顾客共有 109 人，最近购买日期从 1～2 天到 17～18 天不等，如表 64-2 所示。顾客群体最多的是最近购买天数为 3～4 天，顾客人数达到了 24 个，消费金额为 10 946.45 元，消费金额所占比例为 33.08%，平均客单价为 456.10 元，毛利所占比例为 34.95%。从其他角度了解到，这些顾客都是购买宠物主食、辅助食品、营养品、日用品的顾客群体，因此会形成比较高的 R 值。

表 64-2　某宠物店的顾客最近购买日期 RFM 十等分分析

最近购买日期（天）	顾客人数	消费金额（元）	消费所占比例（%）	平均消费金额（元）	销售毛利额（元）	毛利所占比例（%）
1～2	18	5 074.38	15.33	281.88	1 224.45	13.57
3～4	24	10 946.45	33.08	456.10	3 152.29	34.95
5～6	4	567.00	1.71	141.75	189.50	2.10
7～8	5	1 015.70	3.06	203.14	256.03	2.83
9～10	12	2 678.50	8.09	223.20	729.24	8.08
11～12	6	2 235.60	6.75	377.60	583.06	6.46
13～14	11	1 844.70	5.57	167.70	472.04	5.23
15～16	15	4 942.20	14.93	329.48	1 256.55	13.93
17～18	14	3 786.00	11.44	270.42	1 154.66	12.70
合计	109	33 090.53	100	245.12	9 017.82	100

3．有多少顾客只买了一次——某宠物商店的平均购买次数 RFM 分析

某宠物店在开业两个月内形成了有效顾客 895 人，有必要对这 895 个有效顾客进行购买行为分析，因此采取了 RFM 分析模型中的 F 值分析法（购买频率分析），对不同顾客群体的购买频率进行了分析，分析结果如表 64-3 所示。

报告显示形成 1 次购买的顾客人数为 505 人，2 次购买的顾客为 173 人，3 次购买的顾客为 88 人，4 次购买的顾客为 56 人，5 次购买的顾客为 29 人，6 次购买的顾客为 13 人，7 次购买的顾客为 5 人，8~9 次购买的顾客为 6 人，10 次以上的顾客为 15 人。其中，在商店只购买 1 次商品的顾客为最大的顾客群体，其次是购买了 2 次的顾客群体。这些顾客消费所占比例为 52.04%，顾客人数所占比例为 75.75%，说明该商店大量的顾客没有再次购买过商品，因此该商店必须将营销重心放在这些已经购买过 1~2 次的顾客身上，采取各种营销手段吸引顾客再次购买。

表 64-3　某宠物店的顾客购买次数 RFM 十等分分析

购买次数	顾客人数	M 消费金额（元）	销售所占比例（%）	平均客单价（元）	平均 R 值（最近购买日期）	平均购买额（F 值，天）
1	505	52 565.65	35.22	104.0	56.97	59
2	173	25 104.95	16.82	72.55	50.75	34
3	88	19 752.35	13.23	74.81	44.60	21.94
4	56	15 653.95	10.49	69.88	44.76	16.70
5	29	9 678.75	6.48	66.75	44.13	11.89
6	13	5 022.25	3.36	64.38	35.15	9.98
7	5	3 072.30	2.05	62.70	41.40	8.57
8~9	6	4 070.30	2.72	80.80	22.16	7.14
10+	15	14 293.93	9.58	61.15	12.17	5.20
合计	895	149 214.43	100	65.70	34.54	

4．哪些购买频率是有意义的——某宠物商店多次购买顾客群体的购买频率 RFM 分析

某宠物店在开业两个月后，形成了一些有效购买顾客，这些有效购买顾客除

了只购买过 1 次的顾客群体外，有 322 个顾客形成了多次购买。为了分析这些顾客的购买周期及购买行为，我们对这些顾客的购买频率进行了 RFM 分析，分析结果如表 64-4 所示。

表 64-4　某宠物店的顾客购买频率 RFM 十等分分析

购买频率区间（天）	顾客人数	消费金额（元）	销售所占比例（%）	平均消费金额（元）	平均客单价（元）	平均交易次数
1～2	81	16 036.75	17.35	197.98	57.79	4.48
3～5	20	5 247.98	5.68	262.39	56.28	4.65
6～10	34	10 605.00	11.47	311.91	71.85	4.70
11～20	91	32 868.15	35.57	361.12	83.42	4.59
21～30	41	14 168.00	15.33	345.56	103.98	3.48
31～40	22	6 913.90	7.48	314.26	117.30	2.86
41～50	14	2 756.50	2.98	196.89	85.14	2.71
50～60	9	2 137.55	2.31	237.50	104.23	2.67
60 以上	10	1 644.45	1.78	164.44	76.01	2.30
合计	322	9 237 828	100	23920	75.60	3.24

对于该商店来说，购买频率在 11～20 天的顾客群体人数最多，销售金额、平均销售金额也最大，因此贡献度最大；其次值得关注的是购买频率在 1～2 天的顾客群体；另外，要注意的是，购买频率为 31～40 天的顾客尽管消费金额不高，但是平均客单价比较高，而购买频率比较短的顾客群体单次客单价往往不是很高，这两种现象代表了一种消费趋势。

第65章

老顾客介绍新顾客

> **提升业绩技巧**
>
> 资深的店员懂得拉住已成交的顾客,使他可能再度光临。

资浅的推销员往往在商品成交后就放心了,认为对这位顾客的责任已了,而将全部精力放在另寻新顾客上。这件事本身并没错,但是他并不了解:已交货的顾客,在交货的那一刻(或达到交货的过程中)就变成可能再度光临的老顾客。

假如你的成品毫无瑕疵,且顾客使用后感到十分满意,也可能因此而介绍新顾客给你。即使你销售的商品是耐久的消费品(如汽车),但因商品本身有一定的使用年限,所以也一定有汰旧换新的时候,届时再委托你购买的可能性很高。因此,不论从哪个角度来看,这个顾客就变成可能再成为顾客的新顾客。顾客管理的重要性在此可重获肯定。

1. 顾客对你是否有好感

如果被问及:"你认为那个人对你是否有好感?"相信每个人都会犹豫一下,

然后，有自信的人会回答："我想是有的。"缺乏自信的人则会说"不晓得！""我自认为很认真，可是对方……"等各类回答。要赢得顾客的好感有个要点：顾客和推销员之间的关系主要是维系在顾客对商品（包括经办人的你）的信赖度，以及你对这种气氛的浓淡度，这些是决定你受到顾客好恶的因素。

虽然我们听过"那个人就是讨人厌！""一听到那个人的声音就恶心！"这种话，但毕竟是例外情形，只要你对顾客的态度极其诚恳而不掺一丝假意，顾客一定会对你产生好感。

为使顾客对你有好感，你该怎么办？以下是值得注意的几个方面：
- 直接访问时，对顾客是否超越了应有的亲密程度？
- 是否在对方忙碌时访问？
- 书信访问时，是否错别字太多？
- 是否使用不清洁的信封或明信片？
- 是否会在打扰顾客的时间内访问？
- 是否谈话时间过长？

一般人对自己的缺点都不易自觉，即使自觉也不易更正，大多会以"那个人还不是……""客人也有……"为由推诿责任，借种种理由来安慰自己。要知道，唯有严于律己的态度才能打动第三者（顾客）的心。

2. 你是否抱着明确的目的意识去访问顾客

一般为推销员所写的指导书籍中所陈述的都是标准化的模式，并不因为个人所经手的商品特性或接待者的个性而有分别。因此，在此不厌其烦地强调行动变化的必要。

直接访问时须准备什么？第一次访问只是礼貌上的访问，所以空手去也无所谓，或者拜托上司陪你去。第二次的直接访问则可考虑携带有关公司业绩的简报（非公司的目录）。其次，不论是书信访问、直接访问或电话访问，都一定要定期（并不是固定每个月的那一天，而是固定20天或30天访问一次）。

假如顾客有抱怨的情形，你一定要有排除万难、立刻解决问题的意识。

一般来说，人们很容易误认为顾客管理是：多访问顾客、多和顾客闲聊，顾客就会自动提供其所需商品的情报。如果抱着"在家里坐，生意就会上门"这种心理而能卖出商品，那天下就没有难做的生意了。

但是，事实上做生意并不是这么容易的，所以应该抱着"昨天是顾客，今天就可能成为其他竞争对手的顾客"的想法，不断地去访问顾客，否则业绩不会有进展。

3．心里必须经常想着"拜托介绍新顾客"

如果希望从顾客处获得更多介绍，那么你的心里要时时想着"拜托介绍新顾客"。

交货后的第一次访问，若贸然提出请顾客介绍新顾客的要求，似乎有点失礼，但若顾客自己说："我的朋友 S 看了货品很满意……"这时就可顺水推舟，向顾客借用电话和 S 联络。这是推销员应有的积极态度。

因此，在第二次以后的访问（不论书信或电话）中，可以附上一言："不知有没有人对这货品感兴趣？""不知是否有人想买我的货品？"拜托顾客介绍新顾客。

这种话在书信访问时是附在信尾，可是在电话访问时却要在谈话中若无其事地提及，这也是一种策略的应用。

假如你习惯在电话快讲完时附上一句："那么是不是能介绍……"很容易被人认为："那个人是因为希望我介绍顾客才打电话来的。"这样反而有被刁难的可能。

有时，顾客会说："帮你介绍顾客吧！"但却未曾付诸行动。

这时可采取恳求的态度："最近老是为业绩苦恼，是否能帮帮忙？"

这种恳求的姿态可以使对方产生优越感，而且地位越高的人，越喜欢别人恳求他或拜托他。

4．对自己经办的商品是否有绝对的自信

你必须对自己的商品抱有绝对的信心，即使商品有些微小的缺陷，也应充分认知其有足以弥补的长处。

顾客是因为信赖你（和经办的商品）才购买你的商品，且想介绍朋友给你（和经办的商品）。如果连自己（和经办的商品）都不能认定比别人优良，那还有谁敢介绍你（和经办的商品）给其他朋友呢？

第 66 章

建立良好的顾客管理制度

提升业绩技巧

良好的顾客管理制度，可以提升业绩，是商店管理不可或缺的项目。

如何做好顾客的管理，是商店管理不可或缺的项目。

例如，对邮寄广告来说，即使已经将商品拍卖或折价的信息发布出去，但如果要求的消费对象并不固定，那么可能无法达到预期的理想效果。因为收件人对这些消息漠不关心，更是全然不感兴趣，则收到的广告传单自然也如废纸一般，不能引起共鸣。

此外，由于邮寄广告的方式日益泛滥，一般顾客的反应早已厌烦，所以不管收到印刷多么精美的广告单，往往也是不屑一顾。因此，若经营者执意采用邮寄广告来推销商品的方式，首先应该用心加以规划，构想运用何种强而有力的攻势，才能吸引顾客自动上门。

而顾客管理工作，就是最重要的步骤之一。所谓顾客管理，就是根据许多名单的背景资料，从中挑选出购买能力与之相合的消费者姓名、地址，然后定期提

供商品的信息,即在一段时期之内尝试商品的促销。一般来说,建立良好的顾客管理,应注意以下两点:

① 顾客名单的数据必须是活的;
② 应建立与企划一致的选择顾客的制度。

顾客名单的建立应该质重于量,不能仅是一些姓名与住址的记录,而更需要将"何时购买""何种商品""何种价格"以及"顾客是谁"等数据加以收集、比对,找出哪些消费者是最适宜的推销对象。通过这些数据的整理,也能将顾客的类型予以区分,同时根据不同的顾客,提供不同的服务。

这种根据消费者的类型来做不同服务的方式,也许有人认为对顾客并不公平,然而种种情形显示,若能充分针对每一阶层的消费需求,做密切的配合和服务,往往才能确实地掌握到对方的需求意识,进而与之产生共鸣,购买意识和行动也将更为积极。只要在顾客的心理上,逐渐建立一种"老地方""老店铺"的形象,那么就能抓住老主顾的信赖感,获得固定性的支持。

有些经营者常以生意兴隆而扬扬自得,而在自负之余,往往忽视了与顾客之间的友好关系,以为这是一件无关紧要的事。其实,若就生意的长期眼光来看,"顾客至上"才是永远不争的事实,因此对于前来光顾的顾客,应该以诚相待,并对顾客的阶层、职业、年龄、性别等外在因素,加以注意。

有些顾客因为经常上门,日积月累之下,极易建立老板与顾客的情谊,有时还会引发许多人情味的启示。然而,如果某位原本熟悉的老主顾突然不再光顾,甚至长达一年以上,那么很可能这位常客已经默默地离你而去,也就是说,已与你"断绝关系"了。当然,这种关系的断绝仍有复合的可能。以下列举几种常见的情况说明:

① 顾客的嗜好有所改变,或者购买不到喜爱的商品,因而转到别的商店;
② 老板对于顾客的服务态度不佳,以致顾客愤愤离去,永远不再上门;
③ 店铺的商品不具吸引力,无法引起消费者的购买欲;
④ 顾客的住址变更,而与店铺老板的关系告一段落。

虽然理由不一,但是每家店铺的顾客难免会有新旧的面孔出现,只要经营者能够本着服务的热忱,就不难建立与旧雨新知的主客关系。大抵而言,每年总有一至两成的老主顾会与固定店铺"断绝关系",不过也有为数相当的新顾客上门购

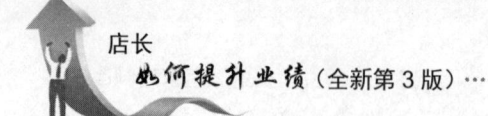

物，同时越是服务周到、价格大众化的店铺越能吸引更多的顾客。

至于邮寄广告的顾客名单，不但必须注重数量的增加，同时要以质取胜，也就是要积极找出购买意识较高、阶层更为适宜的推销对象。

有些顾客不愿光顾的原因，很可能是因为经营者的促销策略失当，以致不能掌握消费者的需要，即促销方式本身可能已有瑕疵，急需加以改进。因此，经营者对于顾客突然大量消失、销售业绩每况愈下的情况，仍然必须小心注意。

日本一家 7-11 分店，长年以来都会定期针对某些顾客做访问式的调查。结果发现，该店于十年之前的消费者年龄，平均都是二十几岁，然而在十年后的今天，顾客的年龄阶层仍然保持不变，换句话说，该店开业十多年间，素以年轻人为主要对象。

从上面的调查数据中，我们可以看到一个非常有趣的现象，由于该店的消费对象始终维持在 20 岁左右，而在十年之后，那些三十几岁的青年早已与店铺脱离关系，取而代之的仍以年轻人为主。

第 67 章

服务一定要真诚

提升业绩技巧

满腔热情的服务往往使人心动,使不想买东西的顾客会买你的商品;使买过你的商品的顾客,产生下次还要到此处来买的心理。

1. 对顾客富有人情味

服务性店铺直接向顾客提供的是服务或者劳务。服务性店铺每天都接待许多顾客,或者送上饭菜,亲自招待住宿,等等。那么,这些店铺应当怎样为顾客服务?显然,应当待顾客如同亲友、客气、殷勤、细心、周到,一言以蔽之,就是要富有人情味。只有如此,才能使顾客感到温暖,产生好感,留下深刻的印象。也只有如此,服务性店铺才能赢得顾客的赞誉,强烈地吸引顾客前来光顾。

某店饭家非常注重"全员公关",要求每个员工都必须处理好和顾客的关系,热情为顾客服务,让顾客来到这里就像回到自己的家一样,因此,这家饭店受到了顾客的高度赞扬。

一次，三位女顾客深夜来到该饭店投宿，当时已经客满，值班服务员马上把会议室整理出来安排她们住下，并说明可以降低收费标准。经理也亲自来到客房，亲切地问候；服务员又立即送上香巾，泡上热茶，请她们好好休息。她们住了几天，临走时，服务员帮助提行李送到门口，表现出恋恋不舍之情。她们很受感动，一齐说道："我们下次来，一定再住你们的饭店！"

这家旅店的设备属于中级，收费不高，但服务水平却达到了上乘，因而，"回头客"占很大的比重，而这些老顾客，当然也介绍了许多新顾客。

2. 不怕麻烦，有求必应

聪明的店铺或商场能够为顾客或用户树立一个全心全意为他人服务的形象，使人认为店铺或商场考虑的都是用户的需要、用户的利益，甚至不顾自己的利益受到损害，也要满足用户的需要，为用户提供方便。这颇有点"君子风度"，表现出该店铺或商场的职业道德质量高尚，满腔热情地为用户服务。也正由于此，这些聪明的店铺或商场才与广大用户建立起密切融洽的关系，受到了用户们的高度赞扬，老用户没有一个断交的，又结交了许多新用户。既然得到越来越多的用户的肯定和支持，那么这些店铺或商场当然会日益繁荣兴旺。

3. 开展个性服务、专场服务、灵活服务

有家绸缎商行，并没有坐落在繁华的街道，但却对顾客有着很强的吸引力。每年接待海内外顾客10万人次，甚至连许多国家驻华使馆官员及其家眷也成了这里的常客。

那么，这家商行何以能够这样吸引人？该商行王总经理说，他们商行靠的是开展个性服务、专场服务、灵活服务。

有一位中国香港女士，来到商行点名要买一件锦缎棉袍，以此领略一下20世纪30年代的风韵。虽然这种棉袍早已在市场绝迹，可是，商行还是马上找师傅剪裁制作，一周后，就把棉袍送到了她手里，令那位女士又惊又喜。

一位智利小姐在华结婚，来到商行要办一套中式传统嫁衣，包括女子大棉袄、中式裤、软底绸面绣花鞋以及梅花报春的织锦缎被和大红绸缎的鸭绒枕，商行及时为她办好了所要的一切，把她打扮得真像一位中国传统的新娘

子，使她喜气洋洋。

商行本订于晚上 7:00 停止营业，有一天傍晚 6:55，四位意大利客人来到了该店，其中有一位是雄踞歌坛的歌唱家。四位意大利客人仔细观看和挑选商品，服务员耐心地为他们介绍商品，一直忙到 10:00 多，超过下班时间三个多小时。四位意大利客人感到过意不去，连连道谢，歌唱家激情难抑，最后在商场为十几位服务员演唱了一曲《我的家园》，作为他对营业员热情服务的赞扬和报答。

商行确实把顾客看作"上帝"了，千方百计吸引顾客光顾，克服困难满足顾客的要求。

该商行的"个性服务"，使得那些对于布料和服装有着特殊要求的顾客，在这里都能够满足自己的愿望，因而凡有特殊要求者都会踊跃光顾该商行，衷心感激该商行。

该商行的"专场服务"，使得某个方面的人士同时集聚该商行，他们在这里可以欣赏和购买自己特别感兴趣的各种商品，因而他们会对该商场备感亲切，即使在不是特为他们专场服务的时间里也会欣然光顾。

该商行的"灵活服务"，如在超过了下班时间的情况下，仍对专来光顾的顾客热情服务，使得这些顾客能够如愿以偿，他们更会对该商行万分感激，高度赞誉。绸缎商行正是由于如此忠心热情地为顾客服务，所以才能在广大顾客中享有盛名，对他们产生了强大的吸引力。

4. 百问不烦，百拿不厌

某商场，从总经理到服务员都有着很高尚的职业道德，很强烈的公关意识，服务员为顾客微笑服务，优质服务，做到了百问不烦，百拿不厌。

一天，有两个顾客来买皮鞋，刚走近柜台，服务小姐就立即面带微笑地打招呼："先生，您好！你要买哪一种皮鞋？"

两位顾客要求服务小姐当参谋，帮助选购。服务小姐揣摩顾客的心理，拿出几种新颖大方的皮鞋，熟练地一一介绍产品、价格和特点。顾客经过仔细观察和相互比较，选中了其中一双皮鞋，在拿出钱包付钱时，忽然发现带

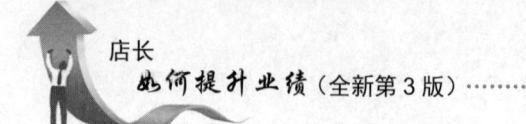

的钱不够。在他们为难之际，服务小姐笑着说："只要您满意，就把鞋买去吧！缺多少钱我先垫上，我相信您。"两位顾客很感动，连声道谢，几天后，他们送还欠款，还送上了一封热情洋溢的感谢信，称赞服务小姐是"对顾客最热情的服务小姐"。

  一位女顾客到此商场替丈夫买了一件短衬衣。当时她丈夫不在，买回家后请别人代试，一天到商场换了两次。四天后她丈夫出差回来了，试穿不合身，她又到此商场来换。这时，她自己也有点不好意思，服装组的两位小姐态度仍然很和蔼，又给她换了一件，并且微笑着告诉她："如果不合适，请再来换。"这位女顾客满怀感激之情，马上在顾客留言簿上写道："我对这样的服务态度太满意、太感激了！"

  商店的服务对象是广大顾客，商店的"衣食父母"也是广大顾客，因此，商店对于广大顾客就应当热情接待。要考虑到顾客花钱买东西，总是要买到既便宜又合自己心意的东西，因此必会询问有关情况，并且挑挑拣拣。所以，商店员工应当理解顾客的心理，做到百问不烦、百拿不厌，这样，才能让顾客满意而归，并且让他们愿意再次上门。

第68章

要服务先记住顾客姓名

提升业绩技巧

能够牢记顾客的名字，顾客就会有亲切感，顾客以后就不容易被其他商店所抢走。

一般的商店之所以能与大型百货公司、超级市场对抗，其武器就是能够牢记顾客的名字，而使之有亲切感。百货公司与超级市场有长处亦有短处。其最大的短处就是和顾客的亲切感较薄。不错，店员很有礼貌地对顾客说"请坐""欢迎光临""谢谢"等话语，但这些话是对任何顾客以一样的口气反复使用的销售用语，没有亲切感。这种百货公司、超级市场的短处，正是零售店的长处。所以加以利用可当武器，多多发挥其第一步，尽可能早一天记住顾客的姓名。

贩鱼店、蔬菜店、食品店、化妆品店、药房等，最靠近大众的日常消费，且顾客频繁地购物，所以更要记住顾客姓名。顾客对于他经常买东西的店，都持有一种感情，认为自己常光顾这家商店，如果商店把他当作一般过路的顾客对待，没有表现出一点亲切感，那他会完全失望地到别家店去。

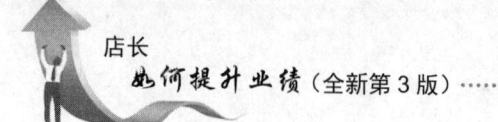

要记住顾客的姓名，并非容易且必须努力。纵使来过好几次的客人，我们也不能冒昧地请问其姓名。某家服饰店的做法是：每年的春夏秋冬都准备幸运卡，让顾客抽签对奖。对于数度光临的顾客，请他在卡上写下姓名、住址，很自然地便将其姓名记录下来。这是把握顾客的一种有效方法。

要牢记顾客姓名，使他有亲切感的另一方式，就是针对市场的购买领导者。例如，某一主妇交际广泛、善解人意，属于主妇的领导者。她对附近的主妇们说："肉在某店买较好，便宜、味美。"那么必定会一传十、十传百了。主妇领导者就属于购买领导者。

因此对商店而言，必须在自己的商圈内，熟悉有领导购买资格的主妇，希望她变成自己商店的宣传员，同时请她介绍其他主妇到店来购物，且趁机牢记姓名。这样结交顾客，能添加亲切感，顾客以后就不容易被其他商店所抢走。

第69章

提高顾客满意度

提升业绩技巧

提高服务质量，赢得顾客的满意与忠诚，才能提升商店业绩。

顾客满意是指顾客通过对产品的可感知效果（或结果）与期望值相比较后，所形成的感觉状态。如果效果低于期望，顾客就会不满意；如果效果和期望相匹配，顾客就会满意；如果效果超过期望，顾客就会高度满意或欣喜。决定顾客的忠诚度往往是一些日常小事，所以零售业必须做大量耐心而细致的工作，从小事做起，从身边做起，赢得顾客满意与忠诚。

一个高度满意的顾客所带来的好处很多：
- 更忠诚；
- 购买更多的新产品和提高购买产品的等级；
- 成为传播效果最好的广告；
- 积极热心地提供建议；
- 由于购买习惯化而降低交易成本。

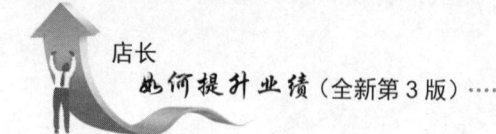

因此，一个零售商的精明之举是经常测试顾客的满意度。例如，可以通过电话向最近的顾客询问他们的满意度是多少。测试要求分为高度满意、一般满意、无意见、有些不满意、极不满意。零售业可能流失 80%极不满意的顾客，40%有些不满意的顾客，20%无意见的顾客和 10%一般满意的顾客。但是，零售业只会流失 1%~2%高度满意的顾客，所以，应努力超越顾客期望，而非仅仅满足顾客。

有些零售业认为它们或以记录顾客投诉的数字来衡量顾客满意度，然而，95%的不满意顾客不会投诉，他们仅仅是停止购买或者埋怨并劝说更多的人不要购买。最好的办法是方便顾客投诉，我们可以公开顾客投诉中心的地址、电话号码（最好是免费号码）、企业网址等顾客较方便的沟通方式。美国 3M 公司是最早采用 800 免费服务电话的企业之一，顾客很容易通过它来提出意见、建议、要求和投诉，3M 公司声称它的产品和服务改进建议有超过 2/3 来自顾客的意见。

在实际解决顾客投诉的过程中，光听还不够，还必须对投诉做出迅速和具体的反应，给有不满的顾客一个满意的答案。一项调查显示，54%~70%的投诉顾客，如果投诉得到解决，他们还会再次同该企业做生意；如果顾客感到投诉得到很快解决，数字会上升到惊人的 95%；顾客投诉得到妥善解决后，他们就会乐意把满意的处理结果告诉尽可能多的人。因为一个忠诚的顾客可使零售商增加收益，所以，零售业应认识到忽视顾客的不满或同顾客争吵，不但会产生失去顾客的风险，而且可能降低零售业产品市场占有率，使精心培育起来的品牌美誉度深受其害，影响企业形象。

1. 顾客满意策略

零售业近年来引用顾客满意策略，对于提高其经营服务质量、树立良好的企业形象，发挥了积极的作用，顾客满意的价值标准已成为众多零售商的共识。

顾客满意策略的主导思想是：企业的整个经营活动要以顾客满意度为方针，从顾客的角度、观点来分析消费需求。在产品开发上，以顾客的要求为源头；产品价格的制定考虑顾客的接受能力；销售点的建立以便利顾客为准则；售后服务要使顾客最大限度的满意。通过满足顾客需要来实现企业的经营目标。换句话说，顾客满意不是企业拿着自己的产品或服务去询问顾客"我准备为你提供怎样的服务"或者对于"我已经为你提供的这些服务"你是否满意？真正含义的"顾客满意"是指企业所提供的产品或服务的最终表现与顾客期望、要求的吻合程度如何,从而所产生的满意程度。

零售业实施顾客满意的根本目的,在于培养顾客对企业的信任感,提高顾客对企业整个生产经营活动的满意度。

2. 顾客永远是对的

"顾客永远是对的"这一意识从逻辑上看很难成立,在生活中它也不一定符合客观实际。然而,为了实现企业的目标,只要顾客的错误没有构成对企业的重大损失,那么企业要做到得理也让人,将"对"让给顾客。这是"顾客满意"活动的重要表现。"顾客永远是对的"这一意识包含三层意思:第一,顾客是商品的购买者,不是麻烦的制造者;第二,顾客最了解自己的需求、爱好,这恰恰是企业要收集的信息;第三,由于顾客的"天然一致性",同一个顾客争吵就是同所有的顾客争吵,在"顾客是错的"这一概念中,企业绝对不是胜者,因为你会失去顾客,那也就意味着失去市场、失去利润。

3. 一切为了顾客

如果说顾客至上是企业经营的出发点,那么一切为了顾客则是企业经营的落脚点。一切为了顾客要求企业一切要从顾客的角度考虑,想顾客所想,急顾客所急,顾客的需要就是企业的需要。因此要想一切为了顾客首先要知道顾客的需要是什么。在现代社会,人们进行消费不仅仅为了满足生理需要,而且要享受生活的乐趣,满足精神的需要。因此,顾客对商品的需要就不仅仅局限于实用功能,还要追求多方面的满足。

4. 以"待客之道"善待内部顾客

企业的顾客大致可分为两种:一是外部顾客,二是内部顾客。外部顾客顾名思义即企业的目标顾客,企业的最终目标是使外部顾客满意,获取利润。但大多数企业却忽视了影响这一目标实现的最重要因素——内部顾客的满意即来自内部企业员工的满意。美国一家著名连锁超市的总裁曾说过这样一句话:在我们公司里,没有员工,只有成员。因为我们管的不是这些人,而是他们的努力。在公司中,我们都是彼此的顾客。企业应给员工创造良好的舒适和轻松的工作环境,使员工感到:"我为顾客服务乐在其中。"为达到员工就是顾客的目标,对员工进行

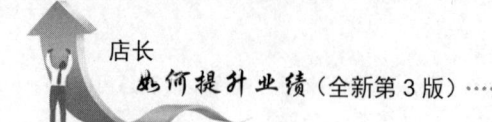

定期的培训和采用适当的激励措施是必要的，让员工有与企业已成一体的感觉。高度的员工忠诚度与高度的顾客忠诚度同等重要，企业要想保留最佳的顾客，必须保留最佳的员工。

5. 设法留住顾客

企业若注重顾客的长期回报，一定要做好对顾客的初次接待服务工作，提高回头客的比率。最好的推销员是那些从产品和服务中获得满意的顾客。

国外有研究显示：一个满意的顾客会引发八笔潜在买卖，其中至少有一笔可以成交；一个不满意的顾客会影响25个人的购买意愿。因而，保持顾客比吸引顾客更见成效。保持顾客的关键在于使其满意。若一个顾客真的满意，他会这样做：更多地购买并且更长时间地对该公司的商品保持忠诚；购买公司推荐的其他商品，提高购买商品的等级；对他人说公司和产品的好话，较少注意竞争品牌的广告，并且对价格也不敏感；给公司提供有关商品和服务的好主意；由于交易惯例化，要比新顾客节省交易成本。所以顾客满意策略要求千方百计留住顾客，并通过顾客的传播，扩大顾客层面。